DÉCOUVREZ
VOS POINTS FORTS
DANS LA VIE ET AU TRAVAIL

DÉCOUVREZ
VOS POINTS FORTS
DANS LA VIE ET AU TRAVAIL

avec le détecteur de talents *StrengthsFinder*

Marcus Buckingham
Donald Clifton

Traduit de l'américain par Sabine Rolland

Village Mondial

L'édition originale de cet ouvrage a été publiée aux États-Unis par The Free Press, division de Simon & Schuster Inc., New York, sous le titre *Now, Discover your Strengths.*

ISBN : 2-7440-6080-1

À ma femme, Jane, forte pour trois…

Marcus

À ceux qui m'ont aidé à découvrir mes points forts

– ma femme, Shirley, et notre famille.

Don

Sommaire

III
Mettez vos points forts en pratique

INTRODUCTION

Lancer une révolution des points forts dans l'entreprise

Croyant dur comme fer que le bien est le contraire du mal, l'humanité est obsédée depuis des siècles par les fautes et les défauts. Les médecins étudient la maladie pour mieux connaître la bonne santé. Les psychologues se penchent sur la tristesse pour mieux savoir ce qu'est la joie. Les thérapeutes examinent les causes des divorces pour mieux comprendre les mariages heureux. Et dans les écoles et les lieux de travail du monde entier, les individus sont encouragés à identifier, analyser et corriger leurs faiblesses pour devenir plus forts.

Ces conseils partent d'une bonne intention, mais sont peu judicieux. Les erreurs et les points faibles méritent d'être étudiés, mais ils ne nous apprennent pas grand-chose sur les points forts. Les points forts ont leurs propres caractéristiques.

Si vous souhaitez exceller dans le domaine que vous avez choisi et y trouver une satisfaction durable, vous allez devoir comprendre ce qui fait de vous un individu unique. Il vous faudra devenir un as dans la découverte, la description, l'application, l'exercice et l'amélioration de vos points forts. Alors, au fur et à mesure que vous lirez ce livre, changez vos priorités. Désintéressez-vous de vos faiblesses et étudiez minutieusement vos atouts dans toute leur complexité. Utilisez le « détecteur de talents » StrengthsFinder. Apprenez son langage et découvrez la source de vos points forts.

Si, une fois que vous aurez refermé ce livre, vous connaissez mieux vos points forts et ceux de vos salariés, alors notre objectif aura été atteint.

LA RÉVOLUTION DES POINTS FORTS

« Quelles sont les deux hypothèses qui doivent servir de fondements aux grandes entreprises ? »

Nous avons écrit ce livre pour déclencher une révolution : celle des points forts. Au cœur de cette révolution, une règle simple : la grande entreprise ne doit pas simplement s'adapter aux différences qui existent entre ses salariés, mais *miser sur ces différences*. Elle doit être à l'affût des indices révélateurs des talents innés de ses salariés, puis leur confier un poste et leur assurer un développement personnel et professionnel leur permettant de transformer leurs talents en points forts. L'entreprise engagée dans cette révolution doit se concentrer sur les points forts des individus en changeant le mode de sélection, d'évaluation, de développement et d'orientation professionnels de ses salariés.

Elle sera ainsi positionnée pour afficher des performances bien supérieures à celles de ses rivales. Dans sa dernière méta-analyse, la Gallup Organization a posé la question suivante à 198000 salariés travaillant dans 7939 unités opérationnelles au sein de 36 entreprises : Au travail, avez-vous l'occasion de faire quotidiennement ce que vous savez faire le mieux ? Elle a ensuite comparé les réponses obtenues aux performances des unités opérationnelles et découvert ceci : sur les salariés qui répondaient « Oui, absolument » à cette question, ils étaient 50 % à travailler dans des unités opérationnelles affichant un faible taux de rotation du personnel, 38 % à travailler dans des unités opérationnelles très productives et 44 % à travailler au sein d'unités opérationnelles enregistrant un taux élevé de satisfaction du client. Et les unités opérationnelles qui ont augmenté le nombre de leurs salariés répondant affirmativement à cette question ont vu leur productivité, la satisfaction de leurs clients et la fidélisation de leur personnel s'accroître progressivement dans des proportions identiques. Quel que soit le mode d'analyse des données, l'entreprise dont les salariés sentent que leurs points forts sont mobilisés quotidiennement est plus forte et plus solide.

Ce sont de très bonnes nouvelles pour l'entreprise qui souhaite être à l'avant-garde de la révolution des points forts. Pourquoi ? Parce que la plupart des entreprises demeurent étonnamment incapables de miser sur les atouts de leurs salariés. La base de données de Gallup contient les réponses de plus de 1,7 millions de salariés travaillant dans 101 entreprises réparties dans 63 pays à la question : Avez-vous l'occasion de faire quotidiennement ce que vous savez faire le mieux ? À votre avis, quel pourcentage a répondu « Oui, absolument » à cette question ? Combien sont-ils à penser vraiment que leurs points forts sont mobilisés ?

Vingt pour cent. En tout, 20 % seulement des salariés travaillant dans les grandes entreprises étudiées par Gallup estiment que leurs atouts sont mobilisés quotidiennement. Mais le plus étrange, c'est que plus un salarié reste longtemps fidèle à une entreprise et gravit les échelons hiérarchiques, moins il est susceptible de penser qu'il mobilise tous les jours ses points forts.

Aussi inquiétante que soit cette découverte – la plupart des entreprises n'utilisent que 20 % de leurs capacités –, elle représente en fait une fabuleuse opportunité pour les meilleures entreprises. Afin de stimuler leur croissance à forte marge et d'accroître ainsi leur valeur, elles n'ont qu'à chercher en elles-mêmes toute la richesse d'un potentiel inexploité : celui que recèle chaque salarié. Imaginez la hausse de la productivité et de la rentabilité qu'elles afficheraient en doublant ce chiffre, si 40 % de leurs salariés répondaient « Oui, absolument » à cette fameuse question. Et pourquoi ne pas tripler ce chiffre ? 60 % de salariés répondant par l'affirmative, ce n'est pas un objectif trop ambitieux pour les meilleures entreprises !

Comment peuvent-elles l'atteindre? Elles doivent d'abord comprendre pourquoi huit salariés sur dix considèrent qu'ils ne jouent pas le rôle qui leur convient. Qu'est-ce qui peut expliquer cette incapacité quasi générale à confier à des individus – en particulier à des gens qualifiés et expérimentés qui ont eu l'occasion de chercher un peu partout des rôles intéressants – des postes qui mobilisent leurs points forts?

C'est très simple : la plupart des entreprises émettent des hypothèses de base totalement fausses sur leurs salariés. La Gallup Organization ne le sait que trop, elle qui, depuis trente ans, mène des études sur le meilleur moyen de maximiser le potentiel des individus. Elle a interrogé 80000 dirigeants – la plupart excellents, certains moyens – de centaines d'entreprises du monde entier. Il s'agissait de découvrir ce que les meilleurs managers du monde avaient en commun. Les résultats détaillés des études réalisées par Gallup figurent dans l'ouvrage *Manager contre vents et marées*, mais la principale découverte fut la suivante : la plupart des entreprises sont fondées sur deux hypothèses erronées concernant leurs salariés :

1. Tout le monde peut devenir compétent dans presque tous les domaines.
2. Les meilleures chances de développement professionnel et personnel des individus résident dans les domaines où ils excellent le moins.

Énoncées *ex abrupto*, ces deux hypothèses semblent trop simplistes pour être si répandues, alors adoptons-les le temps de voir où elles mènent. Si vous voulez savoir si votre entreprise repose sur ces hypothèses, considérez les éléments suivants :

- Votre entreprise dépense plus d'argent pour former les salariés qu'elle recrute que pour les sélectionner correctement au départ.

- Votre entreprise réglemente le mode de travail de ses salariés et l'érige en critère de performance. Elle donne ainsi priorité aux règles, aux politiques, aux procédures et aux « compétences comportementales ».
- Votre entreprise consacre l'essentiel de son temps et de son argent investis dans la formation à tenter de combler les lacunes de ses salariés, leur manque de savoir-faire ou de compétences. Elle appelle ces lacunes « sphères d'opportunité ». Votre plan de développement personnel, si vous en avez un, est centré sur vos « sphères d'opportunité », c'est-à-dire vos points faibles.
- Votre entreprise accorde de l'avancement à ses salariés en fonction du savoir-faire ou de l'expérience qu'ils ont acquis. Après tout, si n'importe qui peut apprendre à devenir compétent dans n'importe quoi, ou presque, ceux qui ont appris le plus de choses doivent être les meilleurs. Ainsi, c'est intentionnellement que votre entreprise accorde prestige, respect et hauts salaires aux salariés polyvalents les plus expérimentés.

Il est plus difficile de trouver une entreprise qui ne possède pas ces caractéristiques qu'une qui les possède. La plupart considèrent les points forts de leurs salariés comme naturels et s'efforcent en priorité de minimiser leurs points faibles. Elles deviennent expertes dans les domaines où les individus rencontrent des difficultés, rebaptisent avec tact ces domaines « brèches à colmater » ou « sphères d'opportunité », puis expédient leurs salariés à des cours de formation où ils essaient de corriger leurs faiblesses. Cette approche peut parfois être nécessaire : si un salarié ne cesse de s'aliéner la sympathie de tous ses collègues, une thérapie de groupe peut l'aider; de même, un stage de communication peut être profitable à un individu intelligent mais s'exprimant avec difficulté. Cette approche n'est toutefois pas du développement. C'est une politique de limitation des dégâts. Et limiter les dégâts est en soi une mauvaise stratégie pour faire exceller le salarié ou l'entreprise.

Tant qu'une entreprise fonctionnera en se fondant sur ces hypothèses, elle ne misera jamais sur les points forts des salariés.

Si vous voulez sortir de cette spirale infernale des points faibles et lancer la révolution des points forts dans votre entreprise, vous devez changer vos hypothèses sur les individus. Si vous commencez par vous appuyer sur des hypothèses correctes, tout ce qui en découlera – votre mode de sélection, d'évaluation, de formation et de développement des salariés – sera positif. Voici les deux hypothèses sur lesquelles se fondent les meilleurs managers du monde :

1. Les talents de chaque individu sont durables et uniques.
2. Les meilleures chances de développement professionnel et personnel de chaque individu résident dans les domaines où il possède les meilleurs atouts.

Tout ce qu'ils font avec et pour leurs salariés repose sur ces deux hypothèses. Elles expliquent pourquoi les grands managers s'efforcent de chercher le talent dans chaque rôle, pourquoi ils orientent leurs salariés vers les résultats à obtenir au lieu de leur imposer un mode de travail standard, pourquoi ils rejettent l'opinion générale et traitent chaque individu différemment, et enfin pourquoi ils passent le plus de temps avec les meilleurs éléments. Bref, ces deux hypothèses expliquent pourquoi les meilleurs managers du monde managent contre vents et marées.

À présent, en suivant l'exemple des grands managers, il est temps de changer les règles du jeu. Ces deux hypothèses révolutionnaires doivent servir de principes fondamentaux à une nouvelle façon de travailler, à une nouvelle entreprise, à une entreprise plus forte sachant déceler et développer les points forts de chacun de ses salariés.

La plupart des entreprises ont un procédé assurant une utilisation efficace de leurs ressources matérielles. Les procédés Six Sigma ou

ISO 9000 sont très largement répandus. De même, la plupart disposent de procédés de plus en plus efficaces leur permettant d'exploiter leurs ressources financières. L'engouement récent pour des outils de mesure tels que l'EVA et la rentabilité des capitaux en témoigne. Cependant, rares sont celles à avoir développé un procédé systématique garantissant une utilisation efficace de leurs ressources humaines. (Elles testent parfois des plans de développement personnel, des enquêtes exhaustives et des compétences, mais ces essais servent davantage à corriger les faiblesses de leurs salariés qu'à développer leurs points forts.)

Dans cet ouvrage, nous voulons vous montrer comment élaborer un procédé de développement des points forts systématique. Le chapitre 7, en particulier, vous aidera certainement. Nous y décrivons à quoi ressemble un système de sélection optimal, les trois objectifs de performance que les salariés doivent atteindre, comment mieux affecter les budgets de formation et comment changer le mode d'orientation professionnelle des salariés.

Si vous êtes manager et souhaitez savoir comment miser au mieux sur les points forts des salariés sous vos ordres, le chapitre 6 vous aidera. Nous y identifions la quasi-totalité des aptitudes ou des traits de caractère que vous êtes susceptible de rencontrer chez vos salariés et vous expliquons comment maximiser leurs points forts.

Toutefois, nous ne commencerons pas par là. Nous allons commencer par vous. Quels sont vos points forts ? Comment pouvez-vous en tirer parti ? Quelles sont vos combinaisons de points forts les plus efficaces ? Qu'en faites-vous ? Qu'est-ce que vous pouvez faire mieux que 10000 autres individus ? Ce sont ces questions que nous aborderons dans les cinq premiers chapitres. Après tout, vous ne pouvez pas mener une révolution des points forts si vous ignorez comment découvrir, nommer et développer les vôtres ?

DEUX MILLIONS D'INTERVIEWS

«Qui Gallup a-t-elle interrogé pour mieux connaître les points forts des individus ?»

Imaginez ce que vous pourriez apprendre si vous aviez la possibilité d'interroger deux millions d'individus sur leurs points forts. Imaginez-vous en train d'interroger les meilleurs enseignants du monde et de leur demander comment ils font pour intéresser autant les enfants à des sujets jugés généralement rébarbatifs. Imaginez-vous en train de leur demander comment ils établissent des relations de confiance aussi fortes avec tant d'enfants différents. Comment ils trouvent un équilibre en classe entre amusement et discipline. Comment ils font pour être si bons dans leur travail.

Et imaginez ensuite ce que vous pourriez apprendre en faisant la même chose avec les meilleurs médecins, les meilleurs vendeurs, les meilleurs avocats, les meilleurs joueurs de basket, les meilleurs agents de change, les meilleurs comptables, les meilleures femmes de chambre, les meilleurs dirigeants politiques, les meilleurs soldats, les meilleurs infirmiers, les meilleurs prêtres, les meilleurs ingénieurs système et les meilleurs PDG du monde. Imaginez toutes vos questions et, surtout, toutes leurs réponses.

Au cours de ces trente dernières années, la Gallup Organization a mené des recherches systématiques sur l'excellence partout où elle pouvait la trouver. Il ne s'agissait pas d'un super-sondage. Chacune des interviews (un peu plus de deux millions, d'après notre dernier calcul en date, dont les quatre-vingt mille managers de *Manager contre vents et marées*) comprenait des questions non directives comme celle citée plus haut. Nous souhaitions entendre les meilleurs dans leur discipline décrire avec leurs propres mots ce qu'ils faisaient exactement.

Dans tous ces différents métiers, nous avons été frappés par l'incroyable diversité de connaissances, de savoir-faire et de talents. Mais comme vous pouvez vous en douter, nous avons rapidement repéré un ensemble de caractéristiques communes. Nous avons poursuivi nos interviews et progressivement réussi à extraire de la richesse de ces témoignages trente-quatre traits de caractère ou « thèmes » communs. *Ces trente-quatre thèmes sont les talents humains les plus fréquemment rencontrés*. Nos recherches ont montré que ces trente-quatre thèmes et leurs multiples combinaisons rendent compte des meilleures performances réalisées dans tous les domaines.

Bien sûr, ils ne rendent pas compte de toutes les idiosyncrasies humaines qui peuvent exister – la diversité infinie des individus ne permet pas une telle généralisation. Ces trente-quatre thèmes sont comme les quatre-vingt huit touches d'un piano qui ne peuvent rendre compte de tous les sons qu'il est possible d'entendre, mais qui permettent de jouer aussi bien la musique de Mozart que celle de Madonna par les multiples combinaisons qu'elles offrent. Utilisés à bon escient, ils vous aideront à saisir les thèmes uniques de chaque individu.

Pour vous aider encore davantage, nous vous offrons le moyen d'évaluer votre personnalité sur la base de ces trente-quatre thèmes. Nous vous demandons d'effectuer une pause après avoir lu le chapitre 3 et d'utiliser le StrengthsFinder sur Internet. Il vous révélera immédiatement vos cinq thèmes dominants dont la combinaison unique signe votre personnalité. Ces thèmes distinctifs sont votre force. Si vous souhaitez connaître les thèmes de vos salariés ou des membres de votre famille ou encore de vos amis, lisez le chapitre 4 pour les découvrir en détail. Mais commencez par vous intéresser à vous. En identifiant et en améliorant vos thèmes distinctifs, vous serez en mesure de mobiliser pleinement vos points forts.

Lorsque vous étudierez vos cinq thèmes dominants et chercherez les moyens de mettre en pratique ce que vous avez appris sur vous-même, n'oubliez jamais cela : le vrai problème dans la vie n'est pas de ne pas posséder suffisamment de points forts, mais de ne pas réussir à exploiter ceux que nous possédons. Benjamin Franklin appelait ces forces inexploitées « cadrans solaires à l'ombre ». Ce qui nous a poussés à écrire ce livre, c'est de savoir que trop d'entreprises, trop d'équipes et trop d'individus laissaient inconsciemment leurs cadrans solaires à l'ombre.

Nous souhaitons que ce livre – et ce que vous en tirerez en le lisant – sorte de l'ombre vos points forts pour vous permettre de les exploiter.

I

Le point fort examiné à la loupe

CHAPITRE 1

Des points forts systématiquement exploités

L'INVESTISSEUR, LA DIRECTRICE, LA DERMATOLOGUE ET LA RÉDACTRICE EN CHEF

« À quoi ressemble une vie où l'on exploite systématiquement ses points forts ? »

À quoi ressemble une vie où l'on exploite systématiquement ses points forts ? La vie d'une personne qui réussit à la construire autour de ses points forts ? Examinons quelques exemples qui illustrent une telle réussite.

« Je ne suis vraiment pas différent de vous. »

Warren Buffett, avec son allure habituelle de paysan et son apparence un peu débraillée, s'adresse à une salle comble d'étudiants à l'université du Nebraska. Il ne tarde pas à entendre des gloussements dans la salle. Et pour cause. L'un des hommes les plus riches du monde fait face à des étudiants qui arrivent à peine à régler leur facture de téléphone.

« J'ai peut-être plus d'argent que vous, mais ce n'est pas lui qui fait la différence. Bien sûr, je peux m'offrir le complet le plus cher taillé sur mesure pour moi, mais il suffit que je l'enfile pour qu'il semble de mauvaise qualité. Je préfère un cheeseburger de chez Dairy Queen à un repas dans un restaurant de luxe. » Les étudiants paraissant sceptiques, Warren Buffet leur concède un point. « S'il existe une différence entre vous et moi, c'est simplement que je me lève tous les matins et que j'ai la chance de faire tous les jours ce que j'aime. Si vous voulez que je vous enseigne quelque chose, c'est bien cela. C'est le meilleur conseil que je puisse vous donner. »

En apparence, cela ressemble à quelques bons tuyaux que vous lâchez avec désinvolture après avoir déposé en banque votre premier milliard. Mais Buffet est sincère. Il aime ce qu'il fait et pense sincèrement qu'il doit sa réputation de meilleur investisseur du monde à sa capacité à jouer un rôle qui mobilise ses points forts.

Le plus étonnant, c'est que ses points forts ne sont pas ceux que vous attendriez d'un investisseur au sommet de sa gloire. Le marché mondial actuel change à vive allure, et il est extrêmement complexe et amoral. Par conséquent, vous pensez que l'individu le mieux adapté à cet environnement doit être prompt à réagir, posséder un esprit conceptuel lui permettant d'identifier des schémas précis sur un marché aussi complexe, et être doté d'un scepticisme inné à l'égard des intentions des acteurs du marché.

Warren Buffett ne possède aucun de ces points forts. Au dire de tous, il est un homme patient, à l'esprit plus pratique que conceptuel, et qui a plutôt tendance à croire aux bonnes intentions d'autrui qu'à se montrer incrédule. Alors, comment a-t-il réussi ?

Comme beaucoup d'individus qui ont concilié à la fois réussite professionnelle et épanouissement personnel, Buffett a trouvé un moyen de développer les points forts qu'il possédait et de les exploiter. Par exemple, il a transformé sa patience naturelle en une « perspective sur 20 ans » – désormais légendaire – qui le pousse à investir uniquement dans les entreprises dont il peut prévoir l'évolution au cours des vingt prochaines années avec une quasi-certitude. Son esprit pratique l'a incité à se méfier des « théories » sur l'investissement et des tendances globales du marché. Comme il l'a dit dans un rapport annuel de Berkshire Hathaway, « le seul rôle des prévisionnistes spécialisés dans les investissements est de donner un air respectable aux diseurs de bonne aventure ». C'est pourquoi il a décidé de n'investir que dans les entreprises dont il pouvait comprendre intuitivement les produits et les services, telles que Dairy Queen, The Coca-Cola Company et The Washington Post Company.

Enfin, il a tiré parti de sa nature confiante en réalisant une enquête approfondie sur les cadres supérieurs des entreprises dans lesquelles il avait investi et en les laissant libres de conduire à leur guise les opérations quotidiennes, c'est-à-dire en intervenant rarement dans leur travail.

Warren Buffett adopte cette approche patiente, pratique et confiante depuis qu'il a créé avec 100 dollars en poche sa première société d'investissement en 1956. Il est toujours resté fidèle à son approche, l'améliorant et la peaufinant, même si la tentation d'adopter une stratégie différente était terriblement forte. (Il ne faut pas oublier qu'il n'a investi ni dans Microsoft ni dans l'Internet parce qu'il se sentait incapable de savoir à quoi ressemblerait la haute technologie dans vingt ans.) Son approche particulière est à l'origine de sa réussite professionnelle et, comme il le dit, de son bonheur personnel. Pourquoi est-il l'un des plus grands investisseurs du monde ? Parce qu'il exploite volontairement ses points forts. Pourquoi aime-t-il son métier ? Pour la même raison.

En ce sens, et peut-être uniquement en ce sens, Warren Buffett a raison. Il n'est pas différent des autres. Comme les autres, il réagit au monde qui l'entoure de façon personnelle. Sa façon de gérer le risque, sa façon de communiquer, sa façon de prendre des décisions, sa façon de trouver le bonheur – tout cela est d'une cohérence parfaite. Tout cela fait partie d'une structure de personnalité unique et stable dont la famille et les amis intimes de Buffett peuvent se rappeler les premières manifestations dans la cour de l'école d'Omaha, dans le Nebraska, il y a cinquante ans.

Ce qui rend Warren Buffett différent des autres est la façon dont il a exploité sa structure de personnalité. D'abord, il en a pris conscience. La plupart d'entre nous ne semblent même pas capables d'une telle démarche. Ensuite, et c'est le plus important, il a choisi de ne pas s'attacher à renforcer les fils les moins solides de son tissu mental. Au contraire, il a identifié les plus solides, tissés par l'éducation et l'expérience, pour en faire les points forts extraordinaires que nous voyons aujourd'hui.

Warren Buffett est un homme intéressant, non pas par sa fortune personnelle, mais parce qu'il a compris quelque chose qui peut servir de modèle pratique à tout le monde : regarder à l'intérieur de soi, essayer d'identifier ses fils les plus forts, les renforcer par la pratique et l'apprentissage, puis trouver ou – comme cet homme l'a fait – se forger un rôle sur-mesure qui mobilise ses points forts au quotidien. On devient alors plus productif et plus épanoui avec, à la clé, la réussite.

Bien sûr, Buffett n'est pas le seul à avoir pris conscience de l'importance de construire sa vie autour de ses points forts. À chaque fois que vous interrogez des individus qui ont vraiment réussi dans le métier qu'ils ont choisi – qu'il s'agisse d'enseignants, d'opérateurs en télémarketing, d'acteurs de théâtre ou de comptables –, vous découvrez que le secret de leur réussite réside dans leur capacité à repérer leurs points forts et à organiser leur vie autour d'eux, c'est-à-dire à les exploiter quotidiennement.

Patricia est directrice de la santé et des affaires sociales d'un comté des États-Unis si vaste que son budget est supérieur à celui de vingt

États réunis. Le défi actuel qu'elle doit relever consiste à élaborer et à mettre en œuvre un grand programme intégrant tous les programmes du comté destinés aux personnes âgées. Malheureusement, ni le comté ni le pays n'ayant été confronté à un nombre si élevé de personnes âgées qui nécessitent un si grand nombre de services, elle ne dispose d'aucun plan d'action préétabli à suivre. Pour réussir dans ce rôle, vous pensez que Patricia a besoin de points forts tels que la pensée stratégique ou, au moins, le sens de l'analyse et de la planification. Mais bien qu'elle comprenne l'importance de ces deux qualités, elles ne font pas partie de ses principaux atouts.

En fait, deux des fils les plus forts de son tissu mental sont un besoin de communiquer ses émotions et sa passion à ses employés et un désir d'action. À l'instar de Buffett, elle a choisi de ne pas considérer ses fils comme allant de soi et de ne pas s'efforcer de corriger ses points faibles. Elle a préféré se forger un rôle lui permettant de miser sur ses points forts le plus souvent possible. Sa démarche consiste à identifier des objectifs réalisables qu'elle peut poursuivre aussitôt, à agir, puis à chercher des circonstances favorables pour décrire à ses milliers d'employés l'objectif final de leur travail, et enfin à confier le processus de planification stratégique à un consultant indépendant. Pendant qu'elle et son équipe continuent d'avancer, le consultant fait tout un travail derrière pour intégrer leurs actions au « plan stratégique ».

Jusqu'à présent, les choses fonctionnent à merveille. Patricia a avancé sur tous les fronts. Elle a réussi à ravir des contrats de service importants au secteur privé. Et cela lui procure un plaisir immense.

Sandrine a choisi une approche tout aussi pragmatique pour organiser sa vie autour de ses points forts. Médecin, elle est aujourd'hui comblée sur le plan professionnel, alors qu'il y a quelques années, elle avait fait une découverte plutôt inquiétante au cours de ses études : elle n'aimait pas côtoyer de grands malades. Voir un médecin qui n'aime pas les malades paraissant aussi absurde que rencontrer un investisseur qui n'aime pas les risques, Sandrine s'est mise à s'interroger sur la carrière qu'elle avait choisi d'embrasser. Au lieu de se lamenter sur le mauvais choix qu'elle avait fait, elle a réfléchi sur son mode de pensée et de sentiment pour prendre conscience progressivement de trois éléments essentiels : en fait, elle aimait aider les gens, mais pas les gens très malades; elle était motivée par un besoin constant de réaliser quelque chose, besoin qui trouvait une satisfaction optimale dans des preuves d'amélioration tangibles et régulières; ces deux traits de caractère particuliers pourraient représenter de puissants atouts si elle se spécialisait en dermatologie.

Aujourd'hui dermatologue, elle mobilise quotidiennement ses points forts. Ses patients sont rarement gravement malades, leurs pathologies sont concrètes est leur peau est la preuve matérielle de leur évolution vers la guérison.

Pauline n'a pas eu besoin de se remettre en question pour mobiliser ses points forts. Comme Buffett, elle devait rester fidèle à ce qu'elle savait déjà sur ses atouts malgré de nombreuses occasions très tentantes de changer de cap. Pauline est rédactrice en chef d'un des plus grands magazines féminins du monde. Très en vue de par sa position, elle a reçu bien des propositions pour devenir directrice d'autres magazines. Naturellement, ces offres la flattent, mais elle a choisi de rester rédactrice en chef.

Pourquoi ? Parce qu'elle sait que l'un de ses thèmes dominants est sa pensée conceptuelle et créative. Au fil des ans, elle a amélioré ce thème pour en faire un point fort exceptionnel lui permettant d'être une excellente rédactrice en chef, de travailler avec les auteurs des articles et les secrétaires de rédaction, de donner forme à ce qui fait de son magazine un magazine différent des autres. Directrice, elle ferait tout autre chose. Elle serait toujours en représentation pour promouvoir le magazine et, par ses choix vestimentaires, relationnels et ses passe-temps favoris, elle incarnerait aux yeux de tous l'esprit du magazine. Elle sait qu'elle détesterait être ainsi sous le feu des projecteurs, alors elle demeure fidèle à la voie qu'elle a choisie – celle de ses points forts.

Toutes ces femmes sont uniques, tout comme Warren Buffett est unique. Ce sont des individus qui ont découvert en eux des modes de comportement stables et trouvé le moyen de les transformer en points forts authentiques et efficaces.

TIGER WOODS, BILL GATES ET COLE PORTER

« Qu'est-ce qu'un point fort ? »

Si nous voulons que les choses soient parfaitement claires, nous devons préciser ce que nous entendons par « point fort ». La définition du point fort que nous sous-entendons tout au long de ce livre est assez particulière : c'est la quasi-perfection constante dans une activité. Selon cette définition, la capacité de Patricia à prendre les bonnes décisions et à rassembler ses employés autour d'un objectif commun est un point fort. L'amour de Sandrine pour le diagnostic et le traitement des maladies de peau est un point fort. L'aptitude de Pauline à avoir des idées d'articles qui correspondent parfaitement à l'identité de son magazine, puis à les préciser dans sa tête, est un point fort.

Pour prendre des exemples de gens célèbres, le grand jeu extraordinaire du golfeur Tiger Woods – ses coups « grande distance » avec ses bois et ses fers – est un point fort. Tout comme son putting. En revanche, sa sortie de bunker – nulle comparée à celle d'autres professionnels de premier rang (Tiger Woods est 61e sur le PGA Tour pour ses coups de sortie de bunker) – n'en est pas un.

Dans le monde des affaires, le génie de Bill Gates pour mettre au point des innovations et les transformer en applications grand public est un point fort, tandis que sa capacité à conserver et développer une entreprise face aux obstacles juridiques et commerciaux – comparée à celle de son partenaire, Steve Ballmer – n'en est pas un.

Dans le monde artistique, l'aptitude de Cole Porter à créer la chanson parfaite – paroles et musique – était un point fort. Ses tentatives pour inventer des personnages et des histoires crédibles n'en étaient pas.

En définissant ainsi le point fort, nous découvrons trois des principes essentiels à une vie construite autour de points forts dominants.

Premièrement, une activité n'est un point fort que si vous pouvez l'exercer constamment, la répéter maintes et maintes fois. Et cela laisse supposer que cette activité ait un caractère prévisible. Vous pouvez avoir un jour réussi un coup dont Tiger Woods aurait été fier, mais nous n'appellerons pas cette action un point fort si vous ne pouvez pas la répéter encore et encore. En outre, vous devez tirer une certaine satisfaction intérieure de cette activité. Sandrine est suffisamment intelligente pour exercer n'importe quelle spécialité médicale, mais la dermatologie est son point fort parce qu'elle la dynamise. De même, Bill Gates est tout à fait capable de mettre en œuvre la stratégie de Microsoft, mais puisque jouer ce rôle le démotive, comme il l'a dit, cette capacité n'est pas un point fort. Alors comment savoir s'il s'agit vraiment d'un point fort ? Une capacité n'est un point fort que si vous pouvez l'exercer constamment, avec plaisir et avec succès.

Deuxièmement, vous n'avez pas besoin de posséder tous les points forts requis par votre rôle pour y exceller. Patricia n'est pas la candidate idéale pour son rôle. Ni Sandrine. Les individus que nous avons décrits plus haut ne jouent pas des rôles qui leur vont comme un gant. Aucun d'entre eux ne possède le « jeu » parfait. Ils font simplement le mieux possible avec les cartes qu'ils ont en main. Croire que les individus qui excellent doivent être polyvalents est l'un des mythes les plus répandus auquel nous espérons tordre le cou dans ce livre. En les étudiant, nous nous sommes aperçus que les meilleurs dans leur domaine étaient rarement polyvalents. Au contraire, ils étaient de véritables spécialistes.

Troisièmement, vous n'excellerez qu'en maximisant vos points forts, jamais en corrigeant vos points faibles. Cela ne veut pas dire que vous devez ignorer vos faiblesses. Les individus cités plus haut en exemple ne les ignoraient pas. Mais ils ont fait quelque chose de beaucoup plus efficace : trouvé des moyens de gérer leurs points faibles pour pouvoir se concentrer sur l'amélioration de leurs points forts. Chacun à sa manière. Patricia a réussi à gérer son point faible en embauchant un consultant indépendant pour mettre au point le plan stratégique. Bill Gates a fait quelque chose de semblable en choisissant un partenaire, Steve Ballmer, pour gérer l'entreprise, ce qui lui a permis de se concentrer à nouveau sur le développement de ses logiciels et de reprendre le chemin de ses points forts. Sandrine a simplement arrêté de pratiquer une médecine pour laquelle elle ne se sentait pas faite et qui l'épuisait. Pauline a refusé toutes les offres qu'elle recevait.

Tiger Woods était dans une situation un peu plus délicate. Il ne pouvait pas se voiler la face : sa sortie de bunker devait être améliorée. Alors, comme nous tous, il a été obligé de limiter les dégâts. Il a travaillé ses points faibles, mais juste ce qu'il fallait pour ne pas amoindrir ses points forts. Et dès que sa sortie de bunker est devenue acceptable, lui et son coach se sont concentrés sur le travail essentiel et le plus créatif, développer et perfectionner le point fort dominant de Tiger Woods : son swing.

Cole Porter est celui qui a mené la stratégie la plus radicale et, selon certains, la plus risquée, pour gérer ses points faibles. Il a parié que s'il continuait à améliorer ses points forts en tant que compositeur et auteur de chansons, le public ne tarderait pas à se moquer éperdument que ses histoires soient peu convaincantes et ses personnages stéréotypés. Le public ne verrait que ses points forts et en oublierait ses points faibles. Aujourd'hui, ils sont nombreux à dire que sa stratégie a été payante. Quand on est capable d'écrire des paroles et de composer des mélodies aussi raffinées et élégantes, peu importe de savoir qui les chante et pourquoi.

Tous ces individus ont réussi sur le plan professionnel et se sont épanouis sur le plan personnel dans des domaines très différents parce qu'ils ont volontairement privilégié et mobilisé leurs points forts. Nous voulons vous aider à faire la même chose – à *miser sur vos points forts*, quels qu'ils soient, et à *gérer vos points faibles*, quels qu'ils soient.

TROIS OUTILS RÉVOLUTIONNAIRES

«De quoi avez-vous besoin pour construire votre vie autour de vos points forts ?»

«Misez sur vos points forts et apprenez à gérer vos points faibles» : voilà un conseil facile à comprendre. Mais, comme vous le savez probablement par expérience, difficile à mettre en pratique. Après tout, construire sa vie autour de ses points forts sera toujours une gageure difficile qui dépend d'un grand nombre de variables : sa conscience de soi, sa maturité, ses opportunités, les personnes dont on s'entoure, celles dont on ne peut se défaire. Pour que les choses soient claires au départ, nous devons vous dire en toute honnêteté ce que ce livre peut et ne peut pas vous apporter pour vous construire une nouvelle image de vous – fondée sur vos points forts.

Nous sommes incapables de vous montrer une image de vous définitive. Même si nous le faisions, elle deviendrait aussitôt inexacte puisque personne n'est jamais achevé. Nous ne pouvons pas non plus vous dire comment apprendre, vous apprendre à apprendre. Comme vous le savez, ce sera toujours à vous de passer à l'action, de réfléchir à ses conséquences et d'en tirer calmement des leçons. Personne ne peut le faire à votre place.

Toutefois, nos pouvons vous proposer trois outils révolutionnaires dont vous aurez besoin pour construire votre vie autour de vos points forts.

Premier outil révolutionnaire : savoir distinguer vos talents innés des choses que vous pouvez apprendre

Nous avons défini le point fort comme la quasi-perfection constante dans une activité. Parfait, mais comment en arriver là ? Pouvez-vous atteindre la quasi-perfection dans l'activité que vous choisissez en la pratiquant régulièrement ou nécessite-t-elle certains talents innés ?

Si vous avez du mal à construire autour de vous un réseau de relations, à vous entourer de gens qui sont prêts à tout pour vous aider, pouvez-vous devenir excellent dans cette activité avec de la pratique ? Si vous avez du mal à anticiper, pouvez-vous apprendre à élaborer d'excellentes stratégies ? Si vous vous sentez souvent incapable d'argumenter face à votre interlocuteur, pouvez-vous devenir extrêmement convaincant par la discipline et la pratique ?

La question n'est pas de savoir si vous pouvez vous améliorer. Vous le pouvez, c'est évident. Les êtres humains sont des créatures adaptables qui, si le jeu en vaut la chandelle, peuvent s'améliorer un peu dans n'importe quel domaine, ou presque. La question est de savoir si vous pouvez atteindre une quasi-perfection constante dans ces domaines uniquement par la pratique. La réponse à cette question est : « Non, la pratique ne rend pas nécessairement parfait. » Développer un point fort dans une activité, quelle qu'elle soit, nécessite certains talents innés.

Cette constatation soulève des questions délicates. Quelle est la différence entre un talent et un point fort ? Quels aspects d'un point fort – qu'il s'agisse de nouer des contacts, d'élaborer une stratégie ou de convaincre un interlocuteur – peuvent être appris et quels aspects sont innés ? Quel rôle le savoir-faire, le savoir, l'expérience et la conscience de soi jouent-ils dans le développement d'un point fort ? Si vous ignorez les réponses à ces questions, vous perdrez votre temps à essayer d'acquérir des points forts qui ne peuvent pas être appris ou, au contraire, abandonnerez trop tôt la partie en renonçant à acquérir des points forts qui peuvent l'être.

Pour répondre à ces questions, il vous faut un moyen très simple de faire la différence entre ce qui est inné et ce qui peut être appris par la pratique. Vous le trouverez dans le chapitre suivant. Mais nous allons déjà vous donner une définition précise des trois termes suivants :

- Les *talents* sont des modes stables et innés de pensée, de sentiment ou de comportement. Ce que le StrengthsFinder évalue, ce sont justement vos différents thèmes de talent.
- Le *savoir* est ce que l'on a appris.
- Le *savoir-faire* est la capacité à effectuer une action décomposable en plusieurs étapes.

Talents, savoir et savoir-faire se combinent pour former vos points forts.

Par exemple, aimer briser la glace face à des étrangers est un talent (défini plus loin comme le thème du charisme), tandis que la capacité à créer un cercle de relations constitué de gens qui vous connaissent et qui sont prêts à vous aider est un point fort. Pour développer ce point fort, vous avez amélioré votre talent inné par le savoir et le savoir-faire. De même, savoir s'imposer face à un interlocuteur est un talent (défini plus loin comme le thème du commandement), alors que la capacité à conclure une vente est un point fort. Pour convaincre votre interlocuteur d'acheter votre produit, vous avez adjoint à votre talent une bonne connaissance du produit et un certain savoir-faire commercial.

Bien que ces trois éléments – talents, savoir et savoir-faire – soient importants pour développer vos points forts, l'élément essentiel est le talent. Vos talents sont innés (nous vous expliquerons pourquoi au chapitre suivant), tandis que le savoir et le savoir-faire peuvent être acquis par l'apprentissage et la pratique. Par exemple, en tant que vendeur, vous pouvez apprendre à décrire les caractéristiques de vos produits (savoir), vous pouvez même apprendre à poser les bonnes questions pour déceler les besoins de chaque prospect (savoir-faire), mais vous n'apprendrez jamais à persuader exactement quand il faut et comme il faut votre prospect de s'engager. Ce sont des talents (définis plus loin comme les thèmes du commandement et de l'individualisation).

Bien qu'il soit parfois possible de développer un point fort sans acquérir le savoir et le savoir-faire nécessaires – il existe des vendeurs « innés » qui possèdent un tel don naturel de persuasion qu'ils réussissent à emporter la vente avec une connaissance limitée de leurs produits –, il n'est jamais possible de posséder un point fort sans talent. Vous pouvez acquérir un savoir et un savoir-faire vous permettant de vous en sortir correctement dans un rôle, mais si vous ne possédez pas les talents nécessaires au rôle que vous jouez, quel qu'il soit, vous ne serez jamais capable d'atteindre une quasi-perfection constante.

Ainsi, la clé du développement d'un véritable point fort consiste à identifier ses talents dominants et à les améliorer par le savoir et le savoir-faire.

N'oubliez pas que la plupart des individus ignorent ce que sont les talents et, qui plus est, *leurs* propres talents. Ils pensent qu'il est possible de tout apprendre, ou presque, par une pratique suffisante. Ils ne cherchent pas vraiment à acquérir un savoir et un savoir-faire dans le but d'améliorer leurs talents. Ils tombent plutôt dans le piège qui consiste à tenter d'acquérir un maximum de connaissances et de savoir-faire dans l'espoir de s'améliorer globalement, devenant désespérément lisses et polyvalents.

Si vous voulez développer vos points forts, vous devez éviter ce piège. Ne vous inscrivez pas sans réfléchir à toutes ces formations destinées à perfectionner vos qualités de leader, votre écoute, votre empathie, votre expression orale ou votre assurance et organisées par des gens qui ont les meilleures intentions du monde. Si c'est déjà fait, n'en attendez pas des résultats extraordinaires. Vos progrès seront minimes, à moins que vous possédiez les talents nécessaires. Sinon, vous gaspillerez votre énergie à essayer de limiter les dégâts au lieu de développer vos atouts. Et le temps que vous avez à vous consacrer étant limité, c'est à vous de voir si votre acharnement à corriger vos faiblesses est la solution la plus rentable.

Nous vous suggérons de réfléchir sérieusement au savoir, au savoir-faire et au talent. D'apprendre à les distinguer parfaitement. D'identifier vos talents dominants, puis de vous concentrer sur l'acquisition des connaissances et des savoir-faire nécessaires pour les transformer en véritables points forts.

Deuxième outil révolutionnaire : un système vous permettant d'identifier vos talents dominants

Le meilleur moyen d'identifier vos talents potentiellement transformables en points forts est de prendre du recul et de regarder à l'intérieur de vous-même. D'essayer une activité et de voir le temps que vous mettez à l'apprendre, à sauter des étapes dans votre apprentissage et à ajouter des trucs et des astuces personnels que l'on ne vous a pas encore enseignés. De voir si vous êtes concentré dans ce que vous faites au point de perdre la notion du temps. Si rien de tout cela ne se passe au bout de quelques mois, essayez une autre activité et voyez le résultat. Et ainsi de suite. Avec le temps, vos talents dominants se révéleront et vous pourrez commencer à les améliorer pour en faire de solides atouts.

C'est probablement ce à quoi l'école devrait ressembler : à une recherche ciblée des domaines où l'enfant présente le meilleur potentiel. C'est probablement ce à quoi le travail devrait ressembler : à des efforts délibérés pour découvrir comment chaque salarié pourrait atteindre les meilleurs résultats. Malheureusement, ni le milieu scolaire ni le milieu professionnel ne semblent à la hauteur de la tâche. Ils se préoccupent tellement de transmettre des connaissances et de combler des lacunes en savoir-faire qu'ils ne cherchent pas à aider les élèves ou les salariés à prendre conscience de leurs talents innés. Et c'est à vous, en tant qu'individu, que cette tâche incombe. C'est à vous de rechercher vos propres talents.

Le StrengthsFinder dont il est question au chapitre 4 est là pour vous aider à identifier vos talents dominants. Il n'est pas là pour vous définir totalement, vous cataloguer en fonction de vos points forts et de vos points faibles. Chaque individu est trop complexe pour ce genre de simplification. L'objectif du StrengthsFinder est plus précis.

Il est conçu pour déceler vos cinq thèmes de talent dominants. Ces thèmes peuvent ne pas être encore des points forts. Ce sont des domaines pour lesquels vous possédez un potentiel optimal, où vous avez les meilleures chances de développer un véritable point fort. Le StrengthsFinder est là pour les mettre en lumière. Et c'est à vous de les exploiter.

Troisième outil révolutionnaire : un langage commun pour décrire vos talents

Nous avons besoin d'un nouveau langage pour rendre compte des points forts que nous découvrons chez nous et chez les autres. Ce langage doit être précis, capable de décrire les nuances subtiles qui rendent chaque individu unique. Il doit être positif, nous aider à décrire le *point fort* et non le point faible. Et il doit être courant, c'est-à-dire compréhensible et utilisable par tous. Qui que nous soyons et quelle que soit notre origine, nous devons savoir exactement ce que signifie : « Marc possède le sens du commandement » ou « Jean a un besoin de réalisation ».

Pourquoi avons-nous besoin de ce nouveau langage ? Simplement parce que le langage que nous utilisons habituellement n'est pas à la hauteur du défi.

Le langage des faiblesses humaines est riche et varié. Il existe des différences significatives entre les termes névrose, psychose, dépression, manie, hystérie, accès de panique et schizophrénie. Le spécialiste des maladies mentales connaît parfaitement ces différences et les prend en compte lorsqu'il pose un diagnostic et propose un traitement. Ce langage est même si répandu que la plupart d'entre nous, non spécialistes, l'utilisent probablement à bon escient.

En revanche, le langage des forces humaines est pauvre. Si vous voulez avoir une idée de cette incroyable pauvreté, écoutez des spécialistes en ressources humaines décrire les qualités de trois candidats à un poste. Vous entendrez quelques généralisations du genre : « J'ai apprécié son sens du contact humain » ou « Il semblait très motivé », mais la conversation ne tardera pas à tourner à nouveau autour de comparaisons entre les formations et les expériences professionnelles des candidats. Les spécialistes des ressources humaines sont pourtant loin d'être les seuls. Si vous écoutez des cadres supérieurs parler de ces trois candidats, vous entendrez certainement un discours quasi identique. Et les candidats eux-mêmes, en essayant de décrire leurs propres points forts, débiteront les mêmes généralisations pour se raccrocher ensuite à des réalités plus sécurisantes : leur formation et leur expérience professionnelle.

La vérité, bien désolante, est que le langage des points forts des êtres humains reste, au mieux, rudimentaire. Prenez le terme « sens du contact humain », par exemple. Si vous dites que deux individus ont le sens du contact humain, qu'est-ce que cela vous apprend sur eux ? Cela vous apprend simplement qu'ils semblent tous les deux communiquer facilement avec les gens, mais rien de plus. Cela ne vous dit pas que l'un excelle à tisser une relation de confiance avec les gens une fois le premier contact établi, tandis que l'autre excelle à nouer le premier contact. Ces deux capacités sont liées au sens du contact humain, mais elles sont très différentes. Et cette différence a des implications pratiques. Sans tenir compte de la formation ou de l'expérience, vous ne confierez pas le même rôle à celui qui excelle à renforcer une relation dans la durée qu'à celui qui excelle à initier une relation. Vous ne vous attendrez pas non plus à ce qu'ils entrent en relation avec les clients et les partenaires de la même façon. Ni à ce qu'ils tirent le même genre de satisfactions de leur travail. Et vous n'appliquerez pas un style de management identique à ces deux individus. Puisque ces variables se combinent pour aboutir à des performances différentes, savoir qui instaure progressivement une relation de confiance et qui noue immédiatement de multiples contacts peut faire la différence entre échec et réussite. Dans ce cas précis, le terme « sens du contact humain » ne vous sera pas d'une grande utilité.

Malheureusement, le langage des points forts humains est presque toujours ainsi. Que signifie exactement « très motivé » ? Que votre salarié est poussé par un besoin intérieur, constant et irrépressible, de réaliser quelque chose, quel que soit votre style de management ? Ou qu'il a besoin de vous pour lui fixer des objectifs difficiles qui le poussent ensuite à se surpasser ? Que signifie « avoir une pensée stratégique » ? Que l'on possède un esprit conceptuel et que l'on aime les théories ? Ou que l'on est doté d'un esprit analytique et que l'on aime les preuves ? Et le « savoir-faire commercial » ? Si un individu le possède, cela signifie-t-il qu'il conclut la vente en exploitant le point faible du client, en cherchant à le séduire, en le persuadant par un raisonnement logique ou en vantant avec passion les mérites de son produit ? Ce sont des distinctions qu'il est important de faire si vous souhaitez l'harmonie parfaite entre vendeur et prospect.

Il est possible que vous sachiez exactement ce que vous entendez par « savoir-faire commercial », « pensée stratégique », « sens du contact humain » et « motivation forte ». Mais ceux qui vous entourent le savent-ils ? Peut-être emploient-ils les mêmes mots que vous, mais en leur donnant des sens très différents. C'est le pire malentendu qui puisse exister. Au terme de la conversation, vous pensez être tous tombés d'accord, alors que vous n'avez pas parlé le même langage.

Et, pour une raison étrange, lorsque nous avons un mot précis, dont tout le monde s'accorde sur le sens, désignant un mode de comportement qui est un point fort, ce mot est souvent employé avec une connotation négative. Rappelez-vous Patricia qui a un besoin d'action irrépressible. Elle est impatiente ou impulsive.

Les individus extrêmement ordonnés et structurés ? Ils sont coincés.

Ceux qui veulent atteindre l'excellence ? Tous des égotistes.

Ceux qui anticipent et élaborent mille scénarios dans leur tête ? Rien que des anxieux.

Nous avons beau retourner la question dans tous les sens, nous ne possédons pas un langage suffisamment riche pour décrire la richesse du talent humain.

Dans le chapitre 4, nous aborderons les trente-quatre thèmes de talent. Bien sûr, les termes que nous avons choisis ne sont pas les seuls pour décrire des modes de comportement, mais ce sont ceux qui désignent les talents les plus couramment rencontrés au cours de notre étude sur l'excellence. Ces trente-quatre thèmes sont devenus notre langage pour décrire les talents humains et, par conséquent, expliquer les points forts des individus. Nous vous les faisons partager – puisse cet outil révéler ce qu'il y a de meilleur en vous et chez ceux qui vous entourent.

CHAPITRE 2

Développer ses points forts

COLIN POWELL EST-IL TOUJOURS AUSSI BON?

«Que pouvons-nous apprendre des points forts de Colin Powell?»

Récemment, le général Colin Powell est venu discuter avec mille dirigeants de la Gallup Organization. Sa réputation était si impressionnante... Nous savions qu'il avait été membre du Conseil national de sécurité, qu'il était le chef d'état-major des armées, le commandant en chef des forces de l'OTAN durant les opérations «Bouclier du désert» et «Tempête du désert» et, selon les sondages de ces dix dernières années, qu'il est l'un des dix leaders les plus respectés du monde. Inutile de dire que nous attendions beaucoup de lui. Lorsqu'il est entré sur scène après une présentation des plus élogieuse à son égard, nous nous sommes demandés si sa prestation allait être à la hauteur de sa réputation.

À la fin de notre entretien avec lui, nous nous sommes demandés autre chose : «Est-il toujours aussi bon?» Durant la petite heure que nous avons passée avec lui, le général s'est révélé un excellent orateur. Il nous a fait entrer en pensée dans le bureau ovale du président Ronald Reagan pour nous faire partager quelques secrets. Il nous a conviés à la table de Mikhaïl Gorbatchev, au Kremlin, pour l'écouter annoncer la perestroïka en disant : «Général, vous allez devoir vous trouver un autre ennemi.» Il nous a fait attendre, toujours en pensée, l'appel téléphonique du général Norman Schwarzkopf pour commenter les premières frappes aériennes de l'opération «Tempête du désert». Il s'exprimait avec désinvolture. Colin Powell n'avait ni le baratin stéréotypé du politique ni l'emphase du prédicateur. De plus, il n'avait pas préparé de discours et ne lisait pas de notes. Il avait juste quelques histoires à nous raconter et, pendant qu'il parlait, ces histoires se recoupaient presque par hasard pour former un récit sur le leadership et le tempérament humain. Le message était simple et Colin Powell le délivrait à la perfection.

Un point fort comme celui-là est intimidant. Pour le public, les propos du général allaient beaucoup plus loin que l'analyse de base. Nous ne voulions pas lui demander où il avait appris cela, car il était évident que ce n'était ni dans un guide de la parole en public ni chez Dale Carnegie. En revanche, nous voulions savoir d'où cela venait, comme si le général n'était pas l'auteur de cette performance parfaite et sublime, mais uniquement son vecteur.

Tous les points forts possèdent cette qualité. Contemplez un Monet quelques instants, et il vous apparaît complet, achevé comme un cercle. Vous ne pouvez pas imaginer un commencement hésitant ni un tas de retouches maladroites au centre du tableau ni un dernier coup de pinceau pour achever l'œuvre. Vous le ressentez comme une perfection totale immédiate.

Le point fort n'a pas besoin d'être artistique pour être intimidant. Toute quasi-perfection engendre ce même respect mêlé d'étonnement et d'admiration. Votre ami vous raconte une blague merveilleusement bien et vous vous dites : «Comment fait-il?» Votre collègue rédige une lettre à un client formidablement bien tournée et vous vous demandez la même chose.

Mais ce n'est pas seulement l'aspect de quasi-perfection d'un point fort qui nous impressionne tant. C'est aussi sa constance, sa permanence. Cal Ripken a joué dans 2216 matches de base-ball consécutifs. Comment est-ce possible ? Brigitte, l'une des meilleures femmes de chambre de Disney World, nettoie les mêmes chambres du même hôtel depuis plus de 21 ans. Comment fait-elle ? Avant sa mort en février 2000, Charles Schutz avait dessiné la même BD, Peanuts, pendant plus de 41 ans. Comment faisait-il ?

Que la question que nous nous posons soit : « Comment fait-il cela si bien ? » ou « Comment fait-il cela depuis si longtemps ? », la quasi-perfection constante semble presque trop incroyable pour être analysée. Mais il est évident que les points forts ne sont pas tout de suite parfaits. Les points forts de chaque individu sont *créés* – développés à partir de matières premières tout à fait particulières. Vous pouvez acquérir certaines matières premières – vos savoirs et vos savoir-faire – par la pratique et l'apprentissage, mais les autres – vos talents – ne peuvent être qu'améliorés.

LE SAVOIR ET LE SAVOIR-FAIRE

« Que pouvez-vous changer en vous ? »

Le savoir

La définition exacte du « savoir » a résisté à des siècles de batailles philosophiques et nous ne voulons pas nous joindre aux combattants. Disons simplement – puisqu'il s'agit ici de développer ses points forts et non de philosopher – qu'il existe deux types de savoir. Vous avez besoin des deux et, heureusement, vous pouvez acquérir les deux.

Premièrement, vous avez besoin de connaissances de fait. Par exemple, lorsque vous commencez à apprendre une langue, les connaissances de fait sont le vocabulaire. Vous devez apprendre la signification de chaque mot sous peine de ne jamais savoir parler cette langue. De même, les vendeurs doivent passer du temps à apprendre les caractéristiques de leurs produits. Dans le secteur de la téléphonie mobile, les représentants du service client doivent connaître les avantages de chaque formule d'abonnement. Les pilotes doivent apprendre tous les indicatifs d'appel. Les infirmières doivent connaître précisément les doses de novocaïne adaptées à chaque cas thérapeutique.

Des connaissances de fait comme celles-ci ne garantissent pas l'excellence, mais l'excellence est impossible sans elles. Par conséquent, quels que soient vos savoir-faire ou vos talents, vous ne serez jamais un excellent peintre si vous ignorez que de la peinture rouge mélangée à de la peinture verte donne de la peinture marron. De même, toute la créativité du monde ne vous aidera pas à être un excellent éclairagiste si vous ignorez qu'en combinant les lumières rouge et verte vous n'obtenez pas de lumière brune. De la lumière rouge associée à de la lumière verte donne de la lumière jaune.

De telles connaissances de fait ne sont que des rudiments.

Deuxièmement, vous avez besoin de connaissances tirées de l'expérience. Et vous ne les apprendrez ni à l'école ni dans les livres, mais en vous efforçant de les accumuler tout au long de votre vie et de les retenir.

Certaines d'entre elles sont pratiques. Par exemple, Catherine, productrice d'actualités pour une émission de télévision matinale, a eu du mal au départ à produire des flashs d'information de deux minutes clairs et convaincants. Elle a réalisé progressivement qu'elle ignorait la règle fondamentale du journalisme : toujours planter le décor. Aussi créatif que soit le reste du flash d'information, si l'on ne dit pas immédiatement aux téléspectateurs l'individu qu'ils voient sur leur écran et pourquoi, ils décrochent rapidement.

Andy Kaufman, l'acteur comique joué par Jim Carrey dans le film *Man on the Moon*, a compris lui aussi par expérience l'importance de savoir planter le décor. Au début de sa carrière, il s'essayait à deux personnages : Foreign Man, un chic type, honnête et naïf, et Elvis Presley. Ces deux personnages ont déclenché quelques rires, mais rien de plus, jusqu'à ce qu'Andy change de tactique : « À la fac, j'ai vu que le public n'acceptait pas que je commence par Elvis Presley. Ça le choquait. Les gens se disaient : "Pour qui il se prend ? Il se croit beau, ou quoi ?" J'ai considéré que mon innocence naturelle avait été perdue à la fin de mes premiers numéros. J'ai pensé que je pouvais être plus innocent, comme Foreign Man, mais artificiellement... Alors j'ai commencé mon numéro en ne jouant que ce personnage et, ensuite, lorsque je suis passé à Elvis Presley, j'ai dit : "Et maintenant je voudrais vous faire Elvis Presley." » Aux réactions enthousiastes du public, Andy a pu voir immédiatement qu'il était sur la bonne voie.

Ces deux exemples concernent la mise en scène d'une prestation, mais comme vous pouvez l'imaginer, les connaissances tirées de l'expérience revêtent de multiples formes. Le vendeur découvre que la première et la principale chose qu'il vend est... lui-même. Le responsable du marketing remarque que si l'on veut vendre à des mères, la publicité à la radio marche beaucoup mieux que la publicité à la télé (car une mère de famille occupée allume plus souvent la radio que la télé pour lui tenir compagnie). Ces deux individus ont tiré de leur expérience quelques connaissances pratiques leur permettant d'obtenir de meilleurs résultats.

Tout environnement offre des occasions d'apprendre. Et si vous voulez développer vos points forts, c'est à vous de savoir saisir les opportunités et de les exploiter.

Certaines connaissances tirées de l'expérience sont plus conceptuelles. Prenez les exemples les plus évidents : vos valeurs et votre conscience de vous-même. Vous avez besoin de les améliorer si vous voulez développer vos points forts et vous le pouvez avec le temps. En effet, lorsque nous disons : « Untel a changé », nous ne voulons pas dire que sa personnalité profonde a changé, mais que son système de valeurs ou l'image qu'il a de lui-même a changé.

Charles Colson, le conseiller privé du président Richard Nixon, a fait de la prison parce que son dévouement excessif l'avait poussé à commettre des crimes pour protéger son cher président. Aujourd'hui il a rejoint l'église évangéliste. A-t-il changé ? Voici la réponse de Winifred Gallagher dans son livre *Just the Way You Are* : « Charles Colson aurait battu à mort sa grand-mère quand il était avec Nixon, puis il s'est converti. Probablement qu'il possède toujours un tempérament excessif, une affectivité intense, mais il a aujourd'hui des ennemis et des amis différents. Sa nature n'a pas changé, simplement il fait autre chose de sa ferveur. Notre mode d'investissement dans la vie ne change guère, mais notre objet d'investissement peut changer... »

Partout, autour de nous, nous trouvons des exemples de gens qui ont changé leurs objectifs en changeant leurs valeurs : la conversion religieuse de Saül sur la route de Damas; les œuvres de charité du membre du Conseil des ministres britannique disgracié, John Profumo, et du roi des obligations à risque, Michael Milken; le militantisme en faveur des droits de l'animal du célèbre rocker Ozzy Osbourne; les remords de l'architecte d'Hitler, Albert Speer; et, peut-être l'exemple le plus impressionnant, la métamorphose courageuse entreprise par les millions de membres des Alcooliques anonymes.

Ces exemples réchauffent le cœur dans la mesure où ils nous montrent à tous que rien n'est irrémédiable. Mais aussi encourageants qu'ils soient, nous ne devons pas oublier que tous ces gens n'ont pas changé leur nature profonde ni leurs talents. Ils se sont contentés de réorienter leurs talents – nous les définirons plus loin – vers des objectifs très différents et plus positifs. Ainsi, la leçon que nous devons en tirer n'est pas que les talents de chacun sont transformables à l'infini et au gré des désirs des individus, mais que les talents, comme l'intelligence, sont indépendants de tout système de valeurs, c'est-à-dire qu'ils peuvent prendre n'importe quelle valeur, positive ou négative. Si vous souhaitez changer votre vie pour permettre à d'autres de bénéficier de vos points forts, alors changez vos valeurs. Ne perdez pas votre temps à essayer de changer vos talents.

C'est la même chose pour la conscience de soi. Au fil des années, nous devenons de plus en plus conscients de ce que nous sommes réellement. Cette conscience de soi croissante est vitale au développement des points forts parce qu'elle nous permet de mieux identifier nos talents innés et de les cultiver pour les transformer en points forts. Malheureusement, ce processus ne se déroule pas toujours facilement. Certains réussissent à identifier parfaitement leurs talents, mais voudraient en posséder d'autres. Comme le rival de Mozart, Salieri, dans le film *Amadeus*, ils deviennent de plus en plus amers en essayant de faire apparaître en eux, comme par magie, de nouveaux talents, et bien sûr, en vain. Lorsqu'ils sont dans cet état d'esprit, ils ne s'amusent pas beaucoup à être conscients de ce qu'ils sont. Ils ont beau prendre des cours, lire des livres, c'est toujours aussi énervant, aussi difficile et aussi peu couronné de succès. Si vous vous êtes un jour trouvé dans un rôle vous obligeant à être autre chose que ce que vous êtes, vous connaissez ce sentiment.

Et puis soudain c'est la révélation. « Je n'aurais jamais dû travailler dans la vente. Je déteste embêter les gens. » Ou « Je ne suis pas un manager ! J'aime mieux faire mon boulot qu'être responsable de celui des autres. » Nous retrouvons alors le chemin de nos points forts et nos amis, impressionnés par tous les effets positifs qui en résultent – nous avons augmenté notre productivité, amélioré notre comportement – nous regardent en se disant : « C'est génial, il a changé. »

Eh bien non, c'est exactement le contraire qui s'est produit. Ce qui apparaît comme une transformation est en fait l'acceptation de choses qui ne peuvent jamais être transformées – les talents. Nous ne changeons pas. Simplement, nous acceptons nos talents et reconstruisons notre vie autour d'eux. Nous devenons plus conscients de ce que nous sommes.

Si vous voulez vraiment développer vos points forts, il vous faudra faire la même chose.

Le savoir-faire

Le savoir-faire apporte une structure aux connaissances tirées de l'expérience. Qu'est-ce que cela signifie ? Que, quelle que soit l'activité, il y a un moment où l'individu intelligent s'arrête pour structurer toutes ses connaissances accumulées en une série d'étapes qui, lorsqu'elles sont suivies, aboutissent à des résultats – pas nécessairement extraordinaires, mais acceptables.

Reprenons l'exemple du général Colin Powell. La personne intelligente, après avoir étudié le général Powell et d'autres orateurs, s'apercevra que les grands orateurs commencent toujours par dire à l'auditoire ce qu'ils vont lui dire. Puis ils le lui disent. Puis ils terminent leur discours en rappelant ce qu'ils ont dit. Cette suite d'étapes devient le savoir-faire fondamental de tout orateur :

1. Toujours commencer par dire aux gens ce que vous allez leur dire.
2. Le leur dire.
3. Leur dire ce que vous leur avez dit.

En suivant cette suite d'étapes, vous serez un meilleur orateur.

Si l'individu intelligent se penche encore davantage sur la question, il ne tardera pas à s'apercevoir que le général Powell, comme d'autres grands orateurs, n'improvise pas. Au contraire, il sait exactement les histoires qu'il va raconter pour se les être certainement racontées à haute voix en jouant sur les mots, l'accentuation, le rythme. L'individu intelligent se souviendra de cela pour en faire le deuxième savoir-faire de l'orateur :

1. Écrivez l'histoire que vous voulez.
2. Exercez-vous à la lire à haute voix. Écoutez-vous en train de prononcer ces mots.
3. Ces histoires deviendront vos « perles », comme les perles d'un collier.
4. La seule chose que vous avez à faire en tenant un discours est d'enfiler vos perles dans le bon ordre, et votre discours aura l'air aussi naturel qu'une conversation.
5. Utilisez des fiches pour continuer à ajouter de nouvelles perles à votre collier.

Le savoir-faire vous permet d'éviter les soucis et les erreurs et d'intégrer directement à votre activité les meilleures découvertes de ceux ou celles qui excellent dans cette activité. Si vous souhaitez développer vos points forts, que ce soit dans la vente, le marketing, l'analyse financière, l'aviation ou la médecine, vous devrez apprendre et exercer tous les savoir-faire utiles dans cette activité.

Mais soyez prudent. Les savoir-faire représentent une aide si séduisante qu'elle masque leurs deux inconvénients. Premier inconvénient : le savoir-faire vous aidera dans votre activité, mais il ne vous aidera pas à y exceller. Si vous apprenez le savoir-faire de l'art oratoire, vous serez peut-être meilleur orateur que vous l'étiez, mais vous ne serez jamais aussi bon que Colin Powell puisqu'il vous manque le talent nécessaire.

Le général possède un talent qui lui permet de savoir *encore mieux* s'exprimer sur l'estrade. Nous ignorons pourquoi, mais son cerveau filtre les visages des gens en face de lui et lui apporte rapidement plus de mots et de meilleurs mots. Sans ce talent, même si vous décomposez le savoir-faire en différentes étapes successives, vous ne serez jamais un excellent orateur. Ainsi, de la même façon qu'apprendre la grammaire d'une langue n'aide pas à écrire de la belle prose, apprendre un savoir-faire ne permet pas d'atteindre forcément la quasi-perfection dans une activité, quelle qu'elle soit. Sans véritable talent, l'apprentissage est une technique de survie et non le sentier de la gloire.

Deuxième inconvénient : certaines activités sont, par définition, impossibles à décomposer en plusieurs étapes. Prenez l'empathie. L'empathie est le talent à ressentir ce que les autres ressentent. Aussi intelligent que vous soyez, pouvez-vous vraiment décomposer l'empathie en une série d'étapes bien définies ? L'empathie se produit dans l'instant. En parlant à votre interlocuteur, vous remarquez qu'il s'arrête quelques secondes avant de mentionner le nom d'une personne. Vous réalisez instinctivement qu'il a marqué une pause brève à chaque fois qu'il allait mentionner le nom de cette personne. Vous l'interrogez sur la personne en question et il vous répond en se montrant un peu trop expansif. Il y a quelque chose dans sa voix. Il parle légèrement trop fort d'un ton légèrement trop positif. Et c'est là que votre cerveau vous donne l'explication : votre interlocuteur est profondément ému par cette personne.

Voilà ce qu'est la véritable empathie – quelque chose d'immédiat, d'instantané, d'instinctif. Lorsque vous y réfléchissez, voilà ce qu'est la véritable force de persuasion. La véritable pensée stratégique. La véritable créativité. Quelle que soit l'intelligence de l'observateur, quelles que soient ses intentions, il va être incapable de décomposer ces activités en étapes préétablies. Comme vous l'avez peut-être remarqué d'ailleurs, ses efforts en ce sens finissent par le déstabiliser.

L'essentiel à retenir sur un savoir-faire est qu'il est destiné à rendre les secrets des meilleurs facilement transmissibles. Si vous apprenez un savoir-faire, vous serez un peu meilleur, mais votre manque de talent ne sera pas comblé. En fait, lorsqu'il s'agit de développer ses points forts, le savoir-faire se révèle le plus précieux combiné à un vrai talent.

LE TALENT

« Quels aspects de vous-même sont durables ? »

Nous avons évoqué le « talent » dans les quelques pages précédentes. Il est temps à présent de l'étudier sérieusement. Qu'est-ce que le talent ? Pourquoi vos talents sont-ils durables et uniques ? Et pourquoi vos talents sont-ils si essentiels au développement de vos points forts ? Considérons ces questions l'une après l'autre.

Qu'est-ce que le talent ?

Le talent est souvent décrit comme « une aptitude naturelle particulière », mais dans le cadre de notre propos – le développement de vos points forts – nous vous proposons une définition plus précise et plus complète tirée de nos études sur les meilleurs managers du monde. Le talent est un mode stable de pensée, de sentiment ou de comportement susceptible d'engendrer des résultats positifs. Ainsi, si vous êtes naturellement curieux, c'est un talent. Si vous avez l'esprit de compétition, c'est un talent. Si vous plaisez, c'est un talent. Si vous êtes persévérant, c'est un talent. Si vous avez le sens des responsabilités, c'est un talent. N'importe quel mode stable de pensée, de sentiment ou de comportement est un talent s'il est susceptible d'engendrer des résultats positifs.

Grâce à cette définition, même les traits de caractère apparemment négatifs peuvent être appelés talents s'ils sont capables d'engendrer des résultats positifs. L'entêtement ? Être entêté est un talent si l'on joue un rôle où camper sur ses positions face à une majorité écrasante d'adversaires est la condition préalable à la réussite – un rôle de vendeur ou d'avocat, par exemple. L'anxiété ? Être anxieux est un talent s'il pousse l'individu à se demander « Et si ? », à anticiper des pièges potentiels et à élaborer des plans d'urgence. Émettre des hypothèses, construire des scénarios, peut s'avérer très positif dans de nombreux rôles.

Même un « point faible » comme la dyslexie est un talent si vous êtes capable de trouver un moyen de l'exploiter avec succès. David Boies est dyslexique. Avocat, il a défendu les intérêts du gouvernement des États-Unis dans son action antitrust contre le géant de l'informatique Microsoft. C'est lui qui a réussi à faire céder Bill Gates avec ses interrogations toujours aussi polies durant la déposition sous serment avant le procès et qui a fini par convaincre le juge en exposant clairement les arguments du gouvernement. Sa dyslexie le rend allergique aux mots longs et compliqués. Il connaît la signification de ces mots mais ne les emploie pas pour plaider parce que, comme il l'a déclaré dans une interview : « J'ai peur de mal les prononcer. » Heureusement, le fait qu'il doive utiliser des mots simples rend ses plaidoiries très faciles à suivre. De plus, sans vraiment le vouloir, il donne l'impression d'être un homme de bon sens, comme vous et moi. Son langage direct délivre le message : « Je n'en sais pas plus que vous. J'essaie simplement de comprendre une affaire difficile, comme vous. »

Ainsi, la dyslexie de David Boies est un talent parce qu'il a trouvé un moyen d'exploiter avec succès ce mode stable de comportement et, en l'associant avec un savoir et un savoir-faire, de le transformer en point fort.

Bien sûr, il s'agit d'un exemple extrême et très rare, mais il sert à vous montrer que vos talents sont des modes stables de pensée, de sentiment ou de comportement susceptibles d'engendrer des résultats positifs.

Pourquoi vos talents sont-ils durables et uniques?

Qu'est-ce qui crée en vous ces modes stables? Si vous ne les aimez pas, pouvez-vous les changer? Les réponses à ces questions sont :

a. vos modes stables sont créés par les connexions dans votre cerveau;
b. non, passé un certain âge, vous serez incapable de vous créer une autre configuration de talents, car vos talents sont durables.

Vu les sommes énormes dépensées par les entreprises à organiser des programmes correctifs visant à reconfigurer le cerveau des individus afin de les rendre doués pour l'empathie, l'esprit de compétition ou la pensée stratégique, il serait préférable d'expliquer (b). Heureusement, (a) explique (b). Si vous savez comment les fils de votre cerveau sont tissés, vous savez pourquoi ils sont si difficiles à retisser autrement. Alors penchons-nous de plus près sur (a).

Le cerveau est un organe étrange dans le sens où il semble régresser au fur et à mesure de son développement. Votre foie, vos reins et, heureusement, votre peau ont une taille réduite au départ et grossissent progressivement jusqu'à atteindre leur taille adulte. Avec le cerveau, c'est le contraire. Il grossit très rapidement, puis se réduit petit à petit jusqu'à l'âge adulte. Le plus étrange de tout, c'est que vous devenez de plus en plus intelligent à mesure que votre cerveau devient de plus en plus petit.

Le secret de cet organe qui fait tout le contraire des autres réside dans ce que l'on appelle les «synapses». Une synapse est une connexion entre deux neurones leur permettant de communiquer entre eux. Les synapses sont vos fils et vous devez les connaître car, comme il est dit dans un manuel de neurologie, « le comportement dépend de la formation d'interconnexions réussies entre les neurones du cerveau ».

Pour être plus clairs, disons que vos synapses créent vos talents.

Comment se font les connexions synaptiques ? Quarante-deux jours après votre conception, votre cerveau connaît une accélération de sa croissance pendant quatre mois. En fait, le mot « accélération » ne traduit pas réellement l'ampleur du phénomène. Au quarante-deuxième jour de votre vie, vous créez votre premier neurone et, cent vingt jours plus tard, vous en possédez cent milliards. Ce qui fait neuf mille cinq cents nouveaux neurones par seconde. Ahurissant. Mais une fois cette explosion terminée, le « spectacle » des neurones est quasiment fini. À la naissance, vous en avez cent milliards, et vous garderez à peu près ce nombre jusqu'à vos soixante ans environ.

Cependant, dans un autre coin de votre cerveau, un autre spectacle, celui des synapses, ne fait que commencer. Soixante jours avant votre naissance, vos neurones se mettent à vouloir communiquer les uns avec les autres. Chaque neurone se prolonge littéralement par ce que l'on appelle un axone et cherche à établir une connexion avec d'autres neurones. Chaque nouvelle connexion établie correspond à la formation d'une synapse et, au cours des trois premières années de votre existence, vos neurones réussissent incroyablement bien à établir ces connexions. À l'âge de trois ans, en effet, chacun de vos cent milliards de neurones a établi quinze mille connexions synaptiques avec d'autres neurones. Insistons bien sur le fait qu'il s'agit de quinze mille connexions établies par *chacun* de vos cent milliards de neurones. Les fils de votre personnalité sont tissés pour former un réseau complet, complexe et unique.

Mais il se passe ensuite quelque chose d'étrange. Pour une raison inconnue, la nature vous pousse à ignorer un grand nombre de vos fils minutieusement tissés. Comme ce qui arrive souvent, les fils négligés se dégradent et des connexions établies commencent à se rompre. Vous devenez si peu attentif à des pans entiers de votre réseau mental qu'entre l'âge de trois et quinze ans vous perdez des milliards et des milliards de connexions synaptiques si minutieusement établies. Le jour de votre seizième anniversaire, vous avez perdu la moitié de votre réseau.

Et le plus grave, c'est que vous ne pouvez pas le reconstruire. Certes, au cours de votre vie, votre cerveau conserve une partie de sa plasticité d'origine. Par exemple, on sait aujourd'hui que l'apprentissage et la mémoire nécessitent l'établissement de nouvelles connexions synaptiques, tout comme l'obligation de gérer la perte d'un poumon ou de la vue. Mais, pour des raisons essentiellement pratiques, la configuration de votre réseau mental, avec toute sa panoplie de connexions, des plus fortes aux plus faibles, ne change guère au-delà de dix-sept ans environ.

Tout cela paraît très étrange. Pourquoi la nature fait-elle cela ? Pourquoi dépense-t-elle autant d'énergie à créer ce réseau si c'est pour laisser ensuite se détériorer et disparaître un grand nombre de ses connexions ? La réponse à cette question, comme le dit le pédagogue John Bruer dans son livre *The Myth of the First Three Years*, est la suivante : lorsqu'il s'agit du cerveau, « moins égale plus ». Les parents suspendent des mobiles noirs et blancs au berceau de leur enfant et lui font écouter du Mozart afin de stimuler la formation des synapses, mais ils n'ont rien compris. L'idée selon laquelle plus vous possédez de connexions synaptiques, plus vous êtes intelligent ou efficace, est totalement fausse. Au contraire, votre intelligence et votre efficacité dépendent de votre capacité à miser sur vos connexions les plus fortes. La nature vous oblige à cesser l'activité de milliards de connexions précisément pour vous éviter d'avoir à les exploiter. Il n'y a pas lieu de s'inquiéter de perdre des connexions. Justement, il faut en perdre.

Au départ, la nature vous donne davantage de connexions qu'il vous en faudra parce que, durant vos premières années d'existence, vous avez beaucoup de choses à emmagasiner dans votre tête. Et c'est la seule chose que vous faites. Vous absorbez. Vous n'en êtes pas encore à essayer de comprendre le monde qui vous entoure. Vous en êtes même bien incapable. Avec cette abondance de connexions, vous êtes submergé par un torrent de signaux provenant de directions trop différentes. Pour comprendre le monde, vous devrez chasser tout ce bruit dans votre tête. Et la nature vous aide à faire cela jusqu'à l'adolescence. Votre patrimoine génétique et vos premières expériences d'enfant vous aident à trouver des connexions plus faciles à utiliser que d'autres – la connexion de l'esprit de compétition, peut-être, ou celle de la curiosité ou encore celle de la pensée stratégique. Vous êtes amené à utiliser ces connexions maintes et maintes fois jusqu'à ce qu'elles se renforcent. Pour parler le langage de l'Internet, disons qu'elles sont vos lignes directes ultra rapides. Les signaux y sont forts et puissants.

Pendant ce temps, d'autres connexions ignorées, inutilisées, dans d'autres zones de votre réseau cérébral, disparaissent. Aucun signal n'est audible. Par exemple, si au terme de votre développement vous avez une ligne directe pour l'esprit de compétition, lorsque vous voyez des chiffres, vous ne pouvez pas vous empêcher de les utiliser pour comparer vos résultats à ceux des autres. Ou si vous avez une ligne directe pour la curiosité, vous êtes du genre à demander tout le temps pourquoi ceci, pourquoi cela. En revanche, vous pouvez perdre la connexion qui vous permet d'aimer être le point de mire des autres. Contrairement au général Colin Powell, votre cerveau se paralyse lorsque vous sentez les regards du public posés sur vous. Ou peut-être n'avez-vous aucune connexion pour l'empathie. Vous comprenez son importance, mais êtes incapable de percevoir les signaux que les autres vous envoient.

Vu au microscope, votre réseau mental – qui comporte aussi bien des lignes directes où les signaux circulent rapidement et facilement que des connexions interrompues – vous explique pourquoi vous « sentez bien » certains comportements ou certaines réactions tandis que d'autres, malgré tous les efforts de pratique que vous déployez, paraissent toujours manquer de naturel, ne pas aller de soi. La nature fait bien les choses. Si elle ne réduisait pas votre réseau pour ne conserver qu'un petit nombre de connexions solidement établies, vous ne deviendriez jamais adulte. Vous resteriez toujours un enfant, figé par une surcharge sensorielle.

L'écrivain Jorge Borges s'est imaginé ce à quoi pouvait ressembler un tel personnage resté enfant. Il parle d'un garçon « doté d'une mémoire extraordinaire, infinie. Rien ne lui échappe. Toutes ses expériences sensorielles, passées et actuelles, persistent dans son esprit. Noyé dans les détails, incapable d'oublier les transformations successives opérées par tous les nuages qu'il a vus, il ne peut pas élaborer d'idées générales et par conséquent... ne peut pas penser ». Un garçon comme celui-là serait incapable de réfléchir, d'établir des relations, de prendre des décisions. Il manquerait de personnalité, de préférences, de jugement et de passion. Il serait dénué de tout talent.

Pour vous épargner ce sort terrible, la nature et la culture renforcent certaines connexions et permettent à des milliards d'autres de disparaître. Vous devenez alors un individu possédant différents talents et capable de réagir au monde selon un mode unique et durable – bon ou mauvais.

Nous sommes nombreux à trouver qu'il est parfois difficile de se convaincre de cette unicité durable. Nos talents viennent à nous si facilement que nous nous faisons une idée fausse sur eux et sommes prisonniers d'une sécurité illusoire : les autres ne voient-ils pas tous le monde comme je le vois ? Les autres ne sont-ils pas tous impatients de lancer ce projet ? Les autres ne veulent-ils pas tous éviter le conflit et trouver un terrain d'entente ? Les autres ne voient-ils pas les obstacles qui nous guettent si nous continuons sur cette voie ? Nos talents nous semblent si naturels que nous pensons que tout le monde les possède. En un sens, il est assez sécurisant de penser que notre façon de voir le monde est partagée par tous.

Mais, en réalité, notre vision du monde n'est pas celle des autres. Elle nous est propre. Notre mode stable de pensée, de sentiment ou de comportement provient de notre réseau mental unique. Ce réseau agit comme un filtre, passant au crible et sélectionnant les éléments du monde qui nous entoure, nous incitant à réagir à certains stimuli et à en négliger totalement d'autres.

Prenons l'exemple suivant. Imaginez que vous dînez dans votre restaurant préféré en compagnie de cinq personnes que vous connaissez. Supposons que vous possédez le talent d'empathie. Dans des situations comme celle-ci, votre filtre mental vous incite donc à vous demander ce que ressentent ceux qui vous entourent ce soir. Vous leur souriez, leur posez quelques questions, puis cherchez instinctivement à capter les signaux émotionnels émis par chacun d'entre eux. Et, en regardant autour de la table, vous êtes tenté – et, soyons francs, c'est plus facile – de penser que tout le monde ressent la même chose.

Bien sûr, ils ne ressentent pas tous la même chose. L'un de vos amis s'est excusé de son retard et se demande s'il doit proposer aux convives de régler l'addition pour se faire pardonner. Comme nous le verrons plus loin, c'est le talent de la responsabilité. Un autre essaie de deviner ce que chacun commandera ce soir – le talent de l'individualisation. Une autre espère réussir à trouver une petite place auprès de son ami le plus proche pour se mettre vraiment au courant de ses affaires – le thème du relationnel. Un autre encore redoute que deux des convives commencent à se disputer « comme la dernière fois que nous sommes tous sortis ensemble» et cherche un moyen d'éviter que la conversation tourne autour de sujets explosifs – le talent de l'harmonie. Votre dernier convive ne se préoccupe pas de tout cela et répète dans sa tête une histoire drôle qu'il espère raconter plus tard – le talent de la communication.

Cinq amis dans la même situation, chacun la filtrant à sa manière, d'une manière totalement différente de la vôtre. Dans un contexte social, ces filtres uniques contribuent à expliquer pourquoi ces six personnes ont des conversations aussi animées et pourquoi chacune fait un peu figure de mystère pour les autres. Dans un contexte professionnel, l'unicité du filtre de chaque individu fournit des explications un peu plus pratiques. Par exemple, avez-vous déjà essayé – en vain – de convaincre quelqu'un, par un langage simple et facile à comprendre, de voir les choses comme vous les voyez ? Cela peut être très frustrant. Vous lui avez exposé votre point de vue, vous lui avez présenté les choses clairement et d'un ton convaincant, et pourtant il continue de voir et de faire les choses à sa façon. N'écoutait-il pas ce que vous lui disiez ? S'il n'était pas d'accord, pourquoi ne vous l'a-t-il pas dit, tout simplement ? Pourquoi êtes-vous obligé d'avoir à longueur de journée la même conversation avec lui ?

Non, il vous écoutait et ne pensait ni ne faisait exprès le contraire de ce que vous lui disiez. Simplement, il ne pouvait pas voir à travers vos yeux. Son filtre l'en empêchait. Il comprenait vos mots, mais il était incapable de voir votre monde. Imaginez-vous en train d'expliquer la couleur violette à quelqu'un qui ne voit pas les couleurs, et vous aurez une idée de ce qui se passe chez cet individu. Aussi éloquente que soit votre description de la couleur en question, il ne la verra jamais.

Cela pourrait renforcer l'idée que nous sommes «seuls de notre race». Mais c'est faux. Nous ne sommes pas totalement isolés les uns des autres par notre unicité. Chaque individu partage des idées et des sentiments avec ses semblables. Quelle que soit la culture dans laquelle nous avons été élevés, nous savons tous ce que sont des émotions telles que la peur, la douleur, la honte et la fierté. Dans son dernier livre *Comment fonctionne l'esprit*, Steven Pinker, professeur au Massachusetts Institute of Technology, décrit une expérience étonnante qui démythifie la notion selon laquelle des individus issus de cultures différentes possèdent des personnalités radicalement différentes. Deux sociologues ont montré à des natifs de Nouvelle-Guinée une série de photos d'étudiants à l'université de Stanford. Chaque photo montrait le visage d'un étudiant américain en proie à une émotion extrême : joie, amour, dégoût, souffrance. Les sociologues leur ont ensuite demandé de mettre un nom sur chaque émotion exprimée par les différents visages. Malgré leur ignorance des photos en général et de la physionomie d'un Anglo-Américain en particulier, ils ont reconnu toutes ces émotions.

En un sens, c'est une heureuse découverte. Elle renforce l'idée selon laquelle nous pouvons établir des rapports mutuels quel que soit notre héritage culturel. Toutefois, elle ne réfute pas ce que nous avons dit sur l'unicité du filtre de chaque individu. Les limites de l'expérience humaine sont bel et bien là (si vous n'avez jamais connu des émotions telles que la souffrance, la peur ou la honte, vous êtes un inadapté social ou un extraterrestre), mais il existe une grande diversité au sein de ces limites. Quels que soient leur race, leur sexe ou leur âge, certains individus aiment la pression et d'autres la détestent, certains recherchent à tout prix la célébrité et d'autres vivent heureux dans l'anonymat, certains adorent les rapports de force et d'autres aspirent à l'harmonie.

Les différences les plus intéressantes entre les individus sont rarement liées à la race, au sexe ou à l'âge; elles dépendent du réseau de connexions mentales de chacun. En tant que salarié responsable de vos résultats professionnels et de vos choix de carrière, il est essentiel que vous compreniez parfaitement la structure durable de vos connexions mentales. En tant que manager, vous devez prendre le temps d'identifier les différents talents de vos salariés. Dans le chapitre suivant, à l'aide de certains indices révélateurs de talent et du StrengthsFinder, nous vous aiderons à faire cela. Mais avant, nous devons répondre à une dernière question.

Pourquoi vos talents sont-ils si essentiels au développement de vos points forts ?

Un point fort est quelque chose que vous pouvez faire constamment et quasi parfaitement. En définissant vos talents comme vos connexions synaptiques les plus fortes, nous savons désormais pourquoi il est impossible de développer un point fort sans posséder de talent.

Chaque jour, au travail, vous devez prendre des décisions. Vos talents, vos lignes mentales directes, déterminent vos prises de décision. Il n'est pas question ici de grandes décisions, par exemple de savoir s'il faut transférer en Europe une usine actuellement implantée aux États-Unis ou s'il faut muter un salarié du service commercial au service marketing. Il s'agit des milliers de petites décisions auxquelles vous êtes confronté à longueur de journée. Assis à votre bureau, vous observez les dossiers éparpillés devant vous. Lequel allez-vous traiter ? Le plus facile, celui qui sera réglé très rapidement ou le plus difficile, celui qui vous occupera toute la matinée ? Vous choisissez d'ouvrir ce dernier. Vous êtes ainsi. Vous préférez commencer par le travail le plus ingrat. Soudain le téléphone sonne. Le laissez-vous sonner, préférant rester concentré sur le travail en cours, ou décrochez-vous ? Si vous décrochez, reconnaissez-vous la voix de la personne ? Vous rappelez-vous son nom ? Sur quel ton lui parlez-vous ? Si elle vous propose de relever un défi, lui coupez-vous tout de suite la parole ou la laissez-vous débiter tout ce qu'elle a à vous dire ? Dans un cortège sans fin, les petits choix quotidiens défilent les uns après les autres.

Incapable de réfléchir le temps qu'il faudrait pour prendre votre décision, vous êtes obligé de réagir instinctivement. Votre cerveau fait ce que la nature fait toujours dans ce genre de situation : il trouve et suit la voie de la moindre résistance – celle de vos talents. Un choix apparaît, vous entrez immédiatement en connexion avec l'une de vos lignes directes, et – pan ! – la décision est prise. Un autre choix. Une autre connexion à une ligne directe. Une autre décision. Et ainsi de suite.

La somme de ces petites décisions – disons un millier par jour – représente votre performance quotidienne. Multipliez ce chiffre par 5, et vous avez votre performance hebdomadaire. Multipliez-le par 240 jours ouvrés et vous obtenez votre performance annuelle. Environ 240000 décisions – et ce sont vos talents, vos connexions synaptiques les plus fortes, qui les ont prises quasiment toutes.

Cela explique pourquoi il est presque impossible d'obtenir la quasi-perfection en se contentant d'enseigner un nouveau savoir-faire à quelqu'un. Comme nous l'avons dit, lorsque vous apprenez un savoir-faire, vous apprenez en fait les différentes étapes d'une action. Par l'apprentissage, vous pouvez tisser quelques nouvelles connexions, mais vous *n'apprenez pas* à retisser l'ensemble de votre réseau. Le nouveau savoir-faire que vous venez d'acquérir pourra intervenir dans quelques décisions en vous reconnectant à l'une de vos connexions les plus faibles, mais seulement dans quelques-unes. Les décisions sont trop nombreuses et trop immédiates pour que le savoir-faire nouvellement appris bloque totalement vos lignes directes et crée un changement important et durable dans votre comportement. Le savoir-faire détermine si vous *pouvez* faire quelque chose, tandis que le talent révèle un point plus essentiel : que vous *pouvez* le faire *constamment* et *quasi parfaitement*.

Par exemple, si vous ne possédez pas le talent d'empathie mais avez suivi des cours de formation à l'empathie, vous savez que vous êtes censé être à l'affût d'indices émotionnels ou que vous devez répéter à votre interlocuteur que vous avez compris ce qu'il vous a dit afin qu'il se sente « entendu ». Pourtant, dans le feu de la conversation, votre cerveau continue peut-être à vous connecter à vos lignes directes qui, malheureusement, ne sont pas celles qui concernent l'empathie. Alors vous « coupez le courant » au lieu de réagir à votre interlocuteur. Vous détournez les yeux au lieu de ne pas le lâcher des yeux. Vous vous agitez maladroitement sur votre siège alors que votre langage corporel est censé être « ouvert et réceptif ». Parfois votre esprit rationnel vous rappelle que vous devez faire une pause ou poser des questions, mais vos pauses sont légèrement trop longues et vos questions un peu trop chargées de sous-entendus. Bref, malgré vos meilleures intentions, votre attitude reste gauche et changeante, la version karaoké de l'empathie.

Bien sûr, une version karaoké de l'empathie peut parfois être mieux que rien du tout. Si vous êtes inattentif aux sentiments des autres au point de faire le vide autour de vous, trouver un moyen de vous rappeler que vous devez vous interrompre ou poser des questions de temps en temps peut s'avérer très efficace. Nous ne sommes pas en train de vous dire que vous devez renoncer systématiquement à tout moyen de corriger vos points faibles. Nous vous disons simplement que vous ne devez pas surestimer ce moyen : il n'est là que pour limiter les dégâts et non développer vos points forts. Et comme nous l'avons déjà dit, limiter les dégâts peut empêcher le fiasco total mais ne permet pas d'atteindre l'excellence.

Certains individus contestent le fait qu'après l'âge de seize ans leur réseau mental est quasiment stabilisé. Évoquant le développement des synapses chez des rats adultes soumis à une stimulation excessive et des adultes humains amputés, ils prétendent qu'un entraînement suffisant permet de reconfigurer le cerveau. Ils ont partiellement raison. Des rats adultes placés dans un environnement stimulant fait de labyrinthes, d'épreuves et de jeux développent davantage de synapses que des rats qui s'ennuient dans des cages vides. De même, un homme adulte avec un membre amputé semble subir une certaine reconfiguration mentale, son cerveau essayant de retrouver son équilibre. Cependant, les défenseurs de cette idée surestiment les implications de leurs découvertes en disant que vous devez vous efforcer de reconfigurer votre cerveau par l'exercice et la répétition.

Bien que l'apprentissage par la répétition puisse créer quelques nouvelles connexions, il ne vous aidera jamais à créer de nouvelles lignes mentales directes à très haut débit. Sans talent préexistant, l'entraînement ne fera pas naître un point fort. Un exercice répétitif visant à créer de nouvelles connexions est simplement un moyen efficace d'apprendre. Comme le dit John Bruer dans *The Myth of the First Three Years*, la nature a mis au point pour vous trois moyens d'apprendre à l'âge adulte : continuer de renforcer vos connexions synaptiques existantes (c'est ce qui se passe lorsque vous améliorez un talent à l'aide d'un savoir et d'un savoir-faire appropriés), continuer de perdre la plupart de vos connexions inutiles (c'est ce qui se passe lorsque vous privilégiez vos talents et laissez ainsi les connexions les plus faibles se détériorer) ou développer quelques connexions synaptiques supplémentaires. Le moyen le moins efficace des trois est le dernier parce que votre corps doit dépenser beaucoup d'énergie pour créer l'infrastructure biologique (vaisseaux sanguins, protéines, etc.) nécessaire à ces nouvelles connexions.

Finalement, le danger de l'exercice répétitif sans talent préexistant est la perte excessive d'énergie et l'épuisement consécutif avant de constater la moindre amélioration. S'améliorer dans une activité, quelle qu'elle soit, nécessite de l'endurance. Afin de résister à la tentation de vous laisser aller, vous avez besoin de carburant. Vous avez besoin d'un moyen d'extraire de l'énergie de ce processus d'amélioration pour pouvoir continuer à vous améliorer. Malheureusement, lorsque vous vous efforcez sans cesse de réparer une connexion détériorée, c'est le contraire qui se produit. Vous êtes vidé de votre énergie. Aussi bien conçu que soit cet entraînement, vos mouvements restent saccadés et incohérents. Vous pratiquez, vous vous exercez encore et encore, mais tout cela demeure peu naturel et peu satisfaisant. Et comme il n'en découle aucun renforcement psychique, il vous est difficile de vous motiver pour tenter à nouveau l'expérience. Réparer une connexion interrompue peut vite devenir un travail ingrat, aliénant.

La plupart des entreprises qui privilégient la correction des faiblesses ignorent à quel point cela peut être abrutissant. Et, paradoxalement, l'amélioration récente des méthodes de formation n'a fait qu'aggraver la situation. Aujourd'hui, les méthodes de formation les plus modernes suggèrent que « l'apprentissage n'est pas un événement, mais un processus », et mettent donc l'accent sur le suivi psychologique des participants *après* le stage. Cette approche porte ses fruits tant que les participants possèdent le talent nécessaire. Si ce n'est pas le cas, ce type de formation produira inévitablement l'effet contraire à l'effet recherché. Au lieu de créer en eux une amélioration durable, elle les accablera progressivement.

Imaginez un salarié qui a du mal à avoir une pensée stratégique. Sa société l'encourage à participer à son tout nouveau programme de formation à la pensée stratégique. Une fois le stage terminé, elle lui fournit un suivi de deux mois. Le coach qui lui est assigné l'observe dans les réunions, l'évalue sur sa pensée stratégique, enregistre ses faibles améliorations et lui propose un nouveau moyen de s'améliorer dans les domaines où il présente encore des faiblesses. Tout cela est censé aider le salarié, mais pouvez-vous imaginer exercice plus ennuyeux ? Chaque jour son coach lui rappelle les réflexes qu'il n'a pas eus, les indices qu'il n'a pas repérés, les connexions qu'il n'a pas établies. Et chaque jour le salarié devient un peu plus déstabilisé, un peu plus frustré et un peu moins sûr de lui.

Comparez cette terrible situation à ce que vous ressentez lorsque vous utilisez sans cesse vos talents. Les talents ne sont pas seulement du « Je ne peux pas m'en empêcher », mais aussi du « Je me sens bien, j'éprouve une sensation de bien-être ». La nature vous a créé tel que vous êtes pour que vous perceviez ces deux signaux grâce à vos connexions les plus fortes. Vos talents vous font réagir d'une façon particulière et immédiatement vous en éprouvez en retour un sentiment de satisfaction. L'utilisation d'un talent est comparable à des flux de signaux qui circulent aisément sur l'une de vos lignes directes.

En dotant les talents d'un mécanisme de retour d'informations intégré, la nature a veillé à ce que vous puissiez continuer de les utiliser. En un sens, les talents sont les efforts de la nature pour créer une machine à mouvement perpétuel. La nature vous fait réagir au monde selon votre propre mode stable de réaction et, en faisant en sorte que cette réaction vous procure une certaine satisfaction, vous pousse à réagir encore et toujours selon ce même mode. Ainsi, même si nous sommes toujours étonnés par les 2216 matchs de base-ball réalisés d'affilée par Cal Ripken, les 21 ans consacrés par Brigitte au nettoyage des chambres d'hôtel et les 40 ans de Charles Schutz passés à dessiner des bandes dessinées, nous pouvons au moins expliquer d'où provenait leur carburant.

Vos talents, vos connexions synaptiques les plus fortes, sont les matières premières essentielles au développement de vos points forts.

Identifiez vos principaux talents, améliorez-les par l'acquisition de savoirs et de savoir-faire, et vous serez sur le chemin qui mène à l'exploitation systématique des points forts, à une vie construite autour d'eux.

Et maintenant arrive la question incontournable : si les talents sont essentiels au développement des points forts, comment pouvez-vous identifier les vôtres ? Puisqu'ils influencent toutes les décisions que vous prenez, vous devez déjà les connaître parfaitement. Or, ils sont si puissants, ce sont des fils si imbriqués pour former le tissu de votre vie, que vous avez du mal à les repérer séparément. Bien cachés à l'abri des regards, ils défient toute description. Mais ils laissent des traces. Comme nous le verrons plus loin, pour repérer vos talents vous devez découvrir leurs traces, et pour découvrir leurs traces, vous devez changer le regard que vous portez sur vous-même.

II

Découvrez la source de vos points forts

CHAPITRE 3

Un détecteur de talents : le StrengthsFinder

LES TRACES DU TALENT

« Comment pouvez-vous identifier vos propres talents ? »

Si vous voulez découvrir vos talents, commencez par être attentif à vos *réactions spontanées et soudaines* aux situations que vous rencontrez. Ces réactions naturelles sont la meilleure trace de vos talents. Elles révèlent l'emplacement de vos connexions mentales les plus fortes.

Céline, cadre supérieur dans une société de logiciels, nous a donné un exemple des plus parlant. Elle était en avion, en route pour la République dominicaine où devait se tenir l'assemblée générale annuelle de la société. Un peu à l'étroit sur son siège, elle regardait autour d'elle pour voir qui était à bord de ce petit avion de ligne. Bernard, le PDG ultra dynamique, peu tolérant envers les autres et aux idées très arrêtées, prenait ses aises sur un siège du dernier rang. En face de lui se tenait Antoine, un génie de la conception de logiciels, le meilleur de l'entreprise. En face de Céline était assis Martin, Britannique charmant et très sociable qui, par son réseau de relations, avait réussi tout seul à redresser la position critique de la société sur le marché européen. Et il y avait Gérard, responsable du marketing, un homme sans personnalité qui, comme d'habitude, avait réussi à trouver une place à côté du PDG.

« Les problèmes ont commencé juste après le décollage, se rappelle Céline. Nous étions juste au-dessus des nuages lorsque l'alarme s'est déclenchée. Je ne savais même pas qu'il y avait des alarmes dans les avions, mais soudain elle s'est mise à brailler comme un âne – *hi han, hi han* –, répandant dans la cabine un bruit assourdissant. Les lumières principales se sont éteintes tandis qu'une lumière rouge, le signal d'urgence, s'est allumée. Lorsque j'ai senti que l'avion plongeait de 300 mètres peut-être en l'espace d'une seconde, voire deux, j'ai jeté un coup d'œil à travers la porte ouverte du cockpit et vu les deux pilotes, le cou tout rouge et tout raide, se regarder. J'ai senti immédiatement qu'ils n'avaient pas la moindre idée de ce qui se passait.

Il y eut un instant de silence dans la cabine – le choc, certainement – puis tout le monde se mit brusquement à parler en même temps. Antoine tendit le cou et me dit : "Céline, peux-tu apercevoir les cadrans du tableau de bord ? Peux-tu les voir ?" Martin sortit une petite bouteille de vodka de son sac et cria en plaisantant : "Laissez-moi au moins boire un dernier coup !" Gérard se mit à se balancer d'avant en arrière en gémissant : "Nous allons tous mourir. Tous mourir." Bernard était déjà à la porte du cockpit. J'ignore toujours comment il a fait pour bondir aussi rapidement de son siège, mais il se tenait bel et bien devant les pilotes, s'égosillant à leur dire : "Qu'est-ce que vous fabriquez, les gars ?"

Moi ? Ce que je faisais ? J'observais ce qui se passait autour de moi, je pense, comme d'habitude. Le plus drôle, c'est que l'avion n'avait aucun problème. Un système défectueux avait déclenché l'alarme, puis les pilotes avaient simplement paniqué et fait plonger l'avion un court instant. »

Chacune de ces réactions à une situation extrêmement stressante révèle des talents dominants et, dans une certaine mesure, contribue à expliquer pourquoi chacun joue si bien son rôle professionnel. L'étude de la nature humaine effectuée de façon si pertinente par Céline a sans nul doute contribué à sa réussite dans le rôle de cadre supérieur. Le besoin de précision instinctif d'Antoine était à la base de son génie dans la conception de logiciels. La capacité de Martin à faire de l'humour dans n'importe quelle situation avait certainement joué un rôle dans l'accroissement de sa clientèle européenne en le rendant sympathique. Le besoin incontrôlé de Bernard de prendre la situation en main expliquait ses qualités de leader. Et même les gémissements de Gérard confirmaient son manque de courage face à l'adversité (une pusillanimité qui n'est pas un vrai talent puisqu'il est difficile de voir où et comment elle pourrait être exploitée en vue de résultats positifs).

Même si c'est un exemple extrême de la façon dont les individus se révèlent face à un stress, la vie quotidienne nous offre des milliers de situations moins dramatiques qui provoquent également des réactions révélatrices.

Pensez à une fête à laquelle vous avez participé récemment et où vous ne connaissiez pas la plupart des invités. Avec qui avez-vous passé la soirée, avec ceux que vous connaissiez ou ceux que vous ne connaissiez pas ? Si vous allez instinctivement vers des étrangers, vous êtes d'une nature extravertie et votre comportement reflète le thème du charisme, défini plus loin comme un besoin inné de séduire, de plaire, de gagner la faveur des autres. Inversement, si vous recherchez activement vos amis proches et restez avec eux toute la soirée, refusant les intrusions des étrangers, le thème du relationnel, un désir naturel de renforcer, de pérenniser les relations existantes, est l'un de vos thèmes dominants.

Rappelez-vous la dernière fois que l'un de vos salariés vous a dit qu'il ne pouvait pas venir travailler parce que son fils était malade.

Qu'avez-vous pensé sur le coup ? Si vous avez aussitôt pensé à l'enfant malade, si vous vous êtes demandé de quoi il souffrait et qui allait s'en occuper, c'est l'indice que l'empathie est l'un de vos thèmes de talent dominants. En revanche, si vous vous êtes tout de suite demandé qui allait remplacer le salarié absent, le thème de l'arrangeur, la capacité de jongler avec plusieurs variables à la fois, est probablement un talent dominant.

Et rappelez-vous la dernière fois que vous avez dû prendre une décision sans avoir en main toutes les données du problème. Si vous appréciez l'incertitude, convaincu que n'importe quelle action, même dans la mauvaise direction, éclaircit la situation, vous êtes probablement doué du thème d'activateur, défini comme un penchant à agir face à l'ambiguïté. Si vous vous arrêtez avant la prise de décision, ajournant l'action pour avoir davantage de données à votre disposition, le thème de l'analyste est certainement l'explication de votre comportement. Chacune de ces réactions spontanées suppose différents modes de comportement et, par conséquent, révèle vos talents.

Tandis que vos réactions immédiates sont la trace la plus visible de vos talents, vous devez garder en tête trois indices supplémentaires : les désirs forts, l'apprentissage rapide et les sources de satisfaction.

Les *désirs forts* révèlent la présence d'un talent, en particulier lorsqu'ils sont ressentis très tôt dans la vie. À l'âge de dix ans, les acteurs Matt Damon et Ben Affleck, déjà très bons amis, dénichaient un coin tranquille dans la cafétéria de l'école et organisaient des réunions pour parler de leurs derniers « projets » artistiques. À l'âge de treize ans, Picasso était déjà inscrit dans une école d'art pour adultes. À l'âge de cinq ans, l'architecte Frank Gehry réalisait des maquettes complexes sur le plancher du salon avec des bouts de bois provenant de la quincaillerie de son père. Et Mozart a écrit sa première symphonie la veille de ses douze ans.

Ce sont des exemples de gens célèbres, mais ils pourraient s'appliquer à chacun d'entre nous. Peut-être en raison de vos gènes ou de vos premières expériences lorsque vous étiez tout petit vous êtes vous senti attiré vers certaines activités et rebuté par d'autres. Pendant que votre frère courrait après ses copains autour du jardin, vous bricoliez le système d'arrosage, le démontant pour voir comment il fonctionnait. Votre pensée analytique se manifestait déjà. Lorsque votre mère, voulant vous faire une surprise pour votre septième anniversaire, vous a emmené au McDonald's au lieu d'organiser une petite fête à la maison comme vous l'aviez prévu ensemble, vous avez éclaté en sanglots. Même à sept ans votre sens de la discipline avait horreur des surprises brisant le cercle de la routine.

Vos passions d'enfant sont dues aux différentes connexions synaptiques de votre cerveau. Les connexions les plus faibles ont peu d'influence, et quand votre mère bien intentionnée (ou d'autres circonstances plus terribles) vous oblige à les emprunter, vous ressentez une étrange impression et vous vous mettez à pleurer. En revanche, vos connexions les plus fortes sont irrésistibles. Elles exercent un pouvoir magnétique, vous attirant encore et toujours. Vous sentez leur force d'attraction et éprouvez alors un désir très fort.

Inutile de dire que des pressions sociales ou financières étouffent parfois vos désirs et vous empêchent de les suivre. La romancière Penelope Fitzgerald, qui a remporté le Booker Prize, a été obligée de subvenir seule aux besoins de sa famille à cause de l'alcoolisme de son mari. Elle n'a donc pas pu suivre son désir irrésistible d'écrire avant la cinquantaine. Une fois soulagée par leur séparation définitive, elle a éprouvé une envie aussi irrépressible que celle d'une adolescente. Au cours des vingt dernières années de sa vie, elle a publié douze romans et, au moment de mourir à l'âge de quatre-vingts ans, elle était considérée comme au sommet de son talent, « la meilleure romancière britannique », selon l'un de ses pairs.

Anna Mary Robertson Moses détient probablement le record en matière de talent étouffé. Née dans une famille d'agriculteurs du nord de l'État de New York, elle a commencé à dessiner toute petite, et elle était si résolue à intégrer toutes les nuances de couleurs de son environnement à ses créations qu'elle mélangeait des jus de baies et de raisins pour colorer ses dessins. Mais elle fut bientôt contrainte par les exigences de la vie de la ferme de mettre de côté son envie folle de dessiner. Et elle n'a plus peint du tout pendant soixante ans. Finalement, à l'âge de soixante-dix-huit ans, elle a abandonné l'agriculture et s'est accordée le luxe de donner libre cours à son talent. Comme Penelope Fitzgerald, elle fut rapidement portée au sommet de son art par son énergie si longtemps réprimée. Au moment de sa mort, vingt-trois ans plus tard, elle avait peint des milliers de scènes inspirées de son enfance, exposé ses tableaux dans le cadre de quinze expositions qui lui étaient entièrement consacrées, et elle était célèbre dans le monde entier sous son nom d'artiste Grandma Moses.

Vos désirs peuvent ne pas être aussi irrépressibles que ceux de Grandma Moses, mais exercer une pression constante. Ils le doivent. Vos désirs reflètent la réalité physique selon laquelle certaines de vos connexions mentales sont tout simplement plus fortes que d'autres. Aussi répressives que soient les influences extérieures, ces connexions très fortes continuent de vous appeler, exigeant d'être entendues. Si vous voulez vraiment découvrir vos talents, vous devez en tenir compte.

Bien sûr, vous pouvez parfois vous fourvoyer à cause de ce que l'on pourrait appeler un « désir trompeur », par exemple le désir de travailler dans les relations publiques en raison du prestige – illusoire – des cocktails et des réceptions, ou le désir d'être manager en raison du besoin de tout contrôler. (Naturellement, le meilleur moyen de diagnostiquer un désir trompeur est d'interroger quelqu'un qui exerce le rôle tant convoité sur les réalités quotidiennes de son travail, une fois le mirage évanoui.) Excepté ces faux signaux, vos désirs valent la peine d'être suivis si vous aspirez à développer vos points forts.

L'*apprentissage rapide* offre une autre trace de talent. Parfois, un talent ne manifeste pas sa présence par le désir. Bien qu'il existe en vous, vous n'entendez pas son appel pour de multiples raisons. Mais relativement tard dans votre existence, quelque chose joue le rôle de déclencheur et c'est la rapidité avec laquelle vous apprenez un nouveau savoir-faire qui révèle la présence et la force de votre talent.

Contrairement à Picasso, son contemporain précoce, Henri Matisse n'a pas éprouvé le désir de peindre. À l'âge de vingt et un ans, il n'avait encore jamais touché un pinceau. Il était clerc de notaire, et un clerc de notaire souvent malade et dépressif. Un après-midi, alors qu'il se reposait au lit après une nouvelle grippe, sa mère, à la recherche de quelque chose, n'importe quoi, qui pourrait lui changer les idées, lui a mis une boîte de peintures entre les mains. Presque instantanément la direction et la trajectoire de sa vie ont changé. Il a senti un regain d'énergie, comme un prisonnier libéré de son cachot qui verrait la lumière pour la première fois. À l'aide d'un manuel de peinture qu'il épluchait fiévreusement, Matisse a passé ses journées à peindre et à dessiner. Quatre jours plus tard, sans d'autre initiation que la sienne, il était accepté dans l'une des plus prestigieuses écoles d'art de Paris pour étudier sous la direction du maître Gustave Moreau.

Frederick Law Olmsted a eu besoin d'une situation similaire pour révéler son talent mais, une fois révélé, ce talent l'a porté au sommet de l'excellence dans son domaine avec une rapidité sans précédent. Olmsted, un homme nerveux dont il n'y a rien eu à dire pendant trente ans, a découvert l'appel de sa vie (ce que nous appelons aujourd'hui l'urbanisme, et plus précisément l'architecture de jardins) en visitant l'Angleterre en 1850. Il y a été frappé, selon ses propres mots, par « les haies, les haies anglaises, les haies d'aubépine, toutes en fleurs, et le doux soleil radieux baignant l'atmosphère humide». Quelques années plus tard, après être retourné aux États-Unis pour se perfectionner, il a gagné le concours d'urbanisme le plus incroyable jamais organisé : il avait carte blanche pour dessiner un jardin prestigieux – le Central Park de New York. Ce fut sa première commande.

Vous avez peut-être connu une expérience similaire. Vous commencez à apprendre un nouveau savoir-faire – dans le cadre d'un nouveau travail, d'un nouveau défi ou d'un nouvel environnement – et immédiatement votre cerveau semble s'éclairer, comme si toute une rangée de boutons sur le panneau électrique était soudain mise sur «*on*». Les différentes étapes de ce savoir-faire s'engouffrent à une vitesse telle à travers des connexions nouvellement activées qu'elles ne tardent pas à disparaître. Vos mouvements perdent le rythme saccadé propre au novice pour prendre la grâce du virtuose. Vous laissez loin derrière vous vos camarades. Vous comprenez avant tout le monde et mettez ce que vous avez appris en pratique avant que le programme d'études vous donne le feu vert. Vous vous faites même mal voir du professeur en le défiant de répondre à vos questions et de réagir à vos idées lumineuses. Mais vous ne vous en préoccupez pas vraiment, parce que ce nouveau savoir-faire est venu à vous si naturellement que vous ne pouvez pas attendre plus longtemps pour l'appliquer.

Bien sûr, tout le monde n'a pas connu de ces «moments d'*eurêka*» qui ont réorienté toute leur vie, mais quel que soit le savoir-faire – savoir vendre, argumenter, élaborer un projet architectural, donner des informations en retour à un salarié, plaider une cause judiciaire, rédiger des *business plans*, nettoyer les chambres d'hôtel, rédiger des articles de presse ou retenir des invités à une émission de télévision matinale –, si vous l'avez appris rapidement, vous devez creuser un peu plus profondément. Vous allez être capable d'identifier le(s) talent(s) qui l'a (ont) rendu possible.

Les *sources de satisfaction* offrent le dernier indice de talent. Comme nous l'avons dit dans le chapitre précédent, vos connexions synaptiques les plus fortes sont conçues de telle sorte que lorsque vous les utilisez, vous en éprouvez un certain bien-être. Par conséquent, si vous vous sentez bien en réalisant une activité, il est probable que vous êtes en train d'utiliser un talent.

Cela semble presque trop simple, comme le conseil « si vous vous sentez bien en faisant cela, faites-le ». Mais ce n'est *pas* aussi simple que cela. Pour diverses raisons – la plupart liées à notre histoire psychologique – la nature a comploté pour encourager quelques-unes de nos impulsions les plus antisociales. Par exemple, vous êtes-vous déjà surpris à éprouver une certaine satisfaction en voyant quelqu'un faire un faux pas ? Avez-vous déjà eu l'envie soudaine de critiquer quelqu'un en public ou même de vous soustraire à vos responsabilités et d'accuser quelqu'un d'autre de vos propres erreurs ? La plupart des gens ressentent ces choses, même si cela paraît ignoble. Chacun de ces comportements implique de développer sa propre satisfaction aux dépens de celle de l'autre. « L'insatisfaction des uns fait la satisfaction des autres », pourrait-on dire. Ces comportements ne sont pas positifs et doivent être évités. Comme nous l'avons dit, ceux qui sont tentés d'utiliser leurs talents pour se délecter du malheur ou de l'échec des autres devraient revoir leurs valeurs.

Il est préférable de se concentrer sur l'identification des activités *positives* qui semblent apporter force et gratification. Lorsque nous avons interrogé les meilleurs dans leur domaine, nous avons été frappés par l'éventail incroyable d'activités ou de résultats qui peuvent rendre heureux. Au départ, lorsque nous avons demandé aux individus l'aspect de leur travail qui leur plaisait le plus, ils ont presque tous répondu qu'ils aimaient leur travail lorsqu'ils rencontraient une difficulté et réussissaient à la surmonter. Toutefois, par une étude plus approfondie, nous nous sommes aperçus que le mot « difficulté » ne signifiait pas la même chose pour tous. C'est là que nous avons constaté une grande diversité.

Certains tiraient leur satisfaction de voir un autre individu réaliser un progrès tellement minime qu'il pouvait passer inaperçu. Certains aimaient mettre de l'ordre dans le chaos. Certains adoraient animer des événements majeurs. Certains aimaient par-dessous tout la propreté, se souriant à eux-mêmes lorsqu'ils quittaient une pièce fraîchement nettoyée. Certains chérissaient les idées. Certains se méfiaient des idées et, au contraire, jubilaient à l'idée de trouver LA vérité. Certains avaient besoin d'atteindre les objectifs qu'ils s'étaient fixés. Certains, qu'ils aient ou non atteint les objectifs qu'ils s'étaient fixés, se sentaient vidés s'ils n'avaient pas réussi en même temps à faire mieux que leurs collègues. Pour certains, seul l'apprentissage était important. Pour d'autres, seul comptait d'aider les autres. D'autres encore aimaient essuyer des refus – apparemment parce que cela leur donnait l'occasion d'utiliser leur force de persuasion.

La liste pourrait être aussi longue que le nombre d'individus sur terre. Nous sommes tous si uniques que nous ne tirons pas les mêmes satisfactions des mêmes choses. Ce que nous essayons de vous dire ici, c'est que vous devez porter une grande attention aux situations qui semblent vous apporter des satisfactions. Si vous réussissez à les identifier, vous êtes sur la bonne voie et ne tarderez pas à repérer vos talents.

Comment identifier les sources de satisfaction ? Nous devons être très prudents ici. Dire à quelqu'un comment il peut savoir s'il prend vraiment plaisir à quelque chose peut s'avérer aussi stupide que lui dire comment il peut savoir s'il est amoureux. Le seul conseil avisé serait le suivant : « Soit vous le sentez, soit vous ne le sentez pas. »

Toutefois, nous allons prendre un risque et vous donner ce petit conseil : lorsque vous réalisez une activité, essayez de savoir à quel temps vous pensez en l'effectuant. Si vous ne pensez qu'à l'instant présent – « Quand est-ce que j'aurai fini ? » – il est plus que probable que vous n'utilisez pas un talent. Mais si vous pensez au futur, si vous anticipez cette activité – « Quand pourrais-je faire à nouveau cela ? » – c'est le signe que cette activité vous plaît et que l'un de vos talents est l'œuvre.

Les réactions spontanées, les désirs puissants, l'apprentissage rapide et les sources de satisfaction vous aideront à repérer les traces de vos talents. Vous qui vivez à cent à l'heure, essayez de faire une pause, de prendre un peu de recul, de retrouver un peu de calme et d'être à l'affût de ces indices. Ils vous aideront à déceler vos talents.

LE STRENGTHSFINDER
« Comment fonctionne-t-il et comment se présente le questionnaire d'évaluation ? »

Comment fonctionne-t-il ?

Le meilleur moyen de déceler vos talents est d'observer votre comportement et vos sentiments pendant une période assez longue en portant une attention particulière aux indices que nous avons décrits plus haut. Il serait difficile pour n'importe quel questionnaire ou outil d'évaluation de rivaliser avec ce genre d'analyse ciblée. Néanmoins, comme la plupart d'entre nous, vous avez sans doute du mal à trouver le temps et l'objectivité nécessaires à votre auto-analyse. Vous êtes trop occupé et trop en prise directe sur les événements.

L'outil d'évaluation que constitue le StrengthsFinder est destiné à vous aider à affiner votre perception. Il vous propose à chaque fois deux affirmations, enregistre vos réponses, les trie et vous livre vos modes de comportement dominants, mettant ainsi en lumière les thèmes qui constituent votre meilleur potentiel pour développer des points forts.

Comme il a déjà été dit, dans le monde réel vos réactions spontanées aux situations que vous rencontrez contribuent à révéler vos talents. Pour qu'un outil d'évaluation puisse identifier avec précision vos talents, il doit refléter ce processus. Il doit vous donner un stimulus, vous proposer une sélection de réactions possibles, puis évaluer vos réactions. Très simple, pensez-vous.

Eh bien non. Créer un outil pour évaluer le talent est un travail beaucoup plus compliqué qu'il y paraît.

Premier problème : lorsque vous réagissez dans la vie réelle, on ne vous propose pas un nombre fixe de choix possibles que vous évaluez ensuite sur une échelle de 1 à 5. Pour chaque situation, il existe un nombre illimité de choix. Votre cerveau filtre rapidement ces choix et, guidé par vos connexions synaptiques les plus fortes, il choisit une réaction à cette situation. Lorsque nous avons conçu le StrengthsFinder, nous ne pouvions pas vous donner un nombre illimité de choix. En fait, nous avons envisagé de vous en donner deux. Pour que ces choix soient pertinents, nous devions être sûrs qu'au moins l'un des deux révélait la présence d'un talent caché. Nous avons réussi en posant des questions ouvertes à près de deux millions d'individus et en les écoutant pour découvrir si certaines de ces questions suscitaient les mêmes réponses chez ceux qui possédaient les mêmes talents.

Par exemple, nous avons demandé à des managers de répondre à cette question : « Quel est le meilleur moyen de motiver un individu ? » Nous ne savions pas exactement ce que nous allions tirer de cette question, mais à notre grande surprise nous avons vu émerger un thème rapidement. Les managers qui possédaient le talent de percevoir les différences entre les individus ont tous répondu la même chose : « Tout dépend de la personne. » Puis nous leur avons posé une autre question : « Faut-il surveiller étroitement les salariés ? » Ils ont donné la même réponse : « Cela dépend de la personne. » Ce n'est pas la « bonne » réponse à la question, mais elle semble indiquer la présence d'un certain mode de pensée.

En utilisant des découvertes de ce type, nous avons mis au point des affirmations qui proposaient « Tout dépend de la personne » comme l'un des deux choix possibles. Ceux qui ont toujours choisi cette affirmation possédaient certainement le talent de l'individualisation.

Deuxième problème : nous ne pouvions pas rendre ces choix trop évidents. Si nous élaborions deux affirmations dont l'une était forcément LA bonne et l'autre LA mauvaise, les choix seraient faussés et n'indiqueraient absolument pas la présence ou l'absence d'un talent particulier. Pour résoudre ce problème, nous avons pensé que les deux affirmations ne devaient pas être opposées. Par exemple, lorsque nous avons demandé à des millions d'individus : « Lorsque vous parlez à quelqu'un, comment savez-vous si votre qualité d'écoute est bonne ? », nous avons découvert deux types de réponses. Ceux qui possédaient le talent d'analyste répondaient : « Je sais que ma qualité d'écoute est bonne si je peux comprendre et répéter ce que me dit mon interlocuteur. » En revanche, ceux qui possédaient le talent d'empathie ont donné une réponse très différente : « Je sais que ma qualité d'écoute est bonne si mon interlocuteur continue de parler. »

Une fois de plus, aucune de ces réponses n'est LA bonne – en fait, elles paraissent toutes les deux parfaitement sensées – et aucune n'est le contraire de l'autre. Toutefois, à l'appui de nos études, nous savons désormais que si nous proposons ces deux affirmations, le choix effectué révèle si l'individu possède un talent dominant d'empathie ou d'analyste. Bien sûr, il est possible qu'un individu ait ces deux talents.

Face à ces deux affirmations, il ne saura laquelle choisir. Pour remédier à ce problème, nous nous sommes assurés qu'il aura bien d'autres occasions, au cours de son évaluation, de découvrir s'il possède le talent d'empathie ou d'analyste.

Dernier problème : la spontanéité. Dans la vie réelle, les décisions doivent être prises si rapidement que vous n'avez pas le temps de marquer une pause, de peser le pour et le contre, et de choisir la solution la plus appropriée. Au contraire, même si vous participez à quelque chose d'aussi simple qu'une conversation, votre cerveau prend instantanément des décisions concernant le ton de votre voix, son accent, le regard, les mimiques, les mots et le déroulement logique de la conversation. Pour refléter la rapidité des prises de décision dans la vie réelle, nous avons décidé d'imposer une limite de temps. Une fois que les deux affirmations s'affichent à l'écran, vous avez vingt secondes pour répondre. Vingt secondes, c'est juste le temps qu'il faut pour lire et comprendre les deux affirmations, mais c'est insuffisant pour permettre à votre réflexion d'entrer en jeu.

Qu'allez-vous recevoir après avoir répondu au questionnaire?

L'objectif du StrengthsFinder n'est pas de vous apporter sur un plateau vos points forts, mais de *découvrir où est votre meilleur potentiel pour développer un point fort*. Ainsi, il mesure la présence chez un individu des trente-quatre thèmes de talent que nous avons découverts au cours de notre longue étude sur l'excellence.

Une fois que vous avez répondu au questionnaire, vous recevez sur-le-champ vos cinq thèmes dominants, vos thèmes distinctifs, ceux qui vous caractérisent le mieux. Ces thèmes de talent ne sont peut-être pas encore des points forts. Chaque thème est un mode stable de pensée, de sentiment ou de comportement – la promesse d'un point fort. Vous trouverez dans le chapitre 4 un guide des trente-quatre thèmes de talent. Chacun y est décrit de façon détaillée et illustré par des témoignages d'individus qui le possèdent. Vous n'allez certainement pas lire tous les thèmes et tous les témoignages d'une traite. Une fois que vous avez répondu à l'ensemble du questionnaire et reçu vos cinq thèmes dominants, vous pouvez vous reporter aux pages qui leur sont consacrées et commencez par là.

Concrètement, que devez-vous faire pour répondre au questionnaire?

Regardez la page 3 de la couverture de cet ouvrage et vous verrez un numéro d'identification personnel. Notez ce numéro. Puis connectez-vous à Internet et allez à l'adresse suivante : www.strengthsfinder.com. Suivez les instructions et, lorsque le message d'invite s'affiche à l'écran, insérez votre numéro d'identification. (Pour répondre au questionnaire, il vous faut un modem 28,8 Kbps ou plus rapide et la version 4.0 ou la dernière version d'Internet Explorer, de Netscape ou d'AOL.) Le StrengthsFinder vous montrera comment il fonctionne en vous donnant un exemple de deux affirmations, puis vous pourrez démarrer votre évaluation «pour de vrai».

N'oubliez jamais que vos réponses doivent être spontanées. N'essayez pas d'analyser votre réponse en détail. Et ne vous inquiétez pas si vous ne savez pas quoi répondre et répondez «Sans opinion». Le but du StrengthsFinder est d'isoler vos thèmes distinctifs. Si aucune des deux affirmations ne déclenche en vous de réaction forte ou si vous vous reconnaissez dans les deux, alors visiblement ces deux affirmations n'ont pas exploité l'un de vos thèmes dominants. Dans les deux cas, la réponse «Sans opinion» est la réponse appropriée.

Un dernier mot pour vous réconforter : nous avons découvert que certains individus hésitent à se lancer dans cette évaluation parce qu'ils craignent que leurs thèmes distinctifs ne soient pas de «bons» thèmes. Cette inquiétude n'est pas fondée. Un thème en lui-même n'est ni bon ni mauvais. Il est simplement un mode stable qui peut être, soit développé et transformé en point fort, soit laissé de côté. Il est certain qu'à la fin de votre évaluation vous réagirez immédiatement aux cinq thèmes que le StrengthsFinder a repérés en vous selon le mode propre à ces cinq thèmes. Par exemple, si vous découvrez que le thème d'activateur est l'un de vos thèmes dominants, vous réagirez probablement en exigeant de savoir ce que vous pourrez concrètement faire de ces nouvelles connaissances sur vous-même. Si le thème d'analyste est l'un de vos cinq thèmes dominants, vous vous demanderez aussitôt comment nous avons extrait ce thème de vos réponses. Vos thèmes les plus forts filtreront toujours votre monde et vous inciteront toujours à réagir d'une certaine façon : la vôtre. Toutefois, quels que soient vos thèmes, essayez de ne pas réagir en écoutant cette petite voix insinuante et critique vous dire : « Vous avez peut-être raté votre test. » Ce n'est pas vrai. Vous ne pouvez pas rater ce test parce que chaque thème distinctif contient en germe un point fort. Le seul échec possible serait de ne jamais réussir à trouver le bon rôle ou les bons partenaires pour vous aider à concrétiser ce point fort.

CHAPITRE 4

Les trente-quatre thèmes du StrengthsFinder

- **Talents relatifs aux efforts** (pages 90 à 102)
  Réalisateur – Activateur – Convaincu – Importance – Discipliné – Assurance – Adaptabilité – Focalisation – Restaurer

- **Talents relatifs à la réflexion** (pages 103 à 120)
  Analyste – Arrangeur – Prudent – Connexion – Équité – Futuriste – Studieux – Input – Intellectualisme – Contexte – Stratégique – Idéation

- **Talents relatifs aux rapports** (pages 121 à 131)
  Harmonie – Communication – Empathie – Englober – Individualisation – Relationnel – Responsabilité

- **Talents relatifs à l'influence** (pages 132 à 139)
  Compétition – Commandement – Développeur – Positivité – Maximisation – Charisme

Remarque : Vous remarquerez que les noms des thèmes ne sont pas tous de même type. Certains font référence à l'individu (réalisateur, activateur). Certains à la catégorie (discipliné, empathie). D'autres à la qualité (adaptabilité, analyste). Nous avons choisi cette approche parce que nos efforts pour n'avoir qu'un seul type de noms n'ont abouti qu'à des termes peu élégants et peu clairs.

RÉALISATEUR

Vous êtes animé d'un grand dynamisme et d'un besoin constant de réalisation. Vous avez l'impression de repartir chaque jour à zéro et vous avez besoin de réaliser quelque chose de tangible pour être satisfait. Pour vous « chaque jour » veut bien dire tous les jours : les jours de la semaine, le week-end et les vacances. Peu vous importe d'avoir bien mérité un jour de repos, si un seul jour se passe sans que vous ayez réalisé quelque chose de concret, vous ressentez une insatisfaction totale. Un feu intérieur vous anime et vous pousse à en faire toujours plus. Lorsque vous avez accompli quelque chose, cette flamme s'atténue un instant ; mais très vite, elle se ravive, vous force à aller toujours plus loin, à viser un nouvel objectif. Ce besoin constant de réaliser n'est pas toujours guidé par la logique, il peut même ne tendre vers aucun objectif particulier, mais il est insatiable et ne vous quittera jamais. En tant que réalisateur, vous devez apprendre à vivre avec ce sentiment d'insatisfaction qui, après tout, offre certains avantages. Il vous donne l'énergie dont vous avez besoin pour travailler de longues heures sans vous épuiser, c'est le « coup de pouce » sur lequel vous pouvez toujours compter pour vous pousser à entreprendre de nouvelles tâches, à relever de nouveaux défis. C'est la source d'énergie qui vous permet d'établir le rythme et de définir les niveaux de productivité de votre groupe de travail. C'est le thème qui vous pousse en avant.

TÉMOIGNAGES

Mélanie, infirmière des urgences : « J'ai besoin de marquer des points tous les jours pour me sentir satisfaite. Aujourd'hui, j'ai été là seulement une demi-heure, mais j'ai déjà marqué 30 points. J'ai commandé de nouvelles machines pour la salle des urgences, j'ai fait réparer certaines installations, j'ai eu une réunion avec mon infirmière en chef, j'ai fait du remue-méninges avec ma secrétaire pour améliorer notre registre informatisé. Sur ma liste de 90 choses à faire, j'en ai déjà accompli 30. Je me sens assez contente de moi en ce moment. »

Thomas, représentant : « L'année dernière, j'ai été élu représentant de l'année par ma société sur 300 représentants. Je me suis senti satisfait pendant une journée, mais après c'est comme si cela n'était jamais arrivé. Je recommençais à zéro. Je regrette parfois de devoir repartir à chaque fois à zéro, car c'est déstabilisant et obsessionnel. Avant, je pensais pouvoir changer, mais je sais aujourd'hui que c'est impossible et que je suis fait comme ça. Ce thème est vraiment une arme à double tranchant. Il m'aide à réaliser mes objectifs, mais j'espère toujours pouvoir le mettre en veille quand je le souhaite et l'utiliser selon mes désirs. Et c'est impossible pour moi. Ce que je *peux* faire malgré tout, c'est le gérer et éviter l'obsession du travail en me concentrant sur des réalisations qui ne sont pas seulement professionnelles. On peut réaliser une multitude de choses dans de nombreux domaines. »

Sarah, écrivain : « Ce thème est étrange. D'un côté, c'est bien parce que vous courrez toute votre vie après des défis à relever, mais d'un autre côté vous n'avez jamais l'impression d'avoir atteint votre objectif. Ce thème vous fait monter des côtes à toute allure pendant toute votre existence. Vous ne vous reposez jamais parce qu'il y a toujours davantage à faire. Cependant, à bien y réfléchir, je pense que je préfère posséder ce thème que ne pas l'avoir. Je l'appelle ma "divine impatience" et, s'il me donne l'impression que je lui dois tout ce que j'ai, alors qu'il en soit ainsi. Je peux vivre avec. »

ACTIVATEUR

« Quand pouvons-nous commencer ? » C'est une question qui revient souvent dans votre vie, vous êtes impatient d'agir : vous convenez de l'utilité de l'analyse ou des débats et des discussions qui peuvent parfois permettre d'élucider un problème, mais, au fond de vous, vous savez que seule l'action compte. Seule l'action peut faire bouger les choses. Seule l'action engendre des résultats. Lorsqu'une décision est prise, vous ne pouvez pas ne pas agir. Les autres peuvent s'inquiéter et dire : « Il y a encore des choses que nous ne savons pas », cela ne vous ralentit pas. D'ailleurs, selon vous, l'action et la réflexion ne s'opposent pas, au contraire. Guidé par votre talent d'activateur, vous estimez que l'action est la meilleure école de la vie. Vous prenez une décision, vous agissez, vous regardez le résultat et vous en tirez la leçon. C'est cette leçon qui dictera vos actions futures. Vous êtes d'avis que l'on ne peut pas progresser seulement en réfléchissant, mais que l'on doit également intervenir. Vous avez besoin d'être sur le terrain et vous devez passer à l'étape suivante, sans quoi vous ne pouvez rester au fait des choses. Votre énergie est la source de votre mobilité intellectuelle. En d'autres termes : vous savez que l'on ne vous jugera ni sur vos paroles, ni sur vos pensées, mais sur vos actes. Cela ne vous fait pas peur, au contraire, cela vous plaît.

TÉMOIGNAGES

Jeanne, moniale bénédictine : « Lorsque j'étais prieure dans les années 1970, nous étions touchées de plein fouet par la pénurie d'énergie et la flambée des prix du pétrole. Nous possédions quelque 70 hectares et je parcourais tous les jours ces terres en réfléchissant à ce que nous pourrions faire face à cette crise pétrolière. J'ai soudain pensé qu'avec toutes ces terres nous devions pouvoir exploiter notre propre gisement pétrolifère, et c'est ce que nous avons fait. Nous avons dépensé 100000 dollars pour le forage d'un puits. Si vous n'avez jamais foré de puits, vous ne réalisez certainement pas ce que moi-même je n'ai pas réalisé : que vous devez dépenser 70000 dollars uniquement pour savoir si vous avez un gisement d'hydrocarbures dans le sous-sol de votre domaine. Alors des spécialistes ont réalisé des sondages au trépan et m'ont dit que j'avais un gisement. Mais ils ignoraient son ampleur et s'ils allaient pouvoir l'exploiter. "Si vous nous donnez 30000 dollars supplémentaires, nous allons essayer de l'exploiter", m'ont-ils dit. "Si vous refusez, nous nous contenterons du sondage, empocherons les 70000 dollars et rentrerons chez nous." Alors j'ai déboursé 30000 dollars de plus et, heureusement, l'opération a fonctionné. C'était il y a vingt ans, et notre puits est encore exploité aujourd'hui. »

Joseph, entrepreneur : « Certains voient mon impatience comme un refus de voir les pièges, les obstacles potentiels. Je ne cesse de leur répéter : "Je veux savoir quand je vais heurter le mur et j'ai besoin de vous pour me dire si le choc va être dur. Mais si je choisis de rentrer quand même dans ce mur, ne vous inquiétez pas, vous avez fait votre boulot. J'avais seulement besoin de faire moi-même l'expérience." »

CONVAINCU

Si vous êtes doté de convictions intérieures, vous vous sentez investi d'un certain nombre de valeurs fondamentales et immuables. Ces convictions varient d'une personne à l'autre, mais certaines valeurs, telles l'altruisme, la famille, voire même la spiritualité, comptent beaucoup pour vous. Vous accordez une grande priorité à la responsabilité et à la morale, des valeurs que vous appréciez également chez les autres. Ces principes influencent pour une grande part votre comportement, ils donnent un sens à votre vie. Vous pensez que le succès ne se limite pas à l'argent et au prestige. Ces valeurs vous montrent la voie à suivre et vous guident, au travers des tentations et des dispersions de la vie, pour ne pas perdre de vue vos priorités. Cette constance est la base de toutes vos relations et vos amis vous considèrent comme une personne sur qui l'on peut compter. « On sait à quoi s'en tenir » disent-ils et ils connaissent vos convictions. Il est important, cependant, que vous trouviez un travail en accord avec vos convictions. Votre travail doit avoir un sens, il doit « compter » et il ne comptera que s'il est en harmonie avec votre système de valeur.

TÉMOIGNAGES

Michel, représentant : « Je passe la majeure partie de mon temps libre avec ma famille et à des activités de groupe. J'ai été scout, j'ai dirigé des scouts et j'ai fait partie du conseil d'administration des scouts à l'échelle de mon département. J'adore tout simplement être avec des enfants. Je pense que l'avenir est là. Et je pense que vous pouvez utiliser beaucoup plus mal votre temps que de l'investir dans l'avenir. »

Laurence, doyenne de faculté : « Mes valeurs sont la raison pour laquelle je travaille si dur au quotidien. Je travaille des heures et des heures, et je me désintéresse totalement de l'argent que je gagne. J'ai simplement découvert que j'étais la doyenne la moins payée de ma région et je m'en fiche pas mal. Je vous le répète, je ne fais pas cela pour l'argent. »

Thérèse, cadre dans une compagnie aérienne : « Si vous ne faites rien d'important à vos yeux, à quoi bon le faire ? Se lever tous les jours pour trouver des moyens de rendre les voyages en avion plus sûrs me semble important. Si je n'avais pas trouvé de sens à mon travail, je ne sais pas si j'aurais pu assumer toutes les difficultés et toutes les frustrations que je rencontre sur mon chemin. Je crois que j'aurais déprimé complètement. »

IMPORTANCE

Vous aimeriez avoir du poids aux yeux des autres. Au vrai sens du terme, vous voulez être «reconnu», vous voulez être entendu, vous distinguer, être connu et apprécié pour les forces uniques qui vous caractérisent. Vous avez besoin d'être considéré comme quelqu'un de crédible, de professionnel, qui réussit ce qu'il entreprend. Et vous désirez vous lier à des personnes qui sont considérées de la même manière. Si elles ne le sont pas, vous les pousserez à le devenir ou bien vous continuez votre chemin. Indépendant, vous voulez que votre travail soit un mode de vie plutôt qu'une simple occupation; ce travail doit vous permettre d'avoir les mains libres, de disposer d'une certaine liberté d'action pour accomplir votre tâche comme vous l'entendez. Vos aspirations sont puissantes et vous les honorez. C'est ainsi que votre vie est remplie de choses que vous «voulez», que vous «désirez ardemment» ou que vous «aimez». Quel que soit votre objectif (différent pour chaque personne), votre thème «importance» vous hissera toujours plus haut, loin de la médiocrité, vers l'exceptionnel. C'est le thème qui vous incite à continuer.

TÉMOIGNAGES

Maryvonne, fonctionnaire dans les services médicaux : «Dès leur plus jeune âge, on dit aux filles : "Ne soyez pas trop fières. Ne gardez pas la tête haute." Ce genre de choses. Mais j'ai appris qu'il fallait avoir du pouvoir, de la fierté et un ego important. Et que je devais gérer cet ego pour le canaliser dans la bonne direction.»

Nadège, associée dans un cabinet juridique : «Aussi loin que je puisse me rappeler, j'ai toujours eu le sentiment d'être unique, de pouvoir commander et faire en sorte que les choses se réalisent. Dans les années 1960, j'étais la première femme associée dans mon cabinet juridique et je me revois marcher dans la salle du conseil, être la seule femme à faire cela. C'est drôle, en y repensant. C'était dur, mais je crois vraiment que j'aimais la pression qui me poussait à me distinguer. J'aimais être l'associée "femme". Pourquoi ? Parce que je savais que j'allais être très difficile à oublier. Je connaissais tous ceux qui me remarquaient et faisaient attention à moi.»

Daniel, médecin : «Toute ma vie j'ai senti que j'étais en scène. Je suis *toujours* conscient d'un public. Si je suis assis face à un patient, je veux qu'il me voie comme le meilleur médecin qu'il ait jamais eu. Si j'enseigne à des étudiants en médecine, je veux me distinguer et être considéré comme le meilleur professeur de médecine qui puisse exister. Je veux remporter le prix du meilleur professeur de médecine de l'année. Mon patron est un énorme public pour moi tout seul. Le décevoir me tuerait. C'est angoissant de penser qu'une partie de l'estime de soi est entre les mains d'autres individus, mais cela me stimule. »

DISCIPLINÉ

Votre univers doit être sans surprise, prévisible, ordonné et planifié. C'est pourquoi vous instaurez instinctivement une certaine structure, vous mettez en place des habitudes, vous définissez un planning, des dates à respecter, vous divisez les projets à long terme en une série de plans spécifiques à court terme et vous travaillez sur chaque plan avec assiduité. Vous n'êtes pas forcément méticuleux, mais vous avez besoin de précision. La vie étant par définition imprévisible, vous désirez vous sentir maître de la situation. Les habitudes, les plannings et les structures bien établies vous permettent d'avoir les choses bien en main. L'ordre dont vous avez besoin peut parfois gêner ceux qui ne comprennent pas cette discipline, mais tout conflit peut être évité. Vous devez comprendre que tout le monde ne ressent pas le besoin de tout prévoir : chacun dispose d'une méthode qui lui est propre pour accomplir sa tâche. De votre côté, vous pouvez aider vos collègues à comprendre, peut-être même à apprécier, votre besoin de structures. Votre aversion pour les surprises, votre impatience vis-à-vis des erreurs, vos habitudes, votre attachement aux détails, ne doivent pas être interprétés comme une façon de contrôler les gens et de les brider : ce comportement doit plutôt être perçu comme une méthode innée vous permettant de maintenir votre avance et votre productivité dans le tourbillon de la vie.

TÉMOIGNAGES

Luc, gérant de restaurant : « Lorsque j'ai participé à un stage de gestion du temps il y a quelques années, cela a marqué un tournant dans ma vie professionnelle. J'ai toujours été discipliné, mais ce talent s'est encore renforcé lorsque j'ai appris à l'utiliser dans un processus organisé quotidien. Je téléphone à ma mère tous les dimanches au lieu de laisser passer des mois sans l'appeler. J'emmène ma femme au restaurant toutes les semaines sans qu'elle le demande. Mes employés savent que si je leur dis que je veux qu'une tâche soit réalisée pour lundi, je les convoquerais lundi si je constate qu'ils ne m'ont pas écouté. Ce sens de la discipline fait tellement partie de ma vie que j'ai rallongé toutes les poches de mes pantalons pour qu'ils tombent bien sur mes hanches. »

Thierry, chef des ventes : « Ma méthode de classement n'est peut-être pas géniale sur le plan esthétique, mais elle est très efficace. J'écris tout à portée de la main parce que je sais qu'aucun client ne verra ces dossiers. Alors à quoi bon perdre du temps à les rendre agréables à l'œil ? Toute ma vie de représentant est fondée sur des délais et un suivi. Ma méthode de classement me permet de tout noter, de sorte que je prends la responsabilité, non seulement de mes délais et de mes suivis, mais de ceux de mes clients et de mes collègues. S'ils ne m'ont pas rappelé à l'heure où ils me l'avaient promis, je leur envoie un e-mail. D'ailleurs, l'un de mes collègues m'a dit l'autre jour : "Je préfère vous rappeler parce que je sais que c'est vous qui le ferez si vous n'avez pas de mes nouvelles." »

Dominique, chef de bureau : « Je déteste perdre du temps, alors j'établis des listes, de longues listes qui me permettent de ne rien oublier. Aujourd'hui, ma liste comporte 90 choses à faire, et je ferai 95 % d'entre elles. Et c'est de la discipline, parce que je ne laisse personne perdre mon temps. Je ne suis pas impolie, mais je peux vous faire savoir avec tact et humour que l'heure, c'est l'heure. »

ASSURANCE

L'assurance est similaire à la confiance en soi. En votre for intérieur, vous croyez en vos forces. Vous *savez* que vous êtes capable : capable de prendre des risques, de relever de nouveaux défis, de revendiquer ce que vous voulez et surtout, d'accomplir ce que vous désirez. Mais l'assurance est bien plus que la confiance en soi. Doté du thème « assurance », vous avez non seulement confiance en vos aptitudes, mais vous avez également confiance en votre jugement, vous savez que votre perception du monde est unique et, puisque personne ne voit exactement ce que vous voyez, vous savez que personne ne peut prendre de décision à votre place ; personne ne peut vous dire ce qu'il faut croire ou penser. On peut vous guider, vous faire des suggestions, mais vous êtes le seul à vivre votre vie. Vous seul avez l'autorité d'élaborer des conclusions, de prendre des décisions, d'agir. Cette autorité, cette pleine responsabilité de votre vie, ne vous intimide pas, au contraire, vous la trouvez naturelle et, quelle que soit la situation, vous semblez toujours savoir ce qu'il faut faire. Cette solution ne convient peut-être pas à tout le monde. Mais vous savez qu'elle *vous* convient. Ce thème vous donne une aura de certitude. Contrairement à beaucoup, vous ne vous laissez pas facilement influencer par les arguments des autres, aussi persuasifs soient-ils. Cette assurance peut être discrète ou déterminée, selon vos autres thèmes, mais elle est, en tout cas, solide et puissante. Comme la quille d'un bateau, elle résiste aux pressions et vous permet de garder le cap.

TÉMOIGNAGES

Paule, fonctionnaire : « J'ai été élevée dans une ferme isolée et j'ai fréquenté une petite école de campagne. Un jour, en rentrant à la maison, j'ai annoncé à ma mère que j'allais changer d'école. Notre instituteur nous avait expliqué que nous étions trop nombreux dans cette école et que trois enfants allaient devoir étudier ailleurs. J'ai réfléchi à cela quelques instants, séduite par l'idée de rencontrer de nouvelles personnes, et j'ai décidé que je serai l'un de ces trois élèves – même si cela signifiait se lever le matin une demi-heure plus tôt et prendre le bus. J'avais cinq ans. »

Léon, représentant : « Je ne me remets jamais en question. Que j'achète un cadeau d'anniversaire ou une maison, lorsque je prends une décision, j'ai l'impression que je n'ai pas le choix. Il n'y avait qu'une décision à prendre et je l'ai prise. C'est facile pour moi de dormir la nuit. Ma détermination est sans appel, forte et très convaincante. »

Déborah, infirmière des urgences : « Quand un patient décède aux urgences, on m'appelle pour que je traite avec la famille, parce que j'ai confiance en moi. Hier, nous avons eu des problèmes avec une jeune fille psychotique qui criait que le diable était en elle. Les autres infirmières étaient effrayées, mais moi je savais ce qu'il fallait faire. Je suis allée auprès d'elle et lui ai dit : "Corinne, viens, allonge-toi. Nous allons dire le Baruch. C'est une prière juive qui dit cela : *Baruch Atah Adonai Eloheinu Melech Haolam.*" Elle me répondit : "Dis-la lentement pour que je puisse la répéter après toi." C'est ce que j'ai fait et elle m'a répété lentement cette prière. Elle n'était pas juive, mais elle s'est calmée. Elle est restée sur son lit et m'a dit : "Merci. C'est tout ce dont j'avais besoin." »

ADAPTABILITÉ

Vous vivez le moment présent et, pour vous, l'avenir n'est pas une destination figée mais plutôt un lieu que vous créez à partir des choix que vous faites aujourd'hui. Vous découvrez donc votre avenir au fur et à mesure de chacun de vos choix. Cela ne signifie pas que vous n'avez pas de projets, vous en avez probablement, mais ce thème « adaptabilité » vous permet de répondre avec bonne volonté aux sollicitations du moment, même si elles vous distraient de vos plans d'action. Contrairement à certains, les soudaines requêtes ou les détours imprévus ne vous dérangent pas, vous vous y attendez. Ils sont en effet inévitables et au fond, vous les attendez avec impatience, car vous êtes, en réalité, quelqu'un de très souple, capable de productivité, même quand vous êtes sollicité de toutes parts par les exigences du travail.

TÉMOIGNAGES

Marie, productrice de télévision : « J'aime l'univers de la télévision parce que vous ne savez jamais ce qui va se passer. Je peux monter une émission sur les meilleurs cadeaux à offrir à des adolescents avant les vacances à 14 heures 01 et réaliser l'interview d'un candidat à la présidence en différé à 14 heures 02. J'ai toujours été comme ça. Je vis l'instant présent. Si quelqu'un me demande : "Que fais-tu demain ?" – je lui réponds toujours : "Eh bien, je ne sais pas. Cela dépendra de mon humeur." Je rends mon petit ami complètement dingue parce qu'il va prévoir que nous irons au marché aux Puces dimanche après-midi et qu'à la dernière minute je vais changer d'avis et dire : "Rentrons à la maison pour lire les journaux du dimanche." Énervant, n'est-ce pas ? C'est sûr, mais le bon côté des choses, c'est que je suis toujours prête à accepter n'importe quelle offre à tout moment. »

Laetitia, chef de projet : « Quand je travaille, je suis la personne la plus calme qui existe. Quand quelqu'un arrive en disant : "Notre projet est mauvais, nous devons tout changer d'ici demain", mes collègues se stressent et se paralysent complètement. Ce qui ne m'arrive pas. J'aime cette pression, ce besoin de réagir au quart de tour. C'est alors que je me sens vivante. »

Pierre, formateur en entreprise : « Je pense que je gère la vie mieux que la plupart des gens. La semaine dernière, j'ai découvert le matin, avant de prendre ma voiture, mon pare-brise cassé et ma radio volatilisée. Bien sûr, j'étais ennuyé, mais cela ne m'a pas gâché toute ma journée. J'ai fait le point sur la situation, puis je suis passé à autre chose : j'ai passé en revue ce que j'avais à faire ce jour-là. »

FOCALISATION

« Où vais-je ? » est une question que vous vous posez chaque jour. Orienté vers l'objectif, vous avez besoin d'une destination précise, sans quoi votre vie et votre travail risquent de devenir très vite frustrants. C'est pourquoi, au fil des années, des mois et des semaines, vous vous adonnez à votre passion :

vous fixer des objectifs. Vos objectifs, à long ou à court terme, ont tous des points communs : ils sont précis, mesurables et datés. Ces objectifs vous servent ensuite de boussole, vous permettant de définir des priorités et d'effectuer les corrections nécessaires à votre réorientation. Cette focalisation est puissante, car elle vous force, d'une certaine façon, à filtrer : vous évaluez instinctivement toute action, afin de déterminer si elle vous rapproche de votre objectif et, dans le cas contraire, vous la rejetez. En définitive, votre thème vous force à être efficace, mais le revers de la médaille, c'est votre impatience vis-à-vis des retards, des obstacles et des digressions, aussi séduisantes soient-elles. Ce trait fait justement de vous un coéquipier tout à fait précieux. Lorsque les autres se perdent dans des discussions interminables, vous les ramenez sur le droit chemin. Votre sens de la focalisation rappelle à chacun que tout ce qui ne contribue pas à la réalisation de l'objectif est sans importance et si ce n'est pas important, cela ne vaut pas la peine d'y consacrer du temps. Grâce à vous, tous les membres de l'équipe gardent l'objectif en vue.

Témoignages

Norbert, cadre dans l'informatique : « C'est très important pour moi d'être efficace. Je suis du genre à boucler une partie de golf en deux heures et demie. Lorsque je travaillais chez EDS, je dressais une liste de questions de façon à pouvoir passer en revue chaque service en quinze minutes. Le fondateur, Ross Perot, m'appelait "le dentiste" parce que je planifiais tous mes rendez-vous de la journée – ces réunions de quinze minutes – dans les moindres détails. »

Bertrand, chef des ventes : « Je suis toujours en train d'établir des priorités entre les choses, d'essayer de trouver le moyen le plus efficace d'atteindre mon objectif avec un minimum de temps morts et d'énergie dépensée. Par exemple, je reçois de nombreux appels de clients qui voudraient que je contacte pour eux le service après-vente. Alors, au lieu de traiter les appels les uns après les autres et d'être obligé d'interrompre sans cesse ce que je suis en train de faire, je les groupe et ne passe qu'un coup de fil à la fin de la journée. »

Michel, administrateur : « Les gens sont étonnés de voir comment je me fixe des objectifs et n'en démords pas. Quand ils sont englués dans des problèmes et confrontés à des obstacles incontournables, je les aide à les franchir, à rétablir le cours des choses et à les faire progresser vers leurs objectifs. »

Dorothée, femme d'intérieur : « J'aime aller à l'essentiel – dans les conversations, au travail et même quand je fais du lèche-vitrines avec mon mari. Il adore essayer toutes sortes de choses, il s'amuse comme un fou, tandis que moi j'essaie une seule chose. Si elle me va et si le prix est raisonnable, je l'achète. Je fais du shopping avec une précision chirurgicale. »

RESTAURER

Vous aimez résoudre les problèmes. Alors que certains sont consternés devant toute nouvelle difficulté, elle va vous galvaniser. Vous vous enthousiasmez à l'idée d'analyser les symptômes, d'identifier ce qui ne va pas et de trouver la solution. Il est possible que vous préfériez chercher à résoudre des problèmes pratiques, conceptuels ou personnels ou bien que vous recherchiez des problèmes particuliers que vous avez souvent rencontrés et que vous êtes certain de pouvoir régler. Ou alors, vous adorez être confronté à des problèmes complexes et nouveaux qui vous aiguillonnent : vos autres forces et vos expériences détermineront vos préférences exactes, mais il est clair que vous aimez rétablir les choses. Quel merveilleux sentiment que celui d'identifier les facteurs à l'origine du problème, de les éliminer et de rétablir l'ordre naturel des choses. Vous savez intuitivement que, sans votre intervention, cette chose (une machine, une personne, une entreprise) pourrait ne pas avoir survécu. Vous l'avez réparée, vous lui avez redonné vie et vitalité. À vous entendre, vous l'avez sauvée.

Témoignages

Hippolyte, concepteur de logiciels : « Je me souviens très bien de l'établi de mon enfance avec tous mes marteaux, mes clous et mes morceaux de bois. J'adorais bricoler, fixer, assembler, ajuster. Et aujourd'hui c'est la même chose avec les logiciels. Vous écrivez un programme et s'il ne fonctionne pas vous devez recommencer, le réécrire et le corriger jusqu'à ce qu'il soit vraiment au point. »

Jean, interne : « Ce thème est très présent dans ma vie. Par exemple, ma première passion a été la chirurgie. J'aime les expériences traumatisantes, être en salle d'opération, coudre les plaies. J'aime simplement réparer les choses. Puis j'ai passé certains des meilleurs moments de ma vie assis à côté du lit d'un patient agonisant à parler avec lui. C'est incroyablement enrichissant de regarder quelqu'un passer de la colère au désespoir, puis du désespoir à la résignation, de resserrer des liens distendus avec les membres de sa famille et de voir la personne mourir avec dignité. Et puis ce thème est présent au quotidien avec mes enfants. Lorsque je vois ma petite dernière de trois ans boutonner son gilet pour la première fois – et de travers – je me sens poussé à m'approcher d'elle et à lui reboutonner son tricot. Bien sûr, je dois résister à cette envie parce qu'elle doit apprendre toute seule, mais c'est très difficile. »

Marie, productrice de télévision : « Produire un programme matinal de télévision est un processus fondamentalement difficile. Si je n'aimais pas résoudre des problèmes, ce métier me rendrait dingue. Chaque jour quelque chose d'important ne tourne pas rond et je dois identifier la source du problème, le résoudre et passer au suivant. Si je réussis à trouver une solution, je me sens rajeunie. Mais si je rentre chez moi sans avoir pu la trouver, je me sens au contraire battue et frustrée. »

ANALYSTE

Votre don de l'analyse est un défi pour votre entourage : « Prouvez-le. Montrez-moi pourquoi ce que vous prétendez est vrai. » Confrontés à ce genre de questions, certains remettront en question leurs brillantes théories, c'est précisément ce que vous désirez. Vous ne cherchez pas forcément à détruire les idées des autres, mais vous voulez qu'une théorie soit fondée, vous vous considérez comme impartial et imperturbable, vous aimez les chiffres, car ils sont objectifs et neutres. Ils sont ce qu'ils sont. Armé de ces chiffres, vous cherchez à dégager des tendances et à établir des rapports entre les choses, vous voulez comprendre l'interaction de certaines tendances entre elles et comment elles s'associent. Quel en est le résultat ? Cette conclusion vient-elle étayer la théorie proposée ou la situation mise en question ? Voilà les questions que vous vous posez et vous creusez toujours plus loin, jusqu'à mettre à nu les véritables causes. Les autres vous considèrent comme quelqu'un de logique et de rigoureux. Au fil du temps, ils viendront vous voir pour vous exposer les « idées chimériques » ou les « raisonnements boiteux » d'un collègue. Il est à souhaiter que vous ne fassiez pas part de votre analyse de façon trop brutale, car ils pourraient bien finir un jour par vous éviter si ces « idées chimériques » sont les leurs.

TÉMOIGNAGES

Justin, membre de l'organisme de gestion d'une école : « J'ai une aptitude innée à voir les structures, les systèmes, les schémas avant qu'ils existent. Par exemple, lorsque des personnes discutent ensemble et envisagent de demander une aide de l'État pour un projet X, en les écoutant mon cerveau réfléchit instinctivement au type d'aides disponibles, si ce projet va être réalisable, à la manière dont il faudrait présenter cette demande dans un style clair et convaincant. »

Jacques, directeur des ressources humaines : « Si j'affirme quelque chose, j'ai besoin de savoir que je peux le confirmer par des faits et un raisonnement logique. Par exemple, si un salarié me dit que notre entreprise offre des salaires inférieurs à ceux des autres, je lui demande toujours : "Pourquoi dites-vous cela ?" S'il me répond : "Eh bien, j'ai vu une offre d'emploi dans le journal : une entreprise propose à des diplômés en construction mécanique

5 000 dollars de plus que vous" – je lui demande : "Mais où ces diplômés vont-ils aller travailler ? Leur salaire a-t-il une raison géographique ? Quelle est cette entreprise ? S'agit-il d'une manufacture industrielle comme la nôtre ? Et combien de leurs salariés bénéficient de ce salaire ? Si, sur trois, il n'y en a qu'un seul si bien traité, il tire la moyenne vers le haut." J'ai besoin de poser un grand nombre de questions pour m'assurer que son affirmation est vraie, qu'elle n'est pas fondée sur des affirmations mensongères. »

Laure, directrice d'école : « Je constate souvent des irrégularités de performance dans un même groupe d'élèves d'une année sur l'autre. C'est le même groupe d'enfants, mais leurs résultats sont différents. Comment est-ce possible ? Dans quel bâtiment étudient-ils ? Combien d'entre eux ont été inscrits pour l'année scolaire entière ? Quels enseignants ont-ils eus et quelle était leur pédagogie ? J'aime me poser des questions de ce type pour comprendre ce qui se passe réellement. »

ARRANGEUR

Vous aimez jongler. Confronté à une situation complexe impliquant un grand nombre de facteurs, vous aimez les considérer, les aligner et les réaligner, jusqu'à ce que vous soyez certain de les avoir disposés dans l'ordre le plus productif possible. Votre façon de faire ne vous paraît pas originale, vous essayez simplement de trouver la meilleure manière de faire avancer les choses. Ceux qui ne sont pas doués pour l'organisation sont étonnés par vos talents de jongleur. « Comment pouvez-vous penser à tant de choses à la fois ? » demandent-ils. « Comment pouvez-vous faire preuve d'autant de souplesse et accepter aussi facilement d'abandonner un plan bien rodé au profit d'une toute nouvelle configuration, à laquelle vous venez tout juste de penser ? » Mais vous ne pouvez pas envisager un autre comportement. Vous êtes l'exemple même de la souplesse efficace et vous n'hésitez pas à modifier votre itinéraire à la dernière minute, car vous venez de trouver une meilleure correspondance ou un meilleur tarif. Vous réfléchissez à l'association adéquate personnel-ressources pour travailler sur un nouveau projet. De la plus simple à la plus complexe, vous êtes toujours en quête de la configuration idéale. Bien entendu, les situations qui vous conviennent le mieux sont celles qui bougent. Confrontés à l'imprévu, certains se cramponnent à leurs plans si bien conçus, d'autres se réfugient derrière les règles et les procédures en vigueur. Vous n'adoptez aucune de ces attitudes, mais en revanche, vous plongez dans l'univers chaotique pour élaborer de nouvelles options, trouver de nouvelles voies, former de nouveaux partenariats et laisser toutes portes ouvertes, car, qui sait, il existe peut-être encore une autre façon de faire les choses.

TÉMOIGNAGES

Cécile, directeur financier : « J'aime les défis vraiment difficiles où je dois agir sur-le-champ et trouver comment toutes les pièces du puzzle s'assemblent. Certains considèrent une situation, repèrent trente variables et deviennent fous à essayer de concilier les trente. Lorsque je considère la même situation, je vois environ trois options. Et parce que je n'en vois que trois, il m'est plus facile de prendre une décision et de tout organiser en conséquence. »

Gilbert, chef d'exploitation : « J'ai reçu un message l'autre jour de notre unité de production disant que la demande de l'un de nos produits avait largement dépassé les prévisions. J'ai réfléchi à cela un moment, puis il m'est venu une idée : expédier le produit toutes les semaines au lieu de tous les mois. Alors j'ai répondu en disant : "Contactez nos filiales européennes, racontez-leur notre situation, puis demandez-leur quels sont leurs besoins hebdomadaires." Nous pourrons ainsi satisfaire la demande sans accroître notre stock. Certes, les coûts d'expédition vont augmenter, mais c'est mieux que d'avoir un stock excédentaire à un endroit et un stock insuffisant à l'autre. »

Josiane, chef d'entreprise : « Parfois, par exemple lorsque nous allons tous voir un film ou un match de foot, ce thème me rend dingue. Ma famille et mes amis comptent sur moi – "Josiane, va acheter les billets, Josiane, va organiser le transport." Pourquoi est-ce que c'est moi qui suis toujours obligée de m'occuper de tout cela ? Mais ils me disent simplement : "Parce que tu le fais bien. Nous, il nous faudrait une demie heure. Toi, tu vas beaucoup plus vite. Tu appelles le bureau de vente, tu commandes les billets, et voilà, le tour est joué." »

PRUDENT

Vous êtes vigilant et prudent, vous êtes plutôt réservé, vous savez que le monde est imprévisible. Tout semble en ordre, mais les nombreux risques qui couvent ne vous échappent pas et, plutôt que de les nier, vous les étalez au grand jour. Chacun de ces risques est alors identifié, évalué et réduit au minimum. Vous êtes donc quelqu'un de sérieux qui aborde la vie avec une certaine réserve. Par exemple, vous aimez planifier pour anticiper ce qui pourrait ne pas fonctionner, vous choisissez vos amis avec discernement et vous vous taisez lorsque les conversations deviennent trop personnelles. Vous veillez à ne pas trop féliciter ni complimenter les gens, de crainte d'être mal interprété. Le fait que certaines personnes n'apprécient pas votre réserve ne vous dérange pas. La vie, pour vous, n'est pas un concours de popularité, elle ressemble davantage à un champ de mines. Ceux qui veulent le traverser dans l'insouciance sont libres de le faire, votre approche est différente. Vous identifiez les dangers, soupesez les risques et enfin seulement, vous posez le pied. Vous avancez avec circonspection.

TÉMOIGNAGES

Didier, producteur de films : « L'essentiel est pour moi de réduire le nombre des variables pour en conserver le moins possible. Moins il y a de variables, plus le risque est faible. Quand je négocie avec des réalisateurs, je commence toujours par céder immédiatement sur les points les moins importants. Puis une fois que j'ai éliminé ces petits points insignifiants, je me sens mieux. Je peux me concentrer. Je peux contrôler la conversation. »

Déborah, chef de projet : « Je suis la réaliste. Lorsque mes collègues débitent une foule d'idées formidables, je pose des questions du genre : "Comment cela va-t-il fonctionner ? Comment cela va-t-il être accepté par tels ou tels individus ?" Je ne dirais pas que je me fais l'avocat du diable parce que c'est trop négatif, mais je pèse le pour et le contre, j'évalue le risque. Et je pense que nous prenons tous de meilleures décisions grâce à mes questions. »

Jacqueline, employée du service après-vente : « Je ne suis pas quelqu'un de très organisé, mais la seule chose que je n'oublie jamais, c'est de procéder à une double vérification. Je ne le fais pas parce que j'ai un très grand sens de mes responsabilités, mais pour avoir l'esprit tranquille. Je fais cela avec tout.

Quand je suis dans une situation délicate, j'ai besoin de savoir que la branche sur laquelle je suis est solide. »

Bastien, responsable de la gestion d'un établissement scolaire : « Je mets au point un projet pour renforcer la sécurité dans les écoles. Je vais à des conférences, et huit comités travaillent sur ce projet. Nous avons un comité de révision à l'échelle de notre district, mais je ne suis pas encore totalement satisfait du projet tel qu'il est pour l'instant. Mon patron me demande : "Quand pourrais-je voir ton projet ?" Et je lui réponds : "Pas tout de suite. Je n'en suis pas encore satisfait." Il me fait un grand sourire et me chuchote : "Bastien, je n'ai pas dit que je voulais un projet parfait, j'ai dit que je voulais un projet." Mais il me laisse faire parce qu'il sait que l'attention que je porte à mon projet sera payante. Grâce à ce travail préliminaire, une fois que ma décision sera prise, elle sera définitive. »

CONNEXION

Vous êtes persuadé que tout ce qui arrive a une cause. D'autant plus qu'au fond de vous, vous savez que nous sommes tous connectés les uns aux autres. Bien sûr, nous sommes tous des individus à part entière, responsables de nos propres jugements et capables d'user de notre libre arbitre, mais nous faisons tous partie, néanmoins, de quelque chose de plus grand. Certains appelleront cela l'inconscient collectif, d'autres l'esprit ou encore la force vitale, mais quel que soit le terme choisi, le fait de savoir que nous sommes liés les uns aux autres, à la terre et à la vie, affermit votre confiance. Ce sentiment de connexion implique certaines responsabilités. Si nous faisons tous partie de quelque chose de plus grand, nous ne devons pas faire de mal – au risque de nous blesser. Nous ne devons pas exploiter les autres – au risque d'être nous-mêmes exploités. Nous ne devons pas faire souffrir, sans quoi nous risquerions de souffrir nous-mêmes. Vous êtes conscient de cette responsabilité et c'est sur elle que repose votre système de valeurs. C'est pourquoi vous êtes prévenant, attentionné et tolérant. Certain de l'affinité des êtres humains, vous tissez des liens entre les personnes de différentes cultures. Sensible aux choses invisibles, vous réconfortez les autres en leur affirmant qu'il existe un sens à nos vies monotones. Les principes auxquels vous croyez découlent de votre éducation et de votre culture, et votre foi est solide. Elle vous porte, tout comme elle porte vos amis intimes, face aux mystères de la vie.

TÉMOIGNAGES

Monique, femme d'intérieur : « L'humilité est l'essence du sentiment d'appartenance. Vous devez savoir ce que vous êtes et ce que vous n'êtes pas. Je ne détiens qu'une petite partie de la sagesse humaine. Ce n'est pas beaucoup, mais ce que je possède est réel. Ce n'est pas de l'arrogance. C'est vraiment de l'humilité. Vous avez confiance dans vos dons, une réelle confiance, mais vous savez que vous n'avez pas toutes les réponses. Vous commencez à vous sentir relié aux autres lorsque vous prenez conscience qu'ils possèdent une partie de la sagesse humaine que vous ne possédez pas. Vous ne pouvez pas ressentir ce sentiment d'appartenance, cette connexion, si vous pensez que vous avez tout. »

Rose, psychologue : « Parfois je regarde mon bol de céréales du petit-déjeuner en pensant à ces centaines de gens qui me permettent d'avoir mon bol de céréales tous les matins : les agriculteurs dans les champs, les biochimistes qui fabriquent les pesticides, les ouvriers qui travaillent dans les usines agroalimentaires, et même les spécialistes du marketing qui me persuadent d'acheter ce paquet de céréales plutôt que celui d'à côté, dans le rayon. Je sais que cela paraît étrange, mais je remercie ces gens et, en les remerciant, je me sens plus proche de la vie, plus près des choses, moins seule. »

Christian, enseignant : « Dans la vie quotidienne, j'ai tendance à avoir des opinions très tranchées sur les choses, mais lorsqu'il s'agit de comprendre les mystères de la vie, je suis beaucoup plus ouvert. Pourquoi ? Je l'ignore. Je m'intéresse énormément aux religions. Je suis en train de lire un livre sur le judaïsme, le christianisme, la religion cananéenne, le bouddhisme, la mythologie grecque. Comparaisons, analogies... Il est vraiment intéressant de voir que toutes ces croyances ne sont pas si différentes que cela sous certains aspects. »

ÉQUITÉ

Pour vous, l'équilibre est important et vous êtes tout à fait conscient qu'il est indispensable de traiter tout le monde de la même façon, quel que soit le statut des personnes ou leur rang dans la société. Vous ne voulez donc pas voir la balance trop pencher en faveur d'une personne en particulier, ce serait encourager l'égoïsme et l'individualisme. Vous refusez également un monde où certains sont injustement avantagés en raison de leurs fayotages, de leurs relations et de leur milieu. Tout cela vous touche profondément et vous y faites obstacle. En totale opposition à cet univers de privilèges, vous estimez que les gens fonctionnent bien mieux dans un environnement solide, où les règles sont claires et appliquées équitablement à tout le monde. Un environnement prévisible, équitable et juste, au sein duquel on sait à quoi s'attendre, où chacun a une chance de faire valoir sa valeur et son potentiel.

TÉMOIGNAGES

Simon, directeur général d'un hôtel : « Je rappelle souvent à mes gérants qu'ils ne doivent pas abuser de leurs avantages – un parking pour eux, par exemple – ni utiliser leur position pour faire des parties de golf alors que des clients attendent. Ils détestent que j'attire leur attention là-dessus, mais je suis quelqu'un qui a horreur que les gens abusent de leurs avantages annexes. Je passe également beaucoup de temps avec nos employés payés à l'heure. J'éprouve un très grand respect pour eux. En fait, comme je le dis à mes gérants, plus les gens sont au bas de l'échelle sociale, mieux je les traite. »

Véronique, rédactrice en chef d'un magazine : « Je suis celle qui encourage toujours celui que l'on donne perdant. Je déteste lorsque des gens n'ont pas la chance de montrer de quoi ils sont capables en raison de certaines circonstances fâcheuses dans leur vie contre lesquelles ils n'ont rien pu faire. Pour remédier à ces injustices, je vais instaurer une bourse d'études à l'université permettant à des étudiants en journalisme aux moyens limités de faire des stages en entreprise sans avoir à continuer de payer leurs frais de scolarité. J'ai eu de la chance. Lorsque j'étais en stage à la NBC, à New York, ma famille avait les moyens de pourvoir à tout cela. Certaines familles ne le peuvent pas, mais les étudiants qui appartiennent à ces familles ont le droit de montrer leurs capacités, comme les autres. »

Claude, chef d'exploitation : « Toujours attribuer un mérite à quelqu'un qui le mérite, telle est ma devise. Si, au cours d'une réunion, j'expose une idée qui n'est pas de moi mais de l'un de mes subalternes, je lui attribue publiquement cette idée. Pourquoi ? Parce que mes supérieurs ont toujours fait cela avec moi, et je considère que c'est la seule chose équitable et correcte à faire. »

FUTURISTE

« Ne serait-ce pas fabuleux si... » Vous êtes le genre de personne qui aime regarder au-delà de l'horizon et le futur vous fascine. Comme une projection sur le mur, vous voyez en détail ce que le futur peut receler. Cette image limpide vous pousse toujours plus loin, vers le lendemain. Bien que l'objet précis de cette image soit fonction de vos autres talents et de vos autres centres d'intérêt (un meilleur produit, une meilleure équipe, une meilleure vie ou un monde meilleur) c'est de cette image que vous tirez votre inspiration. Vous êtes un rêveur qui songe à ce que les choses pourraient être et vous chérissez ces visions. Lorsque le présent devient trop frustrant ou le monde autour de vous trop pragmatique, vous faites appel à ces visions et elles vous dynamisent, comme elles vous aident à galvaniser les autres. Les gens vous demandent d'ailleurs très souvent de décrire votre vision du futur, parce qu'ils sont en quête d'une image pouvant éveiller leur imagination et, par conséquent, élever leur esprit. Faites-le. Exercez-vous, choisissez vos mots avec soin et rendez cette image aussi vivante que possible. Les gens seront reconnaissants de pouvoir saisir l'espoir que vous leur apporterez.

TÉMOIGNAGES

Denis, responsable de la gestion d'un établissement scolaire : « Dans toutes les situations, je dis toujours : "Avez-vous pensé à... ? Je me demande si nous pourrions... Je ne pense pas que cela soit possible. Personne ne l'a encore jamais fait... Essayons de voir comment nous pourrions nous y prendre." Je cherche toujours des solutions, des moyens de ne pas être embourbé dans le *statu quo*. En fait, le *statu quo* n'existe pas. Soit vous avancez, soit vous reculez. C'est la vie, du moins telle que je la vois. Et aujourd'hui je pense que l'école publique recule. Les établissements scolaires publics sont supplantés par l'école libre, les grandes écoles, l'enseignement par correspondance, l'enseignement sur Internet. Nous devons nous libérer de nos traditions et créer un nouvel avenir. »

Jean, interne : « Ici, à la clinique, nous allons créer un groupe appelé les Hospitaliers. Au lieu que les patients passent sans cesse d'un médecin à l'autre au cours de leur séjour à l'hôpital, j'envisage une famille de soignants. 15 à 20 médecins, d'origine et de sexe différents, et 20 à 25 infirmières. Il y aura 4 à 5 nouveaux services hospitaliers, dont la plupart travailleront avec des chirurgiens et dispenseront des soins paraopératoires, ainsi que des soins aux personnes âgées hospitalisées. Nous allons redéfinir le modèle des soins. Nous ne nous contenterons pas de prendre en charge les patients lorsqu'ils sont à l'hôpital. Si un patient arrive pour une prothèse du genou, un membre de l'équipe des Hospitaliers le verra avant l'opération, le jour de l'opération, le suivra pendant tout son séjour à l'hôpital, puis l'examinera 6 semaines plus tard à l'occasion d'une visite postopératoire. Nous prendrons complètement en charge les patients pour leur éviter de courir de médecin en médecin. Pour obtenir les fonds nécessaires à mon projet, j'ai décrit ma vision de l'avenir à la direction de l'UFR après m'en être fait une image précise dans ma tête. Je crois qu'elle semblait si réelle qu'ils n'ont pas eu d'autre choix que de m'accorder les fonds. »

STUDIEUX

Vous aimez apprendre. Votre matière préférée sera déterminée en fonction de vos autres thèmes et expériences, mais, quelle qu'elle soit, vous serez toujours attiré par le *processus* de l'apprentissage. C'est la démarche, plus que son contenu ou le résultat lui-même qui vous motive tout particulièrement. Le parcours mûrement réfléchi et régulier qui vous transporte de l'ignorance à la compétence vous stimule. L'excitation des premiers faits, les efforts pour exposer ou appliquer ce que vous avez appris, le développement de la confiance au fur et à mesure que vous maîtrisez cette nouvelle compétence : c'est cette démarche qui vous attire. Votre enthousiasme vous pousse à toujours apprendre : leçons de yoga, cours du soir, de piano ou études universitaires. Cet enthousiasme vous permet de vous épanouir dans un environnement professionnel dynamique où l'on vous confie sans cesse des projets à court terme qui vous confronteront à un nouveau sujet dans un délai assez court. Le thème studieux ne signifie pas forcément que vous cherchiez à devenir un expert en la matière ou que vous soyez en quête du respect qui accompagne toute référence académique ou professionnelle. Le résultat de l'apprentissage est moins important à vos yeux que la démarche de l'apprentissage elle-même.

TÉMOIGNAGES

Annie, directrice de la rédaction : « Je deviens nerveuse quand je n'apprends rien. L'année dernière, j'ai senti que je n'apprenais pas assez de choses et, pourtant, j'aimais mon travail. Alors je me suis mise aux claquettes. Bizarre, n'est-ce pas ? Je sais que je ne serai jamais une pro des claquettes, mais j'aime apprendre la technique de cette danse, m'améliorant un peu chaque semaine et passant du cours élémentaire au cours moyen. C'est cela qui me plaît. »

Nicolas, chef d'exploitation : « Lorsque j'avais sept ans, mes professeurs disaient à mes parents : "Nicolas n'est pas le garçon le plus intelligent de l'école, mais il assimile tout, apprend tout très vite et ira certainement loin parce qu'il sera poussé par son désir d'apprendre sans cesse de nouvelles choses." Et c'est vrai. Je viens juste de m'inscrire à des cours d'espagnol – l'espagnol des affaires. Je sais qu'il est probablement trop ambitieux de penser que je pourrais un jour parler cette langue couramment, mais je veux au moins être capable d'aller en Espagne en connaissant un peu la langue. »

Richard, coach en entreprise : « L'un de mes clients est si curieux de tout que cela le rend fou parce qu'il ne peut pas faire tout ce qu'il voudrait. Je ne suis pas comme lui. Je préfère approfondir les choses pour acquérir des compétences et les utiliser sur le plan professionnel. Par exemple, l'un de mes autres clients voulait que je l'accompagne à New York pour ses affaires, alors j'ai commencé à collecter un maximum d'informations sur la ville, achetant des tas de bouquins et, surtout, surfant sur Internet. Il s'agissait de recherches très intéressantes auxquelles j'ai pris beaucoup de plaisir, mais je n'aurais jamais fait tout cela si je n'avais pas été obligé de me rendre à New York pour mon travail. »

INPUT

Vous êtes curieux et collectionneur. Vous pouvez même collectionner des informations : des mots, des faits, des livres, des citations ou bien vous collectionnez des objets, par exemple des papillons, des cartes postales, des poupées en porcelaine ou des photos anciennes. Peu importe ce que vous collectionnez, vous le faites parce que le sujet vous intéresse et vous êtes intéressé par une foule de choses. Le monde est passionnant par sa diversité et sa complexité infinie. Si vous lisez beaucoup, ce n'est pas forcément pour parfaire vos théories, mais plutôt pour enrichir vos archives de nouvelles informations. Si vous aimez voyager, c'est parce que chaque nouveau lieu vous fait découvrir de nouveaux objets et de nouvelles anecdotes. Vous pouvez acquérir et conserver. En valent-ils la peine ? Il est parfois difficile de dire quand et pourquoi vous en aurez besoin, au moment où vous les rangez. Mais plus tard ? Qui sait ? Vous n'aimez rien jeter, conscient de toutes les utilisations possibles de chaque objet que vous possédez. C'est pourquoi vous continuez d'acquérir, de compiler, de classer. C'est intéressant, car cela permet de garder votre esprit en éveil et un jour, peut-être bientôt, les choses se révéleront précieuses.

TÉMOIGNAGES

Hélène, écrivain : « Même enfant, je voulais toujours tout connaître. Je jouais à me poser des questions. "Quelle est ma question aujourd'hui ?" J'inventais des questions extravagantes, puis j'allais chercher les livres pour y répondre. J'étais souvent complètement dépassée par ce que je lisais, des livres que je ne comprenais absolument pas, mais je les lisais parce qu'ils renfermaient quelque part la réponse à ma question. Mes questions sont devenues l'outil qui me permettait d'aller d'une information à l'autre. »

Jacques, directeur des ressources humaines : « Je suis de ces gens qui pensent que l'Internet est la plus grande invention depuis le pain en tranches. Avant je me sentais terriblement frustré, mais aujourd'hui si je veux savoir comment le marché boursier se comporte à un endroit donné ou les règles d'un jeu donné ou quel est le PNB de l'Espagne, etc., je vais sur ordinateur, commence à chercher et finis par trouver. »

Yves, représentant : « Je suis stupéfait de voir tout ce bric-à-brac d'informations qui s'accumulent dans ma tête et j'adore jouer au Jeopardy ou au Trivial Poursuit, à des jeux de ce type. Je me moque de jeter des choses tant qu'il s'agit de choses matérielles, mais je déteste perdre des informations ou des connaissances ou même ne pas pouvoir lire quelque chose jusqu'au bout si cela me plaît. »

INTELLECTUALISME

Vous aimez réfléchir, vous adorez tout ce qui est intellectuel et qui fait travailler votre cerveau. Ce besoin d'activité intellectuelle peut être axé sur quelque chose de précis. Vous pouvez être en train, par exemple, d'essayer de résoudre un problème, de développer une idée ou de comprendre ce que ressent quelqu'un : le centre exact d'intérêt dépendra de vos autres talents. En revanche, cette activité intellectuelle peut très bien se faire en l'absence de focalisation précise. Le thème de l'intellectualisme ne dicte pas vos réflexions, il signifie simplement que vous aimez réfléchir. Vous êtes le genre de personne qui apprécie un moment de solitude propice à la rêverie, à la réflexion et à l'exercice de l'introspection. D'une certaine manière, vous êtes votre meilleur ami ; vous vous posez des questions et vous testez vos réponses sur vous-même, pour savoir de quoi elles ont l'air. Cette introspection peut engendrer un léger sentiment de mécontentement, lorsque vous comparez ce que vous faites à ce que vous pensez et concevez. Elle peut aussi vous mener vers des sujets plus pragmatiques, comme par exemple des événements récents ou une conversation que vous avez l'intention d'avoir plus tard. Où qu'elle vous entraîne, la réflexion est l'une des constantes de votre vie.

TÉMOIGNAGES

Laurence, chef de projet : « Je suppose que la plupart des gens qui me rencontrent en passant pensent que je suis une totale extravertie. Je ne nie pas que j'aime les gens, mais ils seraient surpris de savoir combien j'ai besoin de longs moments de solitude pour être capable de bien travailler en société. J'apprécie vraiment ma propre compagnie. J'aime la solitude parce qu'elle me permet de donner à mon esprit le temps dont il a besoin pour réfléchir. C'est ainsi que mes meilleures idées viennent. Mes idées ont besoin de mijoter. Je disais même lorsque j'étais plus jeune : "J'ai mis mes idées dans la casserole et je n'ai plus qu'à les laisser mijoter à feu doux." »

Matthieu, responsable marketing : « C'est étrange, mais j'ai besoin d'avoir du bruit autour de moi pour me concentrer. J'ai besoin que mon cerveau soit partiellement occupé à autre chose, sinon je m'éparpille aussitôt dans toutes les directions et je n'arrive à rien. Si je peux occuper mon cerveau avec la télé ou mes enfants qui jouent à côté de moi, je me concentre mieux. »

Georges, directeur d'usine et ancien prisonnier politique : « Nous étions plongés dans la solitude la plus totale en guise de châtiment, mais je ne l'ai jamais détestée comme les autres. Vous pensez que je devais me sentir très seul, eh bien non ! Je n'ai jamais ressenti d'isolement. J'ai pris le temps de réfléchir sur ma vie et le genre d'homme que j'étais, sur ce qui comptait vraiment à mes yeux, ma famille, mes valeurs. C'est bizarre, mais la solitude m'a apaisé et rendu plus fort. »

CONTEXTE

Vous revenez sur le passé. Vous regardez en arrière pour comprendre le présent et aussi pour prédire l'avenir. Vous voulez savoir comment tout a commencé, alors vous achetez des livres d'histoire et des biographies, et vous interrogez vos relations sur leur passé. Vous revenez sur le passé, car il renferme toutes les réponses et aussi parce que, pour vous, le présent est synonyme d'instabilité et de désordre. Ce n'est que dans ce passé (au moment où les plans ont été conçus) que le présent retrouve une certaine stabilité. Le passé était plus clair : c'était la période des ébauches. Vous vous retournez et les plans commencent à se dessiner. Vous prenez conscience des intentions premières. Ces plans ou ces intentions ont été tellement embellis qu'ils sont devenus presque méconnaissables, mais votre sens du contexte vous permet de les retrouver. Cette compréhension vous donne confiance en vous. À nouveau sur la voie, vous prenez de meilleures décisions, car vous comprenez la structure sous-jacente à ce contexte. Vous êtes un meilleur partenaire, car vous comprenez mieux les raisons qui dictent le comportement de vos collègues. À contre-courant, vous appréhendez mieux le futur, car vous constatez que c'est le passé qui l'a forgé. Face à de nouvelles personnes ou à de nouvelles situations, il vous faut un peu de temps pour vous orienter. Acceptez ce fait : vous devez poser des questions, laisser les plans voir le jour, car, quelle que soit la situation, si vous ne les voyez pas, vous ne verrez jamais non plus le meilleur de vous-même.

TÉMOIGNAGES

Arthur, concepteur de logiciels : « Je dis à mes collègues qu'il faut éviter le *vuja de*. Et ils me répondent que je me suis trompé de terme, que je voulais certainement dire le *déjà vu*. Alors je leur dis : "Non, le *vuja de* signifie que nous allons sûrement répéter les erreurs du passé, et il ne le faut pas. Nous devons étudier le passé, voir pourquoi nous avons fait des erreurs et ne pas les recommencer." Cela semble évident, mais la plupart des gens n'étudient pas leur passé et ne veulent pas croire qu'il était valable. Et pour eux c'est toujours le *vuja de*. »

Judith, analyste des médias : « J'ai très peu d'empathie, c'est pourquoi je ne communique pas avec les gens à travers leur état émotionnel du moment.

En revanche, je communique avec eux par leur passé. En fait, je suis même incapable de comprendre les gens avant de savoir où ils ont grandi, quels étaient leurs parents, ce qu'ils ont étudié à l'université. »

Grégory, expert-comptable : « Je viens de doter l'entreprise d'un nouveau logiciel comptable, et la seule raison pour laquelle cela a marché, c'est parce que j'ai respecté le passé de mes collègues. Lorsque des individus élaborent un système comptable, c'est leur sang, leur sueur et leurs larmes, c'est eux. Ils s'identifient personnellement à lui. Alors si j'arrive en leur disant de but en blanc que je vais le changer, c'est comme si je vous disais que j'allais vous retirer votre enfant. Je devais gérer un tel niveau d'émotion. Je devais respecter ce lien, cette histoire, sinon ils m'auraient rejeté d'emblée. »

STRATÉGIQUE

Le thème stratégique vous permet de trier dans le désordre et de trouver le meilleur itinéraire pour avancer. Il ne s'agit pas d'une technique qui s'apprend. C'est une façon bien précise de penser, une vision différente sur le monde dans son ensemble. Cette perspective vous permet de dégager des tendances là où les autres ne voient que complexité. Guidé par ces tendances, vous concevez différents scénarios en vous demandant : « Et si ceci se produisait ? Et si cela se produisait ? » Ces questions qui reviennent vous aident à envisager toujours les « autres côtés » et à évaluer de façon précise les obstacles éventuels. Une fois que vous savez où chaque voie pourrait vous mener, vous entamez un processus de sélection. Vous éliminez les voies qui ne mènent nulle part, les voies qui mènent tout droit vers un obstacle, les voies qui mènent à la confusion. Vous éliminez encore et toujours, pour enfin arriver à la voie choisie : votre stratégie. Et armé de votre stratégie, vous attaquez votre marche en avant. C'est la concrétisation de votre thème stratégique. Se poser la question, éliminer et frapper.

TÉMOIGNAGES

Lucien, directeur d'une usine de fabrication : « C'est comme si j'étais capable de voir les conséquences des événements avant les autres. Je dois dire aux individus : "Levez les yeux, regardez la route devant vous. Où allons-nous être l'année prochaine ? Que devons-nous faire si nous ne voulons pas rencontrer les mêmes problèmes ?" Cela me paraît évident, mais les gens sont tellement obnubilés par les comptes du mois qu'ils ne voient rien d'autre. »

Viviane, productrice de télévision : « J'adorais résoudre des problèmes de logique lorsque j'étais enfant. Vous savez, les problèmes du genre : "Si A est égal à B et B à C, A est-il égal à C" ? Aujourd'hui je continue d'envisager les conséquences de tout, d'anticiper. Je crois que c'est pour cela que mes interviews sont si bonnes. Je sais que rien n'est dû au hasard; chaque signe, chaque mot, chaque inflexion de la voix a son importance. C'est pourquoi je guette ces indices révélateurs, y réfléchis, vois où ils mènent; j'élabore ensuite les questions que je vais poser pour tirer profit des scénarios que j'ai imaginés dans ma tête. »

Simon, directeur des ressources humaines : « Nous devions vraiment engager la lutte avec le syndicat à ce stade des négociations et j'ai vu s'ouvrir l'opportunité parfaite de le faire. Il avait manifestement pris la mauvaise direction et ne devait pas continuer dans cette voie. Mais il a continué de glisser sur cette mauvaise pente et, lorsqu'il est arrivé à destination, je l'y attendais déjà. Je pense que c'est naturel pour moi de prévoir ce qu'un individu va faire. Et lorsque cette personne réagit, je peux lui répondre aussitôt parce que j'ai déjà anticipé sa réaction : "Si elle fait ceci, je fais ceci, si elle fait cela, je fais cela." C'est comme lorsque vous manœuvrez un voilier. Vous mettez le cap sur une direction, mais vous allez d'un côté, puis de l'autre, anticipant et réagissant sans cesse. »

IDÉATION

Vous êtes fasciné par les idées. Qu'est-ce qu'une idée ? Une idée est un concept, l'explication fondamentale de la plupart des événements. Vous êtes ravi de découvrir, sous la surface complexe, un concept étonnamment simple qui permet d'expliquer le pourquoi des choses. Une idée est un lien, vous cherchez sans cesse des liens et vous êtes d'ailleurs intrigué lorsque des phénomènes apparemment différents se trouvent liés par une obscure connexion. Une idée ouvre de nouvelles perspectives sur les choses que l'on connaît. Vous prenez plaisir à retourner le monde et à nous le montrer sous un angle différent, curieusement révélateur. Vous aimez toutes ces idées, elles sont fondamentales, nouvelles, explicatives, paradoxales, bizarres, et c'est pour toutes ces raisons que chacune de vos nouvelles idées vous dynamise. Certains peuvent vous qualifier de créatif, d'original, d'intellectuel ou même de rusé. Vous êtes peut-être tout cela à la fois. Qui peut en être certain ? La seule chose dont vous soyez sûr, c'est que les idées sont passionnantes et, la plupart du temps, cela vous suffit.

TÉMOIGNAGES

Marc, écrivain : « Mon esprit fonctionne en trouvant des rapports entre les choses. L'autre jour, j'étais allé au musée du Louvre pour voir la Joconde. En entrant dans la salle, je fus aveuglé par les flashs d'une multitude d'appareils photos mitraillant le minuscule tableau. Pour une raison que j'ignore, j'ai mémorisé cette image visuelle. Puis je remarquai qu'il y avait écrit FLASHS INTERDITS sur un panneau, et je l'ai mémorisé. Je trouvais cela étrange, parce que je me rappelais avoir lu que les flashs pouvaient détériorer les peintures. Puis, six mois plus tard environ, j'ai lu que la Joconde avait été volée au moins deux fois au cours du 20e siècle. Et soudain j'ai fait le rapprochement. La seule explication possible de tout cela est que la vraie Joconde n'est pas exposée au Louvre. La vraie a été volée, et le musée, n'osant avouer sa négligence, a exposé un faux. J'ignore si c'est vrai, bien sûr, mais quelle histoire formidable ! »

Andrée, architecte d'intérieur : « Tout doit s'harmoniser, sinon je commence à me sentir bizarre. Chaque meuble représente pour moi une idée. Il a une fonction particulière, à la fois indépendamment des – et en accord avec les – autres meubles. L'"idée" de chaque meuble est si forte dans mon esprit, elle *doit* s'imposer. Si je suis assise dans une pièce où les chaises ne remplissent pas leur fonction propre – ce ne sont pas les chaises qu'il faut ou elles ne sont pas orientées comme il faut ou elles sont trop près de la table – je me sens de plus en plus mal physiquement et je ressens comme un désordre mental. Je n'arriverai pas à oublier cela. Je me réveillerai à trois heures du matin pour repenser à l'aménagement de cette pièce, disposer autrement les meubles et repeindre les murs dans ma tête. Cela a commencé lorsque j'étais très jeune, je devais avoir dix-sept ans environ. »

HARMONIE

Vous recherchez des terrains d'entente. À votre avis, les conflits et les désaccords ne mènent à rien et vous cherchez à les minimiser le plus souvent possible. Lorsque vous savez que les gens autour de vous ont des avis différents, vous essayez de trouver un terrain d'entente et vous tentez d'éviter toute confrontation et de les amener vers l'harmonie qui est l'une de vos valeurs fondamentales. Le temps que les gens perdent à vouloir imposer leurs points de vue vous laisse perplexe. Ne serions-nous pas tous plus productifs si nous contrôlions plus nos opinions et recherchions consensus et soutien ? C'est votre opinion, en tout cas, et vous vivez en accord avec cette conviction. Lorsque les autres clament très fort leurs revendications et leurs opinions, vous gardez le silence. Lorsque les autres se lancent dans une direction, vous êtes prêt, au nom de l'harmonie, à modifier vos propres objectifs pour vous accorder aux leurs (dès lors que leurs valeurs fondamentales ne sont pas en contradiction avec les vôtres). Lorsque les autres discutent de leur théorie ou de leur concept préféré, vous ne vous mêlez pas au débat, préférant aborder des sujets pragmatiques sur lesquels tout le monde peut s'entendre. À votre avis, nous sommes tous sur le même bateau et nous en avons besoin pour nous rendre à notre destination. C'est un bon bateau et il n'y a aucune raison de le faire tanguer simplement pour prouver que l'on en est capable.

TÉMOIGNAGES

Jeanne, moniale bénédictine : « J'aime les gens. Je communique facilement avec eux parce que je sais très bien m'adapter à eux. Je prends la forme du navire dans lequel je navigue, alors je ne m'irrite pas facilement. »

Christian, enseignant : « Je n'aime pas le conflit en classe, alors j'ai appris à laisser les choses suivre leur cours au lieu d'essayer de forcer le cours des choses. Lorsque j'ai commencé à enseigner, si quelqu'un me disait quelque chose qui ne me plaisait pas, je pensais : "Pourquoi m'a-t-il dit cela ?" – et j'essayais de l'oublier immédiatement. Mais aujourd'hui je tente simplement de connaître l'avis de quelqu'un d'autre dans la classe en me disant que nous pourrons ainsi rassembler différents points de vue sur le même sujet. »

Tanguy, technicien : « Je me rappelle très bien lorsque j'avais dix ou onze ans et que certains de mes copains de classe voulaient imposer leur point de vue. Pour une raison que j'ignore, je me sentais obligé de trouver un terrain d'entente et de jouer le rôle de conciliateur. »

COMMUNICATION

Vous aimez expliquer, décrire, accueillir les autres, parler en public et écrire. C'est la concrétisation de votre thème de la communication. Les idées sont fades, les événements sont statiques et vous ressentez le besoin de leur donner vie, de les dynamiser, de les rendre intéressants et captivants. C'est pourquoi vous transformez les « événements » en histoires que vous vous exercez à raconter. Une « idée » sans caractère sera embellie d'images, d'exemples et de métaphores. Vous savez que la capacité d'attention chez la plupart des gens est de courte durée, qu'ils sont accablés d'informations, mais que peu d'entre elles subsistent. Vous voulez que vos informations (une idée, un événement, les caractéristiques et avantages d'un produit, une découverte ou une leçon) survivent. Vous voulez braquer leur attention sur vous, la capturer, l'enfermer. C'est pourquoi vous recherchez toujours les mots qui font de l'effet, les phrases idéales, les expressions percutantes. Et effectivement, les gens aiment vous écouter. Vos descriptions vivantes déclenchent leur intérêt, leur permettent d'aiguiser leur acuité et les inspirent.

TÉMOIGNAGES

Stéphanie, directrice générale d'un parc à thèmes : « Les histoires sont le meilleur moyen de me faire comprendre. Hier, je voulais montrer au conseil de direction l'impact que nous pouvons avoir sur nos visiteurs, alors je leur ai raconté l'histoire suivante : L'une de nos employées a accompagné son père à la cérémonie patriotique que nous organisons pour le 11 novembre dans notre parc à thèmes. Il a été estropié lors de la Seconde Guerre mondiale. Il souffre aujourd'hui d'une forme de cancer très rare et a subi de nombreuses interventions chirurgicales. Il est condamné. Au début de notre petite cérémonie, l'un de nos employés a dit en s'adressant à la foule : "Cet homme est un vétéran de la Seconde Guerre mondiale. Pouvons-nous lui rendre hommage ?" Tout le monde s'est mis à applaudir et sa fille a fondu en larmes. Son père a enlevé son chapeau, ce qu'il ne fait jamais en raison de ses nombreuses cicatrices – certaines héritées de la guerre, d'autres dues aux interventions chirurgicales. Mais lorsque l'hymne national a retenti, il a ôté son chapeau et salué la foule. Sa fille m'a dit plus tard que c'était le plus beau jour qu'il avait vécu depuis des années. »

Thierry, cadre bancaire : « Mon nouveau client pensait que les mouvements de capitaux vers les valeurs de l'Internet n'étaient qu'une tendance passagère. J'essayais, en utilisant des arguments rationnels, de le faire changer d'avis, mais je n'arrivais pas à le convaincre. Finalement, comme je le fais souvent face à ce type de clients qui dénient la réalité, j'ai eu recours à des images. Je lui ai dit qu'il était comme un individu assis sur une plage le dos tourné à la mer. L'Internet était comme une marée montante. Il se sentait peut-être en sécurité pour le moment, mais la marée montait de plus en plus, avec des vagues énormes qui allaient finir par l'engloutir. Il a enfin compris ce que je voulais lui dire. »

Marguerite, responsable marketing : « Une fois j'ai lu un livre sur les discours en public qui donnait deux conseils : ne parler que de choses qui vous passionnent vraiment et toujours utiliser des exemples personnels. J'ai immédiatement mis ces conseils en pratique et j'ai trouvé une multitude d'histoires à raconter parce que j'ai des enfants, des petits-enfants et un mari. Je construis mes histoires autour de mes propres expériences parce que tout le monde peut s'identifier avec elles. »

EMPATHIE

Vous ressentez les émotions de ceux qui vous entourent comme si elles étaient les vôtres et vous êtes capable, intuitivement, de voir le monde comme les autres le voient et de partager leur vision des choses. Vous n'êtes pas forcément d'accord avec eux et vous ne vous apitoyez pas forcément sur le sort de chacun : la « sympathie » est différente de l'empathie. Vous n'approuvez pas forcément les choix de chacun, mais vous comprenez les choses et cette faculté instinctive est puissante. Vous entendez les questions restées informulées et vous anticipez les besoins. Alors que les autres cherchent leurs mots, vous trouvez le terme et le ton appropriés. Vous aidez les gens à décrire leurs sentiments, aussi bien aux autres qu'à eux-mêmes, avec les mots qu'il faut et vous les aidez à extérioriser leur vie intérieure. C'est pour toutes ces raisons que les gens sont attirés vers vous.

TÉMOIGNAGES

Alice, administrateur : « Récemment, je participais à une réunion du conseil d'administration où l'un des membres, une femme, présentait une nouvelle idée qui lui tenait à cœur et qui était essentielle à la vie de la société. Lorsqu'elle eut fini, personne n'écouta son opinion sur la question, personne ne l'écouta vraiment. Ce fut un moment de grand découragement pour elle. Je pouvais le voir à son visage, et elle n'a pas été elle-même le lendemain et le surlendemain. J'ai finalement abordé la question avec elle et employé des mots qui l'ont aidée à décrire ce qu'elle éprouvait. Je lui ai dit : "Il y a quelque chose qui vous préoccupe." Et elle s'est mise à me parler. Je lui répétais : "Je vous comprends, vous savez. Je sais combien il était important pour vous de défendre cette idée, et maintenant vous n'êtes plus vous-même", etc. Et elle a finalement trouvé les mots pour exprimer ce qu'elle éprouvait intérieurement. Elle m'a dit : "Vous êtes la seule à m'avoir écoutée et à m'avoir parlé de tout cela." »

Benoît, administrateur : « Lorsque mon équipe prend des décisions, ce que j'aime, c'est lui dire : "OK, mais que va en penser une telle ? Que va ressentir un tel ?" Autrement dit, j'aime me mettre à leur place. Réfléchir aux arguments de leur point de vue de façon à nous rendre tous plus convaincants. »

Juliette, enseignante : « Je n'ai jamais joué au basket parce que ce sport n'était pas destiné aux filles à mon époque, mais je pense pouvoir dire lors d'un match quand il est nécessaire de stimuler à nouveau les joueurs. J'aimerais aller voir l'entraîneur et lui dire : "Vas-y, remonte-leur le moral, tu vois bien qu'ils en ont besoin !" L'empathie marche aussi dans les groupes où je ressens ce que la foule ressent. »

ENGLOBER

« Agrandir toujours le cercle ». C'est la philosophie sur laquelle votre vie repose. Vous voulez inclure les gens et leur donner un sentiment d'appartenance au groupe. Contrairement à ceux qui ne sont attirés que par les groupes exclusifs, vous évitez à tout prix ceux qui excluent les autres. Vous voulez élargir le groupe pour que le plus grand nombre de gens profitent de son aide. Vous ne supportez pas que l'on repousse ceux qui désirent en faire partie et la froideur de ce sentiment vous afflige. « Agrandissons toujours le cercle », répétez-vous. « Accueillons-les pour qu'ils puissent ressentir de la chaleur. » Vous êtes d'instinct quelqu'un de tolérant. Qu'importe la peau, le sexe, la nationalité, la personnalité ou la religion, vous ne portez aucun jugement, parce que juger peut blesser quelqu'un. Pourquoi le faire alors que ce n'est pas utile ? Votre nature tolérante ne repose pas forcément sur la conviction que nous sommes tous différents et que nous devons respecter ces différences, elle repose sur la conviction qu'au fond, nous sommes tous les mêmes. Nous sommes tous aussi particuliers et aussi importants les uns que les autres. C'est pourquoi personne ne doit être ignoré, tout le monde doit être inclus, c'est le moins que nous puissions faire pour chacun.

TÉMOIGNAGES

Hubert, conseiller en reconversion externe : « Même enfant, malgré ma grande timidité, j'étais toujours celui qui invitait les autres à jouer. Lorsque nous formions les équipes à l'école, je refusais toujours que quelqu'un reste à l'écart. Je me rappelle qu'à l'âge de dix ou onze ans j'avais un copain qui n'était pas de la même religion que moi – il était protestant. J'assistais au repas de la fête paroissiale ; et il est apparu dans l'encadrement de la porte parce que nous devions nous retrouver tous les deux cet après-midi là. Je me suis levé immédiatement, l'ai présenté à ma famille et l'ai assis à ma table. »

Jérôme, avocat de la défense : « Lorsque j'ai commencé ce métier, j'ai fait la connaissance de plusieurs personnes avec lesquelles je suis immédiatement devenu très ami, pour découvrir plus tard qu'elles étaient confrontées à de nombreuses difficultés. Je les ai tout de suite invitées à des dîners et intégrées à notre cercle social. Mon collègue, Marc, me demande ce qui m'a poussé à inclure ces personnes dans notre groupe. Alors j'essaie de comprendre ce qui m'a incité à les inviter lorsque je les ai rencontrées pour la première fois et à les apprécier tant. Avec Marc, au fond, nous sommes pareils… Une fois que nous avons englobé quelqu'un dans notre cercle, nous ne l'évinçons pas ensuite. »

Gilles, formateur en entreprise : « Durant un stage, je suis capable de sentir lorsque quelqu'un se désolidarise du groupe, s'éloigne de la conversation, et je le réintègre immédiatement. La semaine dernière, nous avons eu une très longue discussion sur l'évaluation des performances, et j'ai remarqué que Monique n'ouvrait jamais la bouche. Alors je lui ai dit : "Monique, tu as eu l'occasion de voir tes performances évaluées. Qu'en penses-tu ?" Je crois vraiment que ce thème m'a aidé dans mon métier d'enseignant, car lorsque je ne connais pas la réponse à quelque chose, c'est très souvent la personne à qui je demande son avis qui a la réponse. »

INDIVIDUALISATION

Doté du thème « individualisation », vous êtes intrigué par les qualités particulières de chacun. Les généralisations, les regroupements et les « types » vous agacent, à vos yeux toutes ces généralisations masquent ce qui est unique et propre à chacun. Au contraire, vous accordez une attention particulière aux différences entre les individus. D'instinct, vous observez le style de chaque personne, ses motivations, sa façon de penser, d'échafauder des relations. Vous êtes à l'écoute des anecdotes tissant la vie de chaque individu. Ce talent explique si bien ce que vous faites avec et pour les autres : vous savez toujours quel cadeau d'anniversaire choisir, vous savez qui aime être félicité en public et à qui cela déplaît, vous personnalisez votre façon d'enseigner selon les besoins de chacun, l'un préférant une explication complète, l'autre un bref exposé. Vous êtes un si fin observateur des points forts des autres que vous êtes capable d'optimiser leurs talents. En informant une personne des forces spécifiques que vous voyez en elle, vous savez qu'elle va chercher à les explorer. Ce thème « individualisation » vous permet également de former des équipes productives. Alors que certains recherchent la « structure » ou le « processus » idéal pour l'équipe, vous savez instinctivement que le secret des grandes équipes est la distribution des rôles : que chacun puisse faire ce en quoi il excelle !

TÉMOIGNAGES

Luc, gérant de restaurant : « Florent est l'un de nos meilleurs éléments, mais il a besoin de me voir toutes les semaines. Il veut juste que je l'encourage et que je vérifie son travail; après, il repart stimulé. Tandis que Grégoire n'aime pas me voir souvent, alors je ne vois pas l'utilité de l'ennuyer. Et lorsque nous nous réunissons, c'est pour moi, pas pour lui. »

Mathilde, responsable d'édition : « Parfois, je quitte mon bureau et – vous savez les bulles que les personnages de BD ont au-dessus de leur tête ? – je vois ces petites bulles au-dessus de la tête de chacun me disant ce qu'ils pensent. Cela paraît étrange, mais cela m'arrive tout le temps. »

Gérald, directeur des ventes : « Je n'occupe pas ce poste depuis très longtemps, mais j'ai tout de suite assisté à une réunion où nous sommes restés collés à un sujet pendant je ne sais combien de temps. Je commençais à en avoir assez et j'ai pensé soudain : "Ces gens ne m'ont jamais vu me mettre en colère. Je vais m'y mettre et voir la réaction de chacun." Alors je me suis mis en colère et il était intéressant de voir que certains approuvaient, que d'autres considéraient cela comme un défi et que d'autres encore rentraient dans leur coquille. Leurs réactions individuelles m'ont appris quelque chose d'utile sur eux, quelque chose que je pouvais utiliser pour avancer. »

Andrée, architecte d'intérieur : « Lorsque vous demandez aux gens quel est leur style, ils ont du mal à le décrire, alors je leur demande simplement quel est le lieu qu'ils préfèrent dans leur maison. Je vois alors leurs visages s'éclairer et ils savent me répondre. Connaissant l'endroit qu'ils préfèrent chez eux, je peux en déduire leur style et leur personnalité. »

RELATIONNEL

Le thème relationnel définit l'attitude que vous adoptez dans vos relations. En clair, ce thème vous pousse vers les gens que vous connaissez déjà. Vous n'évitez pas forcément de faire la connaissance de nouvelles personnes (vous êtes d'ailleurs peut-être doté d'autres thèmes qui vous permettent de vous sentir transporté à l'idée de vous faire de nouveaux amis), mais être entouré de vos amis intimes vous procure plaisir et force. L'intimité ne vous gêne pas. Une fois le rapport établi, vous faites en sorte que les relations s'approfondissent. Vous voulez que vos amis vous connaissent bien et vous désirez bien les connaître également. Vous voulez comprendre leurs sentiments, leurs objectifs, leurs peurs et leurs rêves, et vous voulez qu'ils comprennent les vôtres. Vous savez que ce genre d'intimité implique un certain risque (on peut profiter de vous), mais vous êtes prêt à l'accepter. Pour vous, une relation n'a de valeur que si elle est sincère et la seule façon de vous en assurer est de vous confier à cette autre personne. Plus vous partagez avec l'autre, plus le risque est grand pour chacun, mais plus vous pouvez vous manifester d'attention et de sollicitude. Pour vous, une réelle amitié doit passer par ces étapes que vous embrassez volontiers.

TÉMOIGNAGES

Alexis, pilote : « Je volais sur un porte-avion et, là, il est préférable de croire dans le mot "ami" et de faire confiance aux autres. Je suis incapable de vous dire le nombre de fois où j'ai mis ma vie entre les mains de quelqu'un d'autre. Je volais sous la responsabilité de mon ami et je serais mort s'il n'avait pas pu me ramener à bon port. »

Isabelle, chef d'entreprise : « Je suis vraiment sélective dans mes relations. Lorsque je rencontre des gens pour la première fois, je ne suis pas prête à leur donner beaucoup de mon temps. Je ne les connais pas, ils ne me connaissent pas, alors soyons aimables et restons-en là pour le moment. Mais si les circonstances nous permettent de mieux nous connaître, c'est comme si un seuil était franchi : à partir de là, je commence à vouloir m'investir davantage dans cette relation. Je vais donner plus de moi-même, me mettre en quatre pour eux, faire des choses pour eux qui nous rapprocheront un peu plus et prouveront mon réel désir d'en faire des amis. C'est drôle, parce que je ne cherche plus à me faire des amis. J'en ai suffisamment. Et pourtant, à chaque fois que je rencontre une nouvelle personne et que j'atteins ce seuil, je me sens obligée d'approfondir cette relation. Maintenant, j'ai dix personnes qui travaillent pour moi et chacune d'elle est une très bonne amie. »

Rodolphe, steward : « J'ai beaucoup de connaissances, mais peu de vrais amis. Et cela me convient parfaitement. Je passe les meilleurs moments avec les gens qui me sont les plus proches, comme ma famille. Nous sommes une famille d'Irlandais très unie et nous passons un maximum de temps ensemble. C'est une grande famille – j'ai cinq frères et sœurs et dix neveux et nièces – mais nous nous réunissons tous environ une fois par mois et avec beaucoup de plaisir. Je suis le catalyseur. Lorsque je suis de retour à Chicago, même s'il n'y a pas d'anniversaire ou d'occasion particulière de se réunir, je deviens le prétexte d'une grande réunion familiale où l'on fait la fête pendant trois ou quatre jours. Nous aimons vraiment beaucoup nous retrouver tous ensemble. »

RESPONSABILITÉ

Doté du thème responsabilité, vous prenez possession de façon psychologique de ce que vous avez promis de faire. Dès que vous avez pris un engagement, quelle que soit son importance, vous vous sentez moralement tenu de le respecter. Votre réputation en dépend et si, pour une raison quelconque, vous ne pouvez pas vous y tenir, vous cherchez automatiquement à vous « racheter » auprès de l'autre personne. Présenter des excuses n'est pas suffisant, se justifier et rationaliser est tout à fait inacceptable, vous allez vous en vouloir jusqu'au moment où vous aurez restitué ce que vous estimez devoir. Cette conscience, cette quasi-obsession de faire les choses comme il faut, et votre morale irréprochable s'allient pour forger votre réputation : vous êtes quelqu'un sur qui l'on peut toujours compter. Lorsque de nouvelles responsabilités sont déléguées, les gens se tournent vers vous en premier, sachant que le travail sera fait. Lorsque les gens viennent demander votre aide, vous devez être sélectif. Votre bonne volonté peut parfois vous pousser à en faire plus que vous ne le devez.

TÉMOIGNAGES

Henri, conseiller en reconversion externe : « Je n'étais qu'un jeune directeur d'agence bancaire lorsque le président de la société décida de saisir le bien d'un de ses clients. Je lui dis : “D'accord, mais nous avons le devoir de vendre le bien de cette personne à sa juste valeur.” Il ne voyait pas les choses sous cet angle. Il voulait vendre ce bien à l'un de ses amis pour un montant égal à ce que le client lui devait, et il me lança que mon problème était que j'étais incapable de séparer mon éthique professionnelle de mes valeurs personnelles. Je lui ai répondu que c'était vrai. Je ne pouvais pas les séparer parce que je ne pensais pas – et je ne pense toujours pas – que l'on pouvait se vouer à deux saints en même temps. Alors j'ai donné ma démission et je me suis retrouvé à gagner moins de 40 francs de l'heure à ramasser les détritus pour les Eaux et Forêts. Ma femme et moi devions élever nos deux enfants et joindre les deux bouts, alors je peux vous dire que c'était une décision difficile à prendre. Mais avec du recul, je pense que cette décision n'a pas été si difficile à prendre pour moi. Je ne pouvais tout simplement pas travailler dans une entreprise avec ce genre de mentalité. »

Catherine, chef d'exploitation : « Le directeur régional en Suède m'a appelé en novembre pour me dire : “Catherine, pourrais-tu, s'il te plaît, ne pas expédier mon stock avant le 1er janvier.” Je lui ai répondu : “Bien sûr. Je pense que c'est une bonne idée.” J'ai fait part de tout cela à mes employés et je croyais avoir pensé à tout. Mais le 31 décembre – j'étais déjà sur les pistes de ski – j'ai voulu vérifier que les consignes avaient bien été entendues et que tout s'était bien passé. C'est alors que je me suis aperçu que son stock avait déjà été expédié et facturé. Je l'ai appelé immédiatement en lui racontant ce qui s'était passé. C'est quelqu'un de bien, alors il ne s'est pas montré grossier au bout du fil, mais il était très en colère et terriblement déçu. Je me sentais très mal. Des excuses ne suffisaient pas. Il fallait que je répare cette erreur. Alors j'ai appelé notre responsable des stocks du chalet où je me trouvais et nous avons passé notre après-midi à chercher un moyen de reporter la valeur de son stock sur nos livres de comptes et à les supprimer du sien. Cela nous a pris la plupart du week-end, mais il fallait que nous le fassions. »

Victor, directeur des ventes : « Je me suis toujours proposé volontaire pour tout. J'ai dû apprendre à gérer cela, parce que j'allais finir, non seulement par ne plus savoir où donner de la tête, mais aussi par penser que tout était de ma faute. Je réalise aujourd'hui que je ne peux pas être responsable de tout ce qui se passe sur terre – c'est le boulot de Dieu. »

COMPÉTITION

La compétition naît de la comparaison. Lorsque vous observez le monde, vous êtes instinctivement conscient de la performance des autres. Cette performance est votre ultime étalon de mesure. Quels que soient les efforts investis, quelles qu'aient été vos intentions, si vous avez atteint votre but sans avoir surpassé vos collègues, la victoire vous semble vaine. Comme tous les individus dotés de ce thème, vous avez besoin des autres gens, vous avez besoin de comparer. Car si vous pouvez comparer, vous pouvez vous battre et si vous pouvez vous battre, vous pouvez gagner et si vous gagnez… Il n'y a rien de plus grisant. Vous aimez tout ce qui est mesure, parce que cela facilite la comparaison et vous aimez bien les autres concurrents, car ils vous motivent. Vous aimez les concours, car ils réclament toujours un vainqueur. Vous aimez plus particulièrement les concours qui vous offrent toutes les chances de l'emporter. Bien que vous soyez courtois avec les autres concurrents et même noble si vous perdez, vous n'êtes pas là pour le simple plaisir de participer, mais pour gagner. Au fil du temps, vous en viendrez à éviter toute épreuve que vous n'êtes pas certain de remporter.

TÉMOIGNAGES

Matthias, directeur des ventes : « J'ai fait du sport toute ma vie, et je ne joue pas seulement pour le plaisir de jouer, si l'on peut dire. J'aime m'engager dans des sports où j'ai des chances de gagner et non dans des sports où je suis susceptible de perdre. Parce que si je perds, je suis extérieurement fair-play mais intérieurement furieux. »

Henri, directeur général : « Je ne suis pas un grand marin, mais j'aime l'America's Cup. Tous les bateaux sont censés être absolument identiques et tous les équipages composés d'athlètes aussi excellents les uns que les autres. Mais il y a toujours un vainqueur. L'un des équipages avait un atout caché qui a fait pencher la balance et lui a permis d'engranger plus de victoires que de défaites. Et c'est ce que je recherche – cet atout caché, ce minuscule avantage. »

Summer Redstone, président de Viacom Corporation, au sujet de son rachat de la chaîne télévisée CBS : « Pour moi, être numéro 1 a toujours été l'essentiel. Ce que j'ai vu, c'est que nous allions être numéro 1 dans la télédistribution ! Numéro 1 dans la télédiffusion ! Que nous allions être la société d'affichage publicitaire extérieur numéro 1 ! Que nous allions être numéro 1 dans la programmation télévisée ! – systématiquement numéro 1 ! »

COMMANDEMENT

Votre autorité naturelle vous incite à prendre les choses en main. Contrairement à certains, imposer votre avis ne vous dérange nullement, au contraire, lorsque votre opinion est faite, vous avez *besoin* de la communiquer aux autres. Une fois votre objectif fixé, vous êtes impatient d'y rallier tout le monde et les confrontations ne vous font pas peur : vous savez qu'elles sont les premiers pas vers la solution. Alors que d'autres évitent d'affronter tout ce qui peut être déplaisant, vous vous sentez obligé de présenter les « faits » ou la « vérité », aussi désagréables soient-ils. Vous avez besoin que les choses soient claires entre les individus, donc vous les incitez à être lucides et honnêtes. Vous les poussez à prendre des risques et vous pouvez même les intimider. Bien que cela puisse déplaire à certains vous qualifiant de « Je dis noir – tu dis blanc », ils vous passeront souvent les commandes. Les gens sont attirés par ceux qui prennent position, par ceux qui décident d'une direction et demandent qu'on les suive. C'est parce que vous avez une présence que les gens viennent vers vous. Vous avez l'autorité du commandement.

TÉMOIGNAGES

Marc, gérant de restaurant : « L'une des raisons pour lesquelles j'ai une influence sur les gens est que je suis très franc. En fait, les employés me disent que je les intimide la première fois. Cela fait maintenant un an que nous travaillons ensemble et nous en reparlons parfois. Ils me disent : "Marc, lorsque j'ai commencé à travailler ici, j'avais vraiment peur de vous." Lorsque je leur demande pourquoi, ils me répondent : "Je n'ai jamais travaillé avec quelqu'un d'aussi franc. Quel que soit le problème, quel que soit ce qu'il fallait dire, vous le disiez, tout simplement." »

Robert, directeur d'une chaîne de magasins de vente au détail : « Nous avons un programme Bien-Être pour notre personnel selon lequel si vous consommez moins de quatre boissons alcoolisées par semaine, vous gagnez 25 dollars ; si vous ne fumez pas, vous obtenez 25 dollars par mois. Un jour, j'ai entendu dire que l'un de mes gérants de magasin s'était remis à fumer. Ce n'était pas bien. Il fumait dans le magasin, ne montrait pas l'exemple aux employés et réclamait ses 25 dollars. Je ne pouvais tout simplement pas tolérer ce genre de choses. Ce n'était pas facile, mais je lui ai mis le nez dans la moutarde, clairement et immédiatement : "Arrêtez de faire cela ou vous êtes renvoyé." Ce n'est pas un mauvais type, mais je ne pouvais pas laisser la situation se dégrader. »

Diane, infirmière dans un établissement de soins palliatifs : « Je ne me vois pas comme quelqu'un d'assuré, mais je prends les choses en main. Lorsque vous entrez dans une chambre où se trouve une personne agonisante entourée de sa famille, vous devez prendre les choses en main. Ils attendent cela de vous. Ils sont un peu sous le choc, un peu effrayés, un peu dans le déni de la réalité. Au fond, ils ne savent plus très bien où ils en sont. Ils ont besoin que quelqu'un leur dise ce qui va se passer après, ce à quoi ils peuvent s'attendre. Ce n'est pas drôle, mais c'est ce qu'il faut faire. Ils ne veulent pas de propos lénifiants, de faux-fuyants. Ils veulent qu'on leur dise les choses en face. De la clarté et de la franchise. C'est ce que je leur donne. »

DÉVELOPPEUR

Vous entrevoyez le potentiel caché chez les autres. C'est d'ailleurs très souvent la seule chose que vous voyez. D'après vous, personne n'est jamais vraiment formé, achevé, fini. Au contraire, chaque individu est toujours « en cours d'élaboration », recèle des possibilités, et c'est précisément ce qui vous attire. Votre objectif est d'aider les gens à réussir et vous cherchez des façons de les provoquer. Vous créez des occasions intéressantes dans le but de faire progresser chaque personne, et pendant cette démarche, vous êtes à l'affût des signes d'évolution : un nouveau comportement appris ou modifié, la légère amélioration d'un talent, un soupçon d'excellence, une démarche assurée, là où précédemment il n'y avait que des pas hésitants. Ces progrès infimes (invisibles pour certains) sont, pour vous, les signes manifestes de l'évolution, du potentiel en cours de réalisation. Ces signes sont votre source d'énergie, ils vous apportent force et satisfaction. Au fil du temps, nombreux sont ceux qui solliciteront votre aide et vos encouragements, se rendant compte, quelque part, que votre bienveillance est à la fois sincère et profondément enrichissante.

TÉMOIGNAGES

Marylin, directrice d'une école professionnelle : « Quand c'est la remise des diplômes et qu'une étudiante infirmière monte sur l'estrade, c'est généralement une femme de 35 ans environ. Elle reçoit son diplôme et, peut-être dix-huit rangs plus loin, un petit enfant est debout sur une chaise et crie : "Bravo, maman !" J'adore cela. Je pleure à chaque fois. »

Fabrice, directeur de la publicité : « Je ne suis ni avocat ni médecin ni artisan. Mes savoir-faire sont d'une autre nature. Ils s'appliquent à comprendre les individus et leurs motivations, et je prends plaisir à les regarder se découvrir, découvrir en eux des talents qu'ils n'auraient jamais cru possibles, et à trouver des gens qui possèdent des talents que je n'ai pas. »

Anne, infirmière : « J'avais une patiente, une jeune femme, souffrant de lésions pulmonaires si graves qu'elle devait être constamment maintenue sous oxygène. Elle pensait qu'elle n'aurait plus jamais la force de vivre une vie normale et elle était désespérée. Elle ne savait pas si elle avait le souffle court parce qu'elle était angoissée ou si elle était angoissée parce qu'elle avait le souffle court. Et elle me parlait de se suicider parce qu'elle ne pouvait plus travailler ni soutenir son mari. Alors je lui ai demandé de réfléchir à ce qu'elle pouvait faire plutôt qu'à ce qu'elle ne pouvait pas faire. Elle était très créative, très douée pour l'art et les travaux manuels, alors que lui ai dit : "Regardez, il y a des choses que vous pouvez faire, et si ces choses vous donnent du plaisir, faites-les. C'est un bon début." Et elle pleurait en me disant : "Je n'ai la force de laver qu'un bol." Je lui ai répondu : "Aujourd'hui, oui, mais demain, vous pourrez en laver deux." Et elle s'est mise à fabriquer toutes sortes d'objets et à les vendre pour Noël. »

POSITIVITÉ

Vous n'êtes pas avare de compliments, vous souriez facilement et vous êtes toujours à l'affût du côté drôle d'une situation. Certains vous trouvent insouciant, d'autres aimeraient bien être aussi optimistes que vous. Quoi qu'il en soit, les gens veulent faire partie de votre entourage car, autour de vous, la vie paraît plus belle et votre enthousiasme est contagieux. Ceux qui n'ont pas votre énergie et votre optimisme trouvent leur univers fade et routinier ou, pire encore, ils ressentent des pressions de toute part. Vous semblez avoir le don de remonter le moral et, sous votre direction, les projets prennent une allure positive et dynamique. Vous fêtez chaque réalisation. Vous connaissez des centaines de façons de rendre les choses plus intéressantes et plus vivantes. Certains cyniques tournent peut-être le dos à votre énergie, mais cela ne vous sape pas le moral. Votre positivité vous l'interdit. D'une façon ou d'une autre, vous ne pouvez pas échapper à vos convictions : il est agréable d'être en vie, travailler peut être amusant et, quels que soient les problèmes, on ne doit jamais perdre son sens de l'humour.

TÉMOIGNAGES

Guy, steward : «Il y a tellement de monde dans un avion que j'ai décidé de choisir un ou deux passagers et de faire quelque chose de spécial pour eux. Bien sûr, je suis aimable avec tous les passagers et les fais bénéficier du professionnalisme qu'ils attendent de moi et que j'exigerais légitimement si j'étais à leur place mais, en plus de cela, j'essaie qu'un individu ou une famille ou un petit groupe se sente privilégié – nous bavardons ensemble, nous nous racontons des blagues et nous jouons à des petits jeux.»

Arthur, responsable marketing sur Internet : «Je suis quelqu'un qui adore distraire les autres. Je lis tout le temps des magazines et si j'y trouve des choses amusantes – un nouveau magasin, un nouveau rouge à lèvres, n'importe quoi – je me dépêche de le dire à tout le monde. "Oh, tu devrais essayer ce magasin, il est hyper génial. Regarde ces photos. Non, mais regarde vraiment." Je suis tellement enthousiaste quand je parle de quelque chose que les gens ne peuvent pas s'empêcher de faire ce que je leur conseille. Je ne suis pourtant pas un bon vendeur. Je déteste provoquer les gens et les ennuyer. Simplement, la ferveur avec laquelle je parle les incite à se dire : "Mince, alors, ça doit être vrai, ce qu'il dit."»

Sandrine, directrice de la communication : « Je pense qu'il y a trop de gens négatifs sur cette terre. Il faudrait davantage de gens positifs, qui aiment se concentrer sur ce qui va bien dans le monde. Les individus négatifs sont très pénibles pour moi. Dans la boîte où je travaillais avant, il y avait un type qui entrait dans mon bureau tous les matins simplement pour se décharger sur moi. Je l'évitais délibérément. Dès que je le voyais arriver, je filais aux toilettes ou ailleurs. Il me donnait le sentiment que le monde était un enfer, et je détestais cela. »

MAXIMISATION

« Moyenne » ne fait pas partie de votre vocabulaire, votre étalon est l'excellence. Passer d'une moyenne faible à une moyenne plus élevée requiert de grands efforts qui, selon vous, n'en valent pas franchement la peine. Transformer quelque chose de solide en quelque chose de magistral est tout aussi difficile... mais beaucoup plus grisant. Vos forces et celles des autres vous fascinent. Comme le plongeur en quête de perles, vous vous mettez à leur recherche, observant tout signe révélateur : un soupçon d'excellence innée, une intelligence étonnante, un talent parfaitement maîtrisé, tous des indices manifestes qu'une force est en jeu. Et lorsque vous avez trouvé un talent de ce genre, vous vous sentez obligé de le développer, de le parfaire et de l'étirer aux limites de l'excellence. Vous polissez votre perle jusqu'à ce qu'elle brille. La sélection naturelle que vous exercez est un signe de discrimination aux yeux des autres. Vous choisissez la compagnie de gens qui apprécient vos talents particuliers. De même, vous êtes attiré par ceux qui semblent avoir trouvé et cultivé leurs propres forces. Vous avez tendance à éviter les personnes désirant vous changer simplement pour vous mettre à niveau. Elles trouveront toujours quelqu'un d'autre à « perfectionner ». Vous ne voulez pas passer votre vie à vous plaindre de ce qui vous manque. En revanche, vous voulez tirer parti des talents dont vous avez hérité, c'est plus amusant et plus productif. Et c'est un véritable défi.

TÉMOIGNAGES

Rodolphe, professeur de sport : « J'ai enseigné l'aérobic pendant dix ans et j'ai toujours demandé aux gens de se concentrer sur ce qu'ils aimaient chez eux. Nous avons tous des parties de notre corps que nous aimerions changer ou voir différemment, mais se focaliser là-dessus peut être très destructeur. Cela devient un cercle vicieux. Alors je leur disais : "Regardez, vous n'avez pas besoin de faire cela. Concentrez-vous plutôt sur ce qui vous plaît en vous, et nous allons tous nous sentir mieux en dépensant toute cette énergie." »

Amélie, rédactrice en chef d'un magazine : « Il n'y a rien que je déteste plus que de devoir améliorer un article mal écrit. Si j'ai donné des directives très claires à l'auteur et qu'il revient avec un article complètement en dehors du sujet, je ne peux pas me résoudre à l'annoter. J'ai plutôt tendance à le rendre à son auteur en lui disant : "S'il vous plaît, recommencez-le." En revanche, j'aime recevoir un article de qualité et l'améliorer juste un peu pour le rendre parfait. Vous savez, il suffit d'un rien – quelques retouches par-ci par-là – pour qu'il devienne soudain génial. »

Maurice, responsable marketing : « J'excelle vraiment à fixer un objectif aux individus, puis à instaurer un bon esprit d'équipe entre nous au fur et à mesure que nous progressons vers cet objectif. Mais je suis moins bon pour la pensée stratégique. Heureusement, mon patron l'a parfaitement compris. Nous travaillons ensemble depuis quelques années maintenant. Il a trouvé d'autres individus pour jouer le rôle stratégique et, en même temps, m'a poussé à être encore meilleur dans ce que je faisais plutôt bien : fixer des objectifs et souder une équipe. J'ai beaucoup de chance d'avoir quelqu'un comme lui. Il m'a donné davantage confiance en moi et m'a incité à foncer – je sais qu'il sait là où je suis le meilleur et là où je suis nul. Et il ne m'embête pas avec mes points faibles. »

CHARISME

« Gagner l'amitié des autres. » Vous adorez tout bonnement le défi que représente la rencontre de nouvelles personnes et le fait de gagner leur amitié. Vous êtes rarement intimidé par des inconnus, au contraire, ils vous dynamisent, ils vous attirent. Vous voulez connaître leur nom, leur poser des questions et vous trouver des points communs pour pouvoir entamer une conversation et établir des liens. Certains évitent d'engager une conversation, craignant de ne plus rien avoir à dire, mais ce n'est pas votre cas. Non seulement il est rare que vous soyez à court de mots, mais vous aimez prendre le risque d'aborder un inconnu, car vous aimez vraiment faire les premiers pas et établir le contact. Une fois ce contact établi, vous êtes très content de passer à autre chose. Il y a toujours de nouvelles personnes à rencontrer, de nouveaux domaines à explorer, de nouvelles foules auxquelles se mêler. Dans votre univers, il n'y a pas d'inconnus, mais uniquement des amis que vous n'avez pas encore rencontrés, et ils sont nombreux.

TÉMOIGNAGES

Nathalie, directrice de publication : « J'ai fait mes meilleurs amis de gens que j'ai rencontrés dans l'embrasure d'une porte. C'est terrible, mais je suis hyper sociable et séduire fait partie de ma personnalité. Tous les chauffeurs de taxi me demandent en mariage. »

Marilyn, directrice d'une école professionnelle : « Je ne crois pas que je recherche des amis, mais les gens me considèrent comme une amie. Moi je leur dis : "Je vous adore." Et c'est vrai, j'aime facilement les gens. Mais des amis ? Je n'en ai pas beaucoup. Je ne pense pas en rechercher. Je recherche surtout les contacts. Et j'y réussis très bien, parce que je sais comment trouver un terrain d'entente avec les gens. »

Anne, infirmière : « Je pense que je suis parfois un peu timide. Généralement, je ne fais pas le premier pas. Mais je sais comment mettre les gens à l'aise. Mon travail, c'est juste beaucoup d'humour. Si le patient n'est pas très réceptif, je fais mon *one-man-show*. Je dis à un patient de 80 ans : "Allez, jeune homme, asseyez-vous. Laissez-moi vous enlever votre chemise. Voilà, c'est bien. Enlevez-la. Ouah ! quel torse !" Avec les enfants, il faut commencer tout doucement et leur dire : "Quel âge as-tu ?" S'il me répond : "J'ai dix ans", alors je lui dis : "Vraiment ? Quand j'avais ton âge, j'avais onze ans" – des bêtises comme cela permettent de briser la glace. »

III

Mettez vos points forts en pratique

CHAPITRE 5
Les questions que vous vous posez

Vous avez répondu au questionnaire du StrengthsFinder. Vous avez reçu un rapport de développement personnel qui identifie et décrit vos cinq thèmes dominants. À présent, si vous réagissez comme la plupart des gens, vous allez vous poser quelques questions. À l'appui de nos expériences passées, nous avons identifié les questions que les individus se posaient le plus fréquemment et nous espérons répondre ainsi à vos principales interrogations.

EXISTE-T-IL DES OBSTACLES AU DÉVELOPPEMENT DE MES POINTS FORTS?

Oui. Excepté la politique de votre entreprise (que nous aborderons au dernier chapitre), il existe un obstacle à vos progrès : votre propre réticence.

Cela paraît étrange. Comment quelqu'un pourrait-il être réticent à développer ses points forts ? Eh bien oui, la plupart des individus sont réticents. Ils ne se préoccupent pas de leurs points forts, trop complexes et subtils à leurs yeux, et préfèrent consacrer leur temps et leur énergie à étudier leurs faiblesses. Nous le savons parce que nous leur avons posé la question suivante : « Qu'est-ce qui contribuera le plus à vous améliorer, selon vous : connaître vos points forts ou connaître vos points faibles ? »

Que nous ayons posé cette question à des Américains, des Britanniques, des Français, des Canadiens, des Japonais ou des Chinois, des plus jeunes ou des plus âgés, des riches ou des pauvres, des très cultivés ou des peu instruits, la réponse était toujours la même : les faiblesses et non les forces méritent une attention maximale. Il faut avouer que nous avons recueilli une grande variété de réponses à cette question. La culture la plus axée sur les points forts est celle des États-Unis avec 41 % de la population ayant répondu que c'est la connaissance de leurs points forts qui les aiderait le plus à s'améliorer. Les cultures les moins orientées vers les points forts sont le Japon et la Chine avec seulement 24 % de la population persuadés que la clé du succès résidait dans leurs points forts. Toutefois, malgré ces disparités importantes, la conclusion générale reste valable : la majorité de la population mondiale ne pense pas que le secret de l'amélioration réside dans une compréhension approfondie de ses points forts. (Il est intéressant de noter que, quelle que soit la culture, la tranche d'âge la moins préoccupée par ses points faibles était celle des 55 ans et plus. Avec l'âge, on acquiert un peu plus de sagesse, on s'accepte mieux tel que l'on est et l'on réalise la futilité d'essayer de dissimuler les failles de sa personnalité.)

Sur toutes les recherches que nous avons menées pour ce livre, cette découverte était probablement la plus surprenante. Elle nécessite une explication. Pourquoi tant d'individus refusent-ils de se concentrer sur leurs points forts ? Pourquoi les points faibles sont-ils si fascinants ? Si nous ne nous penchons pas sur ces questions pour y répondre tout de suite, tous vos efforts pour développer vos points forts s'épuiseront avant d'avoir pu porter leurs premiers fruits.

Il existe autant de raisons que d'individus, mais elles semblent toutes liées à trois peurs majeures : la peur des faiblesses, la peur de l'échec et la peur de soi-même.

La peur des faiblesses

Pour la majorité d'entre nous, la peur de nos faiblesses semble éclipser la confiance en nos points forts. Pour employer une métaphore, si la vie est un jeu de cartes et si chacun a en main des forces et des faiblesses, la plupart d'entre nous prétendent que les faiblesses sont les cartes maîtresses.

Par exemple, si nous excellons à convaincre les autres mais rencontrons des difficultés avec la pensée stratégique, ce sont nos faiblesses en matière de stratégie qui sont le centre d'intérêt, parce que l'incapacité à avoir une pensée stratégique nous pénalisera certainement un jour ou l'autre, n'est-ce pas ? Si nous établissons facilement des relations de confiance mais bredouillons lorsqu'il s'agit de faire les présentations, nous nous inscrivons à un cours de communication orale, comme il en fleurit partout, parce que savoir parler en public est une condition préalable à la réussite, n'est-ce pas ? Quel que soit le point faible et quel que soit le point fort, le point fort n'est qu'un point fort – quelque chose que l'on peut admirer et qu'on a la chance de posséder, c'est tout – mais un point faible, ah ! un point faible est une « sphère d'opportunité ».

Corriger nos faiblesses est profondément ancré dans notre éducation et notre culture. Nous avons présenté à des parents le scénario suivant : Supposez que votre enfant rentre à la maison avec les notes suivantes : un 17 en anglais, un 17 en histoire et géographie, un 12 en biologie et un 7 en mathématiques. Sur laquelle de ces notes passerez-vous le plus de temps à discuter avec votre fils ou votre fille ? 77 % des parents choisissent de se focaliser sur le 7 en maths, seulement 6 % sur le 17 en anglais et... 1 % sur le 17 en histoire-géo. Apparemment, la note en mathématiques mérite une grande attention. Pourquoi ? Parce que pour passer d'une classe à l'autre et être admis dans l'enseignement supérieur un élève ne peut pas se permettre d'être trop faible dans une matière. Mais notre question a été formulée après mûre réflexion : Sur laquelle de ces notes passerez-vous *le plus* de temps à discuter avec votre fils ou votre fille ? Malgré les exigences du système éducatif actuel, faut-il consacrer un maximum de temps à un point faible ?

Cette obsession des points faibles persiste dans le monde des chercheurs et des universitaires. Lors d'un récent discours à ses collègues de faculté, Martin Seligman, ancien président de l'American Psychological Association, rapporta qu'il avait trouvé plus de 40000 études sur la dépression, mais seulement 40 sur la joie, le bonheur ou l'épanouissement personnel. Comme pour l'exemple des mathématiques, il ne s'agit pas de dire que la dépression ne doit pas être étudiée. La dépression est une maladie qui tue à petit feu et ceux qui en souffrent ont besoin de toute l'aide que la science peut leur apporter. (En effet, consécutivement à l'intérêt extrême porté par la science aux maladies mentales au cours de ces cinquante dernières années, on a découvert des traitements pour 14 maladies mentales différentes.) Mais il existe un véritable déséquilibre. Nous avons un point de vue tellement faussé en restant obnubilé par les faiblesses et la maladie que nous en connaissons bien peu sur les forces et la santé. Selon les mots de Martin Seligman : « La psychologie n'a pas fait le tour de toutes les questions. Elle a fait le tour des maladies mentales. Des préjudices et des réparations. Mais un aspect des choses lui a échappé totalement : celui des forces, des choses que nous maîtrisons bien... de ce qui fait que la vie vaut la peine d'être vécue. »

Bien sûr que nous avons tous des faiblesses. Des choses étonnamment faciles pour les uns peuvent être effroyablement difficiles pour les autres. Et si ces faiblesses perturbent les forces, il faut développer des stratégies destinées à les gérer du mieux possible (il sera question de ces stratégies plus loin dans le chapitre). Toutefois, pour redresser notre point de vue faussé sur la question, nous devons nous rappeler que porter un regard critique sur nos points faibles et nous efforcer de les gérer – cela est parfois nécessaire – nous aidera uniquement à éviter l'échec. Pas à atteindre l'excellence. Ce que dit Seligman – et ce que la plupart des individus qui excellent dans leur domaine nous disent – est très simple : atteindre l'excellence nécessite de comprendre et de cultiver ses points forts.

Dans les années 1930, Carl Gustav Jung, le célèbre philosophe et psychologue, a dit la chose suivante : « [La critique a] le pouvoir de faire du bien lorsque quelque chose doit être détruit, dissout ou réduit, mais elle ne peut faire que du mal lorsque quelque chose doit être construit, développé. »

La peur de l'échec

C'est l'un des principaux suspects. L'échec n'étant jamais agréable à vivre, certains d'entre nous choisissent de ne pas prendre de risques. Mais la peur de l'échec devient particulièrement forte et difficile à combattre lorsqu'il s'agit de construire sa vie autour de ses points forts.

Tous les échecs ne sont pas égaux. Certains sont relativement faciles à digérer, généralement lorsque nous pouvons les justifier sans ternir notre propre image de nous-mêmes. Ils peuvent paraître un peu différents à l'école maternelle (« Pouce, je n'étais pas prêt ! ») et dans le monde du travail (« Je suis désolé, mais ce n'est pas ma spécialité »), mais le principe demeure identique. Lorsque la cause d'un échec semble n'avoir rien à voir avec ce que nous sommes vraiment, nous pouvons l'accepter.

Mais certains échecs nous restent en travers de la gorge. Les plus persistants et les plus dévastateurs sont lorsque nous attirons l'attention sur l'un de nos points forts, parions que nous allons réussir, nous jetons à corps perdu dans ce défi… pour finalement échouer. La souffrance qui accompagne ce type d'échec peut être très vive. Vous rappelez-vous la scène dans le film *Les Chariots de feu* où le coureur Abrahams se tourne vers sa petite amie après avoir perdu une course pour laquelle il s'était préparé à fond et lui murmure dans un souffle, totalement abasourdi : « Je ne pense tout simplement pas pouvoir courir plus vite » ?

Que nous ayons l'esprit de compétition comme Abrahams ou que nous nous jugions selon nos propres critères, notre sentiment d'échec est le plus douloureux à chaque fois que nous descendons dans l'arène, mobilisons nos points forts et… en vain. Malgré les conseils bien intentionnés de la société – « essayer et recommencer sans cesse jusqu'à réussir » – nous commençons parfois à nous sentir un peu désespérés. « J'ai identifié un talent, je l'ai cultivé et transformé en point fort, je l'ai revendiqué, je l'ai mis en pratique et pourtant j'ai échoué ! Que me reste-t-il à faire, à présent ? »

Cette peur d'échouer alors qu'un point fort est en jeu est encore renforcée par la société qui ridiculise sans pitié ceux qui revendiquent des points forts et échouent. Les exemples ne manquent pas. Et rares sont ceux d'entre nous qui peuvent jurer qu'ils n'éprouvent pas la moindre satisfaction à voir de grandes ambitions se solder par un échec. Nos instincts les plus bas nous incitent à nous réjouir des malheurs des autres. Malheureusement, ce plaisir semble proportionnel à l'ego de celui qui échoue. Plus l'individu possède un ego fort, plus notre plaisir à le voir échouer est grand.

C'est pour ces deux raisons que la plupart d'entre nous ne veulent pas prendre le risque de développer leurs points forts. Nous préférons rester au bureau à essayer de colmater nos lacunes. Démarche oh ! combien méritoire que la société respecte. Malheureusement, comme nous l'avons dit, tenter de corriger ses faiblesses ne mènera jamais à l'excellence. Alors que faire ? Comment surmonter cette peur envahissante de l'échec ?

D'abord, soyons honnêtes. Il est très probable que vous ne supprimerez jamais entièrement la peur de votre propre échec ni votre joie secrète à la vue de l'échec d'autrui. Ces deux sentiments semblent profondément enracinés dans la nature humaine. Mais en les examinant de près, vous pourrez au moins les démystifier pour qu'ils ne vous empêchent plus de développer vos points forts.

Commençons par le problème de l'ego. Est-il égotiste de passer sa vie à essayer de développer ses points forts ? Tous les résultats de nos études nous montrent que non. Développer ses points forts et être égotiste ne sont pas la même chose. L'égotisme, c'est lorsque vous prétendez à l'excellence, mais qu'il s'agit de prétentions en l'air. Ces fanfaronnades ne peuvent porter qu'au ridicule.

Développer ses points forts n'est pas nécessairement une question d'ego. C'est une question de responsabilité. Il n'y a pas lieu de s'enorgueillir de ses talents naturels, pas plus que de son sexe, de sa race ou de la couleur de ses cheveux. Les talents innés sont un don de Dieu ou le fruit du hasard, tout dépend de ses croyances. Toujours est-il que vous n'y êtes pour rien. En revanche, c'est à vous de les transformer en points forts. C'est à vous d'identifier vos talents innés et de les transformer en performances constamment quasi parfaites à force de concentration, de pratique et d'apprentissage.

De ce point de vue, délaisser ses points forts et privilégier ses points faibles n'est pas un signe d'humilité. C'est presque un signe d'irresponsabilité. En revanche, la démarche la plus responsable, la plus difficile et – sans se vanter – la plus méritoire consiste à avoir le courage d'accepter le potentiel de réussite inhérent à ses talents, puis d'essayer de l'exploiter.

L'échec est-il alors possible ? Bien sûr. Construire sa vie autour de ses points forts signifie autoriser les résultats que l'on a obtenus à être le juge suprême de ses points forts. Les résultats, lorsqu'ils sont évalués correctement, sont impitoyables. Attendez-vous donc à ce que vos prétentions soient parfois jugées défavorablement.

Alors ? Quel est le pire qui puisse vous arriver ? Vous repérez un talent, le cultivez et le transformez en point fort, mais vous n'êtes pas à la hauteur de vos ambitions et échouez. Certes, c'est douloureux, mais il n'y a pas de quoi en avoir le moral complètement sapé. C'est l'occasion d'apprendre et d'intégrer cette bonne leçon à votre prochaine performance, puis à la suivante, et ainsi de suite. Et que se passera-t-il si vos prochains résultats sont tous des échecs ? Eh bien, vous aurez encore plus mal. Mais cette expérience est alors très révélatrice : vous ne portez peut-être pas vos efforts là où il faut. Malgré la douleur morale, c'est l'occasion pour vous de réorienter vos efforts plus efficacement. Comme le conseillait le très spirituel W. C. Fields : « Si vous ne réussissez pas du premier coup, recommencez. Puis laissez tomber. Il est inutile de se ridiculiser. »

Voilà un conseil facile à donner et difficile à appliquer. En tout cas, lorsque vous développez vos points forts, tantôt en progressant considérablement, tantôt en régressant nettement, consolez-vous en vous disant que c'est ainsi qu'une vie construite autour de points forts doit être vécue. Ce processus – agir, apprendre, s'améliorer, agir, apprendre, s'améliorer, et ainsi de suite –, aussi contraignant qu'il puisse être, est l'essence même d'une vie où les points forts sont systématiquement exploités. Vivre en utilisant quotidiennement ses points forts demande d'être audacieux, perspicace, d'écouter les commentaires des autres et, surtout, de continuer à étudier ses points forts en dépit des nombreuses influences qui incitent à les délaisser. Carl Gustav Jung a une nouvelle fois exprimé parfaitement les choses : « Rester fidèle à la loi de ce que l'on est… est un acte de grand courage face à la vie. »

Un dernier avertissement : méfiez-vous de quelque chose susceptible de vous ébranler moralement – l'illusion. Lorsque vous continuez d'agir et d'échouer sans vous en rendre compte, vous êtes dans l'illusion. Vous pensez que vous possédez le point fort de savoir parler en public, mais vous ne voyez pas que l'auditoire ne vous écoute plus. Vous vous croyez un génie de la vente, mais vous ne vous étonnez jamais que personne ne vous achète rien. Vous vous sentez le plus grand manager depuis Vince Lombardi, mais vous ne remarquez pas que vos subalternes vous évitent dans les couloirs. Ou, le plus dangereux de tout, vous êtes vaguement conscient de vos piètres résultats, mais vous trouvez toutes les raisons justifiant que vous n'avez rien à voir là-dedans, que vous n'y êtes pour rien. Illusion et déni : voilà une combinaison des plus dangereuse.

Si vous êtes dans ce cas, rien dans ce livre ne vous guérira. Tout ce que vous pouvez vous dire, c'est que c'est à vous que vous faites le plus de mal. Spinoza disait la chose suivante : « Être ce que nous sommes et devenir ce que nous sommes capables de devenir, voilà la seule finalité de la vie. » Vous n'êtes peut-être pas d'accord avec cette citation, mais l'un des objectifs de votre vie est certainement de découvrir et d'exploiter vos points forts. Si votre intelligence est étouffée par l'illusion et le déni, vous allez cesser de rechercher vos véritables points forts et finir par vivre une version médiocre de la vie de quelqu'un d'autre au lieu de vivre une version excellente de votre propre vie.

La peur de soi-même

Vous répugnez peut-être à étudier vos points forts simplement parce que vous ne pensez pas être digne d'intérêt, valoir quelque chose. Quel que soit le nom qu'on leur donne – sentiment d'insuffisance, sentiment d'être un imposteur ou sentiment d'insécurité de longue date – ce sont des symptômes bien connus. Malgré vos réussites, vous vous demandez si vous êtes aussi talentueux que les autres le pensent. Vous attribuez la plupart de vos succès à la chance ou aux circonstances, mais jamais à vos points forts. Une petite voix inquiète vous murmure à l'oreille : « Quand seras-tu démasqué ? » et, malgré votre lucidité, vous l'écoutez.

Cela explique en partie pourquoi les individus font rarement référence à leurs talents innés lorsqu'on leur demande de décrire leurs points forts. Ils parlent de choses extérieures qu'ils ont accumulées durant leur vie – certificats, diplômes, expériences, récompenses. Voilà pourtant la « preuve » qu'ils se sont améliorés, qu'ils ont acquis quelque chose de valable à proposer.

Cela ne signifie toutefois pas que cette peur soit totalement négative. Après tout, le sentiment d'insécurité est le contraire du contentement de soi, et le contentement de soi est un vilain sentiment. Mais ce que nous voulons vous dire, c'est que si vous cessez de vous étudier de peur de vous trouver trop petit, vous allez passer à côté du miracle de vos points forts. Nous disons « rappeler » parce que nous avons trop tendance à juger nos points forts comme allant de soi. Nous vivons avec eux au quotidien et ils nous viennent si facilement qu'ils cessent d'avoir une valeur à nos yeux. Comme la Tour Eiffel pour le Parisien qui passe devant tous les jours, nos points forts font tellement partie de notre « paysage » quotidien que nous ne les voyons plus.

Il y a quelques années, Bernard a été félicité par ses pairs pour la qualité de son enseignement. Selon ses collègues, ses élèves et leurs parents, il était très doué pour créer un environnement propice à l'apprentissage, associant rigueur et bienveillance. Dans le cadre des études de Gallup sur l'excellence, nous avons interrogé cet enseignant, puis nous lui avons parlé des points forts que nous avions identifiés chez lui. L'un de ses principaux points forts étant l'empathie, nous lui avons dit combien sa capacité à se mettre à la place de ses élèves, à ressentir ce qu'ils ressentaient, à donner à chacun l'impression d'être écouté et compris, était précieuse. Nous lui avons répété que ce thème lui permettait de répondre à des questions que les élèves n'osaient pas poser, d'anticiper les difficultés d'apprentissage de chacun et d'essayer de les résoudre par un style d'enseignement adapté. Nous lui avons brossé un portrait de lui-même aussi vivant que possible en soulignant la façon dont il avait transformé son talent en atout extraordinaire.

Au terme de notre entretien, nous avons remarqué chez Bernard un air étrange. Il n'était ni surpris ni intrigué. Il ne semblait même pas particulièrement flatté. Il était seulement embarrassé.

« Les autres ne font-ils pas la même chose que moi ? nous demanda-t-il.

– Bien sûr que non. Tout le monde ne fait pas ce que vous faites, Bernard. Mais vous, vous le faites. C'est ce qui fait de vous un si bon enseignant. Si tous les professeurs étaient aussi doués d'empathie que vous, ils seraient tous aussi bons que vous. Or, ce n'est pas le cas. »

Bernard était tombé dans le piège dans lequel nous tombons tous. Il ne pouvait s'empêcher de repérer les indices révélateurs de l'état émotionnel de ses élèves. Il ne pouvait s'empêcher de réagir aux émotions qu'il percevait chez eux. De partager leurs peines et de se réjouir de leurs succès. Et parce qu'il ne pouvait pas s'empêcher de faire tout cela, il n'y attachait aucune valeur. C'était facile pour lui, donc banal, courant, évident. « Tout le monde ne fait-il pas cela ? »

Ne dit-on pas que l'on ne peut pas voir le tableau lorsque l'on est à l'intérieur du cadre ? Comme vous passez toute votre vie à l'intérieur du cadre de vos points forts, il n'y a sans doute rien d'étonnant à ce qu'au bout d'un certain temps vous n'y prêtiez plus guère attention. Nous espérons qu'en révélant vos cinq thèmes distinctifs nous vous avons montré que vos réactions spontanées au monde qui vous entoure – ces choses que « vous ne pouvez pas vous empêcher de... » – ne sont pas banales, courantes, évidentes. Bien au contraire, elles sont uniques. Elles font de vous un être différent de tous les autres. Un être exceptionnel.

POURQUOI DOIS-JE PRIVILÉGIER MES THÈMES DISTINCTIFS?

Le principal objectif du StrengthsFinder n'est pas de résumer votre personnalité ni de faire un portrait complet de vous, mais de vous aider à obtenir un résultat toujours quasi parfait, à la fois excellent et épanouissant. Développer ses points forts nécessite une attention maximale portée aux thèmes distinctifs pour plusieurs raisons.

Premièrement, bien que vous ayez certainement vécu des moments de succès et de satisfaction dans votre vie, le secret d'une vie construite autour de vos points forts réside dans votre capacité à répéter indéfiniment ces moments. Pour cela, vous avez besoin de les comprendre pleinement. Vous devez identifier les points forts qui étaient en jeu et la façon dont ils se combinaient pour engendrer réussite ou satisfaction ou les deux. Vous devez *être compétent et en être conscient.* Atteindre cette compétence consciente avec toujours cinq thèmes de talent est un véritable défi.

Deuxièmement, en y regardant de près, vous constatez que la différence entre quelqu'un dont la performance est acceptable et quelqu'un dont la performance est toujours quasi parfaite est minime. Celui qui atteint une quasi-perfection constante fait rarement quelque chose de radicalement différent des autres. Confronté quotidiennement à de multiples décisions difficiles à prendre, il prend simplement quelques décisions judicieuses.

Qu'entendons-nous par « quelques » ? Eh bien, en base-ball, si vous réussissez 270 frappes sur 1000, vous êtes un joueur moyen. Si vous réussissez 320 frappes sur 1000, vous serez salué comme l'un des meilleurs de la division. Ainsi, en base-ball, la différence entre le statut de joueur moyen et de superstar est de 25 meilleures décisions prises par saison (en moyenne, un batteur réalise 500 frappes par saison).

Dans le golf professionnel, la différence entre des résultats excellents et des résultats moyens est également minime. Les meilleurs joueurs réussissent à n'effectuer que 27 putts par partie. Les joueurs moyens en réalisent 32.

Dans le monde du travail, la différence entre un vendeur médiocre et une star de la vente peut ne tenir qu'à trois visites supplémentaires par semaine ou à deux signaux émotionnels supplémentaires perçus au cours de l'exposé d'un argumentaire ou à un argument supplémentaire avancé juste au moment opportun. La différence entre le mentor exemplaire et le patron ordinaire peut simplement tenir à quelques questions supplémentaires posées aux salariés et à quelques instants supplémentaires passés à les écouter. Quelle que soit votre profession, le secret d'une quasi-perfection constante réside dans ces différences subtiles.

Mais réussir à faire la différence – aussi subtile qu'elle soit – exige une grande compétence. Vous allez devoir étudier vos thèmes de talent dominants et trouver la façon dont ils se combinent pour créer vos points forts. En y réfléchissant sérieusement, vous allez peut-être réaliser soudain qu'il vous suffit de privilégier un thème au détriment d'un autre ou d'approfondir vos connaissances dans un domaine donné pour vous aider à passer d'une performance moyenne à une excellente performance.

Par exemple, si l'un de vos thèmes distinctifs est l'input, c'est-à-dire la curiosité d'esprit, vous pouvez réaliser que, même si vous lisez beaucoup, vous ne vous donnez pas la peine d'archiver des articles intéressants. Vous décidez alors de modifier votre règle de conduite. De créer un dossier pour vos articles de presse et de relire tout ce qu'il contient au moins une fois par trimestre. Vous découvrez rapidement que cette richesse d'informations – que vous avez désormais bien présente à l'esprit – vous permet d'être plus perspicace, plus utile et plus créatif.

Ou peut-être la connexion, c'est-à-dire le sentiment d'appartenance, est-il l'un de vos principaux thèmes distinctifs. Vous avez alors toujours senti le réconfort que ce thème vous apportait dans votre vie personnelle, mais vous n'avez jamais pensé l'appliquer dans votre vie professionnelle. C'est pourquoi vous décidez d'effectuer un petit changement. Vous dites franchement à vos collègues que les efforts de chacun peuvent se combiner pour créer l'ensemble des performances de l'équipe. Vous leur faites comprendre que le souci du détail de l'un facilite beaucoup le travail de l'autre. Vous insistez sur l'objectif commun et le besoin de soutien mutuel. Résultat : vous êtes peu à peu considéré comme l'un des meilleurs dans l'entreprise pour former et souder une équipe.

Peaufiner ne serait-ce qu'un seul thème pour en faire un véritable point fort est un bon test pour savoir si l'on se connaît bien et si l'on possède suffisamment de ressources intérieures. Parfaire ses cinq thèmes distinctifs est le travail de toute une vie.

L'ORDRE DANS LEQUEL MES CINQ THÈMES DISTINCTIFS APPARAISSENT EST-IL IMPORTANT ?

Théoriquement la réponse est oui, mais en pratique la réponse est non. Le StrengthsFinder évalue chacune de vos réponses, mesure vos thèmes dominants et vous présente vos cinq thèmes distinctifs en ordre décroissant. Ainsi, en théorie, le thème qui arrive en première position est le premier de vos thèmes dominants et celui qui arrive en cinquième position est le cinquième de vos thèmes dominants.

Toutefois, nous vous conseillons de ne pas accorder trop d'importance à l'ordre de vos thèmes distinctifs. D'abord, la différence réelle entre votre thème n° 1 et votre thème n° 5, ainsi qu'entre les thèmes n° 2, 3 et 4, peut être vraiment minime. Dans le monde mathématique, les différences existent, mais dans la réalité, elles peuvent s'avérer sans importance.

Ensuite, l'objectif pratique du StrengthsFinder est de mettre en lumière vos modes de pensée, de sentiment ou de comportement dominants. À cet égard, nous distinguons vos thèmes distinctifs – spontanés, innés – et vos thèmes non distinctifs – acquis. Vos thèmes distinctifs sont ceux que vous utilisez le plus souvent et automatiquement. Quelle que soit la situation, ils filtrent votre monde, vous obligeant à vous comporter selon certains modes de comportement récurrents. En revanche, vos thèmes acquis ne sont à l'œuvre qu'occasionnellement, généralement lorsqu'une situation très particulière se présente.

Par exemple, si l'un de vos thèmes distinctifs est celui du développeur, c'est-à-dire du sens du développement du talent humain, vous recherchez activement toutes les occasions d'assurer la réussite professionnelle d'un individu dans son domaine. Vous serez obnubilé par son développement. Si votre thème du développeur est un thème non distinctif, il n'entrera en action que si votre interlocuteur assis en face de vous vous demande conseil pour sa carrière. De même, si le thème du stratégique est l'un de vos thèmes distinctifs, vous aborderez toutes les situations en vous demandant : « Et si... ? » Que vous soyez sous la douche, en train de faire votre jogging ou éveillé jusque tard dans la nuit, vous ne pourrez pas vous empêcher d'élaborer des scénarios et des plans d'urgence. Mais si votre thème du stratégique est un thème acquis, il ne sera mobilisé qu'au moment d'élaborer un *business plan* sur cinq ans.

Les thèmes acquis peuvent s'avérer parfois très utiles parce qu'ils vous permettent d'obtenir des résultats très acceptables tant qu'il n'y a pas d'imprévus et que vous n'avez qu'à donner la réplique. Mais vos thèmes distinctifs ne dépendent pas de répliques toutes faites. Ils sont de formidables outils justement parce qu'ils sont instinctifs, innés. Chacun d'entre eux fonctionne avec son propre moteur, est une locomotive et non une remorque. Et chacun d'entre eux est un élément essentiel au développement de vos points forts.

POURQUOI LES PHRASES DE LA DESCRIPTION DU THÈME NE ME CORRESPONDENT-ELLES PAS TOUTES ?

En un sens, les trente-quatre thèmes n'existent pas réellement. Le thème du réalisateur n'est pas localisé dans un coin X du cerveau de l'individu et le thème du convaincu dans un coin Y. Les modes de pensée, de sentiment ou de comportement stables de chaque individu sont créés par les fils de son réseau mental. Certains sont solides. D'autres cassés. Pour des raisons évidentes d'hérédité, d'éducation et de culture, le réseau mental d'un individu est unique.

Lorsque nous avons interrogé les deux millions d'individus qui excellaient dans leur domaine pour en savoir davantage sur les points forts des êtres humains, nous avons étudié la configuration unique du réseau de chacun d'entre eux. En revanche, lorsque nous avons décidé de résumer nos recherches et de créer un langage commun pour expliquer les points forts des individus, nous avons dû ignorer cette unicité. Nous avons tissé les fils les plus fréquemment rencontrés pour en faire des motifs et ces motifs sont devenus les trente-quatre thèmes du StrengthsFinder. Dans nos descriptions, nous avons essayé de saisir les fils les plus répandus de chaque motif ou thème, mais chaque thème étant un résumé, il est probable que certains de ces fils ne trouveront pas en vous un écho aussi fort que d'autres.

Pour pousser plus loin la comparaison, les thèmes sont des motifs de la même façon que le tissus écossais, l'impression cachemire et le tissu à chevrons sont des motifs. Toutes les vestes à chevrons sont faites de fils légèrement différents les uns des autres, mais tous sont des chevrons et forment le motif à chevrons reconnaissable entre tous. De même, si vous possédez le thème de la compétition, vous êtes peut-être attiré vers des concours différents de ceux qui attirent les autres individus possédant ce même thème, mais quels que soient les types de concours qu'ils aiment, tous les individus qui ont l'esprit de compétition ne sont pas de « bons perdants ».

POURQUOI SUIS-JE DIFFÉRENT DES AUTRES INDIVIDUS AVEC LESQUELS JE PARTAGE QUELQUES THÈMES ?

Très peu d'individus partagent vos cinq thèmes distinctifs (en effet, il existe plus de 33 millions de combinaisons possibles des cinq thèmes dominants, c'est pourquoi vos chances de rencontrer votre sosie parfait sont quasi nulles). Le StrengthsFinder est très pertinent, car aucun de vos cinq thèmes dominants n'est une unité autonome. Les thèmes sont si imbriqués les uns dans les autres, si interdépendants, qu'ils « déteignent » les uns sur les autres. Leurs combinaisons les modifient. Les exemples ci-dessous, qui sont des associations de deux thèmes, montrent comment toute substitution de l'un des deux thèmes à un autre peut changer radicalement le mode de comportement général de l'individu.

Le thème de l'idéation, c'est-à-dire de la pensée conceptuelle, désigne l'amour des idées et des associations d'idées. Le thème du contexte désigne un besoin inné de comprendre le contexte d'une situation donnée, comment les choses sont devenues ce qu'elles sont. Combinés, ces deux thèmes engendrent un théoricien créatif qui prend le temps d'étudier le passé, à la recherche d'indices capables d'expliquer le présent. Prenons l'exemple de Charles Darwin se demandant pourquoi les becs des fringillidés n'ont pas tous une forme et une taille identiques et commençant à élaborer sa théorie de la sélection naturelle.

Maintenant, opérons un changement. Gardons le thème de l'idéation mais remplaçons le thème du contexte par le thème du futuriste, c'est-à-dire de l'anticipation – une fascination pour le potentiel que l'avenir recèle. Cette combinaison crée un intellectuel visionnaire capable de dégager du présent des tendances clé et d'imaginer comment ces tendances se concilieront dans dix ans. Pensons à Bill Gates, le PDG de Microsoft, qui voulait que chaque foyer ait son ordinateur.

À présent, conservons le thème du futuriste et remplaçons le thème de l'idéation par celui du convaincu, c'est-à-dire du sens des valeurs – le besoin de construire sa vie autour d'un noyau de valeurs, généralement altruistes. Les thèmes du futuriste et du convaincu combinés produisent également un intellectuel visionnaire, mais dont les rêves sont très différents de ceux du précédent. Tandis que Bill Gates et tous ceux de son espèce imaginent un monde meilleur, l'individu doté du pouvoir d'anticipation et du sens des valeurs ne peut s'empêcher d'imaginer un monde meilleur *pour les êtres humains*. Il se préoccupe moins du côté créatif de son rêve que de son impact positif sur l'espèce humaine. Martin Luther King est certainement le meilleur exemple. Non seulement il a axé sa vie autour de la valeur de l'égalité entre les races, mais il a projeté cette valeur dans une vision vivante de l'avenir, un avenir dans lequel une fille noire et un garçon blanc pourront boire à la même fontaine, être assis dans la même classe et marcher main dans la main dans la même rue.

Enfin, conservons le thème du sens des valeurs mais substituons le thème de l'anticipation à celui du relationnel, c'est-à-dire du goût des relations approfondies – le désir d'apprendre à bien connaître les gens et de tisser des liens étroits avec eux. Combinés, ces thèmes créent un missionnaire et non un visionnaire. Cet individu se projette peu dans l'avenir – idées trop lointaines, trop abstraites, trop impalpables. Il veut rencontrer les gens auxquels il vient en aide. Apprendre leurs noms et comprendre leurs situations particulières. C'est pour lui le seul moyen de sentir qu'il est en accord avec ses valeurs. Il ressemble davantage à Mère Teresa qu'à Martin Luther King.

Puisque nous sommes passés de Charles Darwin à Mère Teresa en changeant un seul thème, vous voyez pourquoi votre comportement peut être très différent de celui d'individus qui ont un, deux, trois, voire quatre thèmes dominants sur cinq en commun avec vous. N'essayez donc pas d'étudier chacun de vos thèmes isolément. Voyez plutôt comment ils s'influencent mutuellement. Imaginez les effets de leurs combinaisons. Là réside le secret de la véritable conscience de soi.

CERTAINS THÈMES SONT-ILS ANTAGONISTES?

La réponse est non. Les tests de personnalité reposent généralement sur l'idée que de nombreux traits de caractère s'excluent mutuellement. Par exemple, vous êtes soit un introverti, soit un extraverti, mais pas les deux. Vous êtes, soit égoïste, soit altruiste; soit convaincant, soit conciliant; soit tourné vers l'avenir, soit nostalgique. Ce

« soit, soit » est alors intégré aux questionnaires. Chaque question est conçue de telle sorte qu'une réponse positive à un trait de caractère signifie automatiquement une réponse négative au trait de caractère opposé. Dans ce type de questionnaires, même si vous possédez en réalité les deux traits de caractère soi-disant opposés et non l'un ou l'autre, les questions sont élaborées de telle sorte qu'il est impossible de répondre en possédant ces deux traits de caractère à la fois.

Le StrengthsFinder n'est pas conçu ainsi pour la bonne raison que le « soit, soit » ne correspond pas à la réalité. Au cours de nos interviews, nous avons trouvé des centaines de milliers de personnes qui possédaient des thèmes à première vue contradictoires. David, président d'une société cinématographique à Hollywood, présentait à la fois le thème du charisme (aimer le défi consistant à séduire les autres) et de l'intellectualisme, c'est-à-dire de la cérébralité (avoir besoin d'instants de solitude pour réfléchir). Son premier thème lui permettait de passer des centaines de coups de fil par jour en vue de convaincre les réalisateurs porteurs d'un bon projet de film. Son deuxième thème lui donnait la capacité de réflexion et lui permettait, ce qui n'est pas négligeable, de pénétrer dans la vie intérieure des personnages du livre qu'il lisait et de l'auteur qui les avait imaginés. Lorsque nous avons interrogé David sur cette soi-disant incompatibilité, il nous a répondu que la combinaison de ces deux thèmes avait tout son sens pour lui : « Je suis du genre à redouter d'aller dans des soirées, mais à m'y sentir totalement à l'aise une fois que j'y suis. »

De même, Laetitia, responsable d'une banque d'affaires, possède deux thèmes dominants apparemment opposés, l'harmonie (le souci d'éviter les conflits dans la mesure du possible) et le commandement (un besoin de prendre les autres en charge). « En qualité de présidente de mon association de propriétaires, je devais superviser la procédure d'appel d'offres portant sur un projet d'aménagement paysager du quartier. S'agissant d'un marché public important, j'ai voulu diriger moi-même la procédure. Cependant, l'un des membres de mon conseil d'administration était présent à la réunion et a sorti tous ses arguments pour convaincre les participants que c'était à lui de se charger de cette affaire parce qu'il s'y connaissait, avait des amis dans le bâtiment, etc. J'aurais pu rester sur mes positions, mais il s'est montré si inflexible que j'ai cédé et donné mon accord. Mais un mois plus tard, lorsque j'ai vu le résultat final, j'ai découvert qu'il n'avait même pas lancé l'appel d'offres. Il avait simplement attendu jusqu'à la dernière minute et repassé l'affaire à l'un de ses amis. J'étais furieuse. Des situations de ce type peuvent être difficiles, parce que ce n'est pas comme si j'étais son patron, mais j'ai senti que je ne pouvais pas en rester là et le laisser avoir agi en toute impunité. Alors j'ai pris rendez-vous avec lui pour lui montrer combien j'étais déçue. Ce fut très difficile. Mais je n'en ai parlé à personne. Cette histoire est restée entre nous. »

Ce sont deux exemples sur des centaines de milliers. Nous avons trouvé des ecclésiastiques qui avaient construit leur vie autour de l'aide qu'ils apportaient aux autres (le thème du convaincu), mais qui voulaient aussi gagner (le thème de la compétition). Nous avons découvert des spécialistes du marketing qui aimaient les idées (le thème de l'idéation), mais qui étaient également passionnés par les données et les preuves (le thème de l'analyste). Des écrivains dont la passion pour le passé (le thème du contexte) n'avait d'égale que celle pour l'avenir (le thème du futuriste). Ces combinaisons peuvent paraître contradictoires, mais elles reflètent une réalité : les individus ne peuvent pas être rangés dans des catégories générales, étiquetés ceci ou cela. Chacun de nous est unique, que ce soit en bien ou en mal. Nous avons conçu le StrengthsFinder pour révéler cette unicité. Concrètement, cela signifie que posséder un thème ne vous empêchera jamais d'en posséder un autre – car ils ne s'excluent pas.

PUIS-JE DÉVELOPPER DE NOUVEAUX THÈMES SI JE N'AIME PAS CEUX QUE JE POSSÈDE?

La réponse est non. Le StrengthsFinder évalue vos réactions spontanées à une série d'affirmations qui se présentent toujours par deux et entre lesquelles vous devez choisir. En rassemblant ces réactions, en les tissant pour en faire un motif, il a pour objectif d'identifier les aspects dominants de votre tissu mental – vos cinq thèmes distinctifs. Et comme nous l'avons dit, ces thèmes distinctifs sont durables. Quel que soit votre désir de vous transformer, vos thèmes s'avéreront résistants au changement (dans des études où nous avons demandé à trois cents individus de remplir le questionnaire à deux reprises, le coefficient de corrélation entre les deux séries de résultats était de 0,89 – le coefficient parfait étant de 1).

Avant que vous vous engagiez à développer vos cinq thèmes distinctifs, nous devons vous informer sur deux choses. Premièrement, même si vos thèmes distinctifs ne changeront pas beaucoup au cours de votre vie, vous *pouvez* acquérir de nouveaux savoirs et savoir-faire susceptibles de vous faire découvrir de nouveaux domaines qui vous passionnent.

Au cours de notre étude, nous avons interrogé Danielle. Guidée par des thèmes tels que l'empathie et le commandement, elle s'est engagée avec succès dans une carrière de journaliste. Son empathie lui permettait de mettre ses invités à l'aise, tandis qu'avec son sens du commandement elle posait facilement des questions incisives. C'est pourquoi (et parce qu'elle savait communiquer ses idées à travers l'écrit) elle excellait dans son métier et fut nommée chroniqueuse. Puis, après dix ans de carrière, elle décida soudain de quitter son traitement de texte et de réorienter sa vie. Elle devint thérapeute dans un établissement de soins palliatifs.

Elle jugeait le journalisme intéressant mais peu gratifiant. Amenée à se rendre régulièrement à l'hôpital pour rendre visite à sa mère, en longue maladie, elle se mit à réfléchir sur sa vie et réalisa qu'elle pouvait être plus utile en se joignant à ceux qui aidaient les familles à gérer la disparition d'un être cher. Alors elle fit les études nécessaires et fut embauchée dans l'établissement de soins palliatifs de son quartier. Il est intéressant de noter la chose suivante : bien que les savoirs et les savoir-faire qu'elle utilisait désormais fussent radicalement différents, ses thèmes distinctifs – l'empathie et le commandement – continuaient de régler son comportement et de contribuer à ses excellents résultats. Son empathie lui permettait non seulement de savoir si la douleur du patient était physique ou morale, mais de trouver les mots justes qui aidaient les familles à exprimer le flot de sentiments confus qui les submergeait. Pour utiliser ses propres mots, l'empathie lui permettait « d'entrer en contact avec la famille sur la même longueur d'ondes ».

Son talent de commandement s'avérait être un point fort encore plus utile. Voici comment Danielle nous a dit l'exploiter dans son nouveau rôle : « Lorsque la famille vient d'apprendre que l'un des leurs va mourir, elle est surtout sous le choc. Elle ne peut pas le croire. Elle est en colère, désorientée, et nie la réalité. La dernière chose qu'elle souhaite dans cette situation, ce sont des propos lénifiants. Elle veut au contraire quelqu'un qui prenne les choses en main, qui lui dise ce à quoi elle doit s'attendre, comment s'y préparer et ce qu'elle doit faire exactement. J'ai découvert que je réussissais très bien à contrôler la situation comme les familles le souhaitaient. Je leur donnais la présence et la franchise qu'elles attendaient. »

Danielle est l'un de ces milliers d'exemples d'individus dont les thèmes demeuraient identiques mais qui ont pourtant réorienté totalement leur vie en acquérant de nouveaux savoirs et savoir-faire. Votre vie en est peut-être un autre exemple. Vous êtes peut-être, comme Bruno, un danseur dont l'amour de la scène (le thème de l'importance) s'est mué en amour d'un autre théâtre : celui des salles d'audience. Il a rangé ses chaussons de danse pour apprendre le droit. Ou peut-être êtes-vous comme Géraldine, une enseignante dont le désir d'aider les autres à apprendre (le thème du développeur) a trouvé un nouvel objet de satisfaction dans son rôle de conseiller en produits pharmaceutiques. Elle était rémunérée par une société pharmaceutique pour sensibiliser les médecins aux vertus de nouveaux médicaments.

Comme Danielle, Bruno et Géraldine vous avez peut-être réorienté votre vie en acquérant de nouvelles connaissances et de nouveaux savoir-faire. Si vous ne l'avez pas fait, mais si vous vous sentez prisonniers de vos thèmes distinctifs, méditez leur exemple. Vous ne pouvez pas changer votre réseau mental, mais vous *pouvez* réorienter votre vie. Il est impossible de développer de nouveaux thèmes, mais il est *possible* de développer de nouveaux points forts.

Deuxièmement, vous pouvez vous évaluer plusieurs fois avec le StrengthsFinder. Peut-être découvrirez-vous un ou deux nouveaux thèmes parmi vos cinq thèmes distinctifs. Que s'est-il passé ? Avez-vous changé ? Avez-vous soudain développé de nouveaux thèmes distinctifs ? Non, pas vraiment. Dans l'ensemble, vos réponses ont très peu changé, de même que vos réactions. Mais il suffit de changements minimes pour que vos sixième et septième thèmes se retrouvent parmi vos cinq thèmes dominants et que deux de vos cinq thèmes dominants soient relégués en sixième et septième positions. L'ordre des thèmes a changé, mais vous, vous n'avez pas changé. (Attention ! ne vous fiez pas aux résultats de l'évaluation si, pour une raison quelconque, vous réalisez trois évaluations successives. À la troisième fois, vous n'avez plus la spontanéité indispensable, et le StrengthsFinder ne sert plus à grand-chose.)

VAIS-JE TROP LIMITER MON CHAMP DE CONSCIENCE ET D'ACTION SI JE ME CONCENTRE SUR MES THÈMES DISTINCTIFS ?

C'est une question courante et une préoccupation légitime. En vous concentrant sur vos thèmes distinctifs, vous craignez de devenir investi par vous-même au point d'être bientôt incapable de réagir aux changements et aux multiples facettes du monde qui vous entoure. Vous pensez devenir étroit d'esprit, enfermé sur vous-même – un spécialiste sec et rigide.

Mais en poussant plus loin cette préoccupation, vous allez voir que vos craintes sont infondées. En vous concentrant sur vos cinq thèmes distinctifs, vous allez en réalité devenir plus fort, plus solide, plus ouvert à la nouveauté et, surtout, plus admiratif des individus qui possèdent des thèmes très différents des vôtres.

Au cours de notre étude nous avons interrogé de nombreux chefs religieux. L'un d'entre eux, la mère supérieure d'un couvent de bénédictines, décrivit ainsi sa philosophie de la vie : « J'essaie de vivre ma vie de telle façon que lorsque je mourrais et que le Créateur me demandera : "Avez-vous vécu la vie que je vous ai donnée ?" – je puisse lui répondre honnêtement oui. »

Quelles que soient vos croyances religieuses, la question « Avez-vous vécu *votre* vie ? » peut être assez intimidante. Elle suppose que vous ayez une vie propre que vous êtes censé vivre et que toute autre vie est fausse, inauthentique. Nous sommes nombreux à errer au hasard de l'existence, obsédés par l'idée que c'est notre vie que nous construisons au fur et à mesure que nous avançons, et nous redoutons ne serait-ce que de nous pencher sur cette question. Et cette peur nous limite. Ne sachant pas vraiment qui nous sommes, nous nous définissons par les connaissances que nous avons acquises ou les réussites que nous avons connues au cours de notre vie. En nous définissant ainsi, nous devenons réticents à changer de métier ou à apprendre de nouvelles façons de faire les choses, parce qu'alors, dans ce nouveau rôle, nous serions obligés d'abandonner notre précieux butin de compétences et de réussites acquises. Nous serions contraints d'abandonner notre identité.

De plus, dans l'incertitude de qui *nous* sommes vraiment, nous répugnons à savoir qui *les autres* sont vraiment, à les étudier, à apprendre à les connaître. Il est plus facile de définir les autres par leur éducation, leur sexe, leur race ou des étiquettes superficielles de ce type. Ces généralisations nous protègent.

Qu'il s'agisse de nouvelles expériences ou de nouveaux visages, notre incertitude sur nous-mêmes limite notre curiosité. Vous pouvez éviter cette incertitude. En vous concentrant sur vos cinq thèmes distinctifs, vous pouvez apprendre à savoir qui vous êtes vraiment. Que la vie ne se construit pas au gré du vent, simplement en la vivant. Que vos réussites et vos exploits ne sont pas le fruit du hasard. Vos cinq thèmes distinctifs influencent le moindre choix que vous effectuez. Ils expliquent vos succès et vos performances. Cette conscience de soi apporte la confiance en soi. Vous pouvez affronter la terrible question « Vivez-vous *votre* vie ? » en répondant que, quels que soient votre choix et votre parcours professionnels, si vous appliquez, améliorez et peaufinez vos cinq thèmes distinctifs, vous vivez *votre* vie. Vous vivez la vie que vous êtes censé vivre. La conscience de vous-même que vous avez acquise vous rend ouvert, curieux des êtres et des choses.

Par exemple, la conscience de soi donne la confiance en soi nécessaire à toute démarche pour se renseigner sur une nouvelle profession. Ce qu'il y a de formidable dans les thèmes de talent, c'est qu'ils sont transférables d'une situation à une autre. Danielle, la journaliste/thérapeute mentionnée précédemment, a pu effectuer ce saut extraordinaire d'une carrière à l'autre en partie parce qu'elle savait que son empathie et son commandement lui serviraient autant dans son nouveau rôle. C'est la même chose pour Bruno, le danseur/avocat, et Géraldine, l'enseignante/spécialiste des produits pharmaceutiques. Ces trois individus ont dû laisser derrière eux toutes les réussites et les performances de leur métier précédent, mais ils ont emporté avec eux leurs cinq thèmes distinctifs. En comprenant mieux vos thèmes distinctifs, vous pouvez envisager des changements de carrière aussi spectaculaires ou des changements de poste au sein de votre entreprise, sachant que vous emporterez toujours avec vous le meilleur de vous-même.

De même, la conscience de soi donne la confiance en soi nécessaire à la décision de briser les chaînes des « Tu dois » tyranniques. « Tu dois » devenir avocat, médecin ou banquier parce que ce sont les attentes de ta famille. « Tu dois » accepter d'être promu prochainement manager parce que ton entreprise et la société dans son ensemble attendent cela de toi. Ces « Tu dois » peuvent prendre plusieurs formes, mais ils créent toujours une pression implacable et, malheureusement, sont souvent sourds à l'appel des talents innés. Le meilleur moyen de résister à cette pression et de mettre le cap sur une nouvelle direction, authentique cette fois, est d'identifier ses principaux thèmes de talent. Si vous voulez construire votre vie autour de vos points forts, ces thèmes – des points forts en puissance – sont les seuls « Tu dois » qui méritent d'être écoutés.

Enfin, en donnant la priorité à vos thèmes distinctifs, vous obtiendrez la confiance en vous nécessaire pour apprécier les thèmes des autres. Pourquoi ? Parce que plus vous saurez reconnaître le mode de combinaison de vos thèmes distinctifs, plus vous serez certain de votre unicité. Quels que soient votre origine, votre sexe, votre âge et votre profession, vous aurez la certitude que personne ne regarde le monde comme vous le regardez. Et si vous êtes durablement et merveilleusement unique, les autres le sont aussi, c'est logique. Excepté des similitudes superficielles, chaque individu doit apporter au monde une différence de point de vue minime mais significative. Vous pouvez vous régaler à l'idée de gravir une nouvelle montagne (le thème du réalisateur), alors qu'un autre éprouve le besoin d'être au service des autres (le thème du convaincu). Vous pouvez exceller à trouver des différences et des similitudes dans des données (le thème de l'analyste), tandis qu'un autre sait anticiper les conséquences de vos découvertes (le thème du futuriste). Vous pouvez savoir créer d'instinct une petite communauté de personnes qui vous connaissent et sont prêtes à tout pour vous aider (le thème du charisme), alors que votre collègue réussit à nouer des relations plus intimes avec ces gens (le thème du relationnel).

Contrairement à ce que vous pensez, plus vous connaîtrez parfaitement les subtilités de vos propres thèmes, plus vous saurez repérer et apprécier les subtilités de ceux des autres. Inversement, moins vous accorderez d'intérêt à vos propres combinaisons de thèmes, moins vous attacherez d'importance à celles des autres.

COMMENT PUIS-JE GÉRER MES POINTS FAIBLES?

Et vos points faibles dans tout cela? Comme nous l'avons dit, nombreux sont ceux à être obsédés par leurs faiblesses. Aussi fiers que nous soyons de nos points forts et aussi utiles qu'ils puissent être, nous pensons que nos points faibles sont tapis au plus profond de notre personnalité et menacent à chaque instant de nous assaillir, tels des dragons prêts à cracher leur feu. Nous espérons qu'à présent vous avez pris conscience du fait que vos points faibles sont beaucoup moins impressionnants – ressemblant plus à des lutins malfaisants qu'à des dragons. Toutefois, livrés à eux-mêmes, les « Gremlins » peuvent causer bien des ravages. D'où la nécessité de ne pas vous concentrer sur vos points forts en ignorant vos points faibles, mais de vous concentrer sur vos points forts et de *trouver des moyens de gérer vos points faibles*. Alors, quel est le moyen le plus efficace de gérer une faiblesse ?

Pour commencer, vous devez savoir ce qu'est une faiblesse. Nous définissons la faiblesse comme *tout ce qui entrave l'excellence*. Cela peut sembler une définition évidente à certains, mais avant de passer à autre chose, gardez à l'esprit que ce n'est pas la définition de la faiblesse que la plupart d'entre nous auraient donnée. Ils auraient certainement approuvé la définition du dictionnaire et défini la faiblesse comme « un domaine dans lequel nous manquons de compétences et de savoir-faire ». Lorsque vous vous efforcerez de construire votre vie autour de vos points forts, nous vous conseillons d'éviter cette définition pour une raison très simple : comme tout le monde, vous manquez de compétences dans de très nombreux domaines, mais il est inutile de vous en préoccuper. Pourquoi ? Parce que ce manque de compétences n'entrave pas l'excellence. Il est sans importance. Il n'a pas besoin d'être géré, mais doit être simplement ignoré.

Par exemple, ni votre incapacité à vous servir d'un spectromètre de masse ni votre ignorance de l'ordre des éléments selon leur numéro atomique dans le tableau de Mendeleïev ne sont des points faibles. Pourquoi ? Parce qu'il est fort probable que vous n'êtes pas un savant spécialiste d'une science. À moins de ne pas vouloir être collé au Trivial Pursuit, vous n'avez pas à vous préoccuper de votre manque de compétences dans ces domaines.

Ces exemples sont faciles à comprendre parce qu'ils se réfèrent à des savoirs et des savoir-faire spécialisés, mais qu'en est-il des thèmes de talent ? Si vous ne brillez pas par la pensée stratégique, devons-nous appeler cela un point faible et vous encourager à apprendre à le gérer ? Selon notre définition du point faible, ce n'est pas un point faible, pas plus que l'ignorance de la racine carrée de pi en est un. Il existe des centaines de milliers de rôles qui n'exigent absolument pas que vous élaboriez des scénarios et des plans d'urgence. Par conséquent, ne pas posséder le thème du stratégique est simplement un manque de talent sans importance. Ignorez-le.

Mais comme les Gremlins du film qui se transformaient en petites créatures redoutables si elles étaient en contact avec de l'eau ou si elles mangeaient après minuit, des manques de talent sans importance peuvent se transformer en graves faiblesses à une condition : dès que vous jouez un rôle qui *nécessite* la mobilisation de l'un de vos manques de talent – ou d'un savoir ou encore d'un savoir-faire insuffisant –, un point faible est né. Par exemple, votre ignorance de la vitesse de décrochage d'un Boeing 747, sans importance en général, peut devenir une grave faiblesse si vous êtes un jour amené à en piloter un. De même, votre manque de talent pour la communication, sans importance dans votre précédent rôle de jeune juriste qui prépare le travail du juge, devient un point faible dès que vous décidez de devenir avocat.

Par conséquent, à partir du moment où vous savez que vous posséder un véritable point faible, une insuffisance qui entrave vos capacités à exceller, comment pouvez-vous la gérer au mieux ? La première chose à faire est d'identifier sa nature : s'agit-il d'un point faible lié à un savoir-faire, à un savoir ou à un talent ? Par exemple, vous pouvez rencontrer des difficultés en tant que vendeur de matériel médical, non pas parce que vous ne possédez pas le talent de vous imposer (thème du commandement), mais parce que vous perdez votre temps à vendre à des médecins alors que la réalité du marché de la santé actuel est entre les mains des chefs des services financiers des banques, les véritables décideurs. Ou, en tant que manager, vous pouvez éprouver des difficultés à déléguer efficacement, non pas parce que vous n'avez pas le talent du développeur, mais parce que vous ignorez tout simplement comment diriger une séance de fixation d'objectifs avec vos salariés. Dans des exemples de ce type, la solution est claire : vous efforcer d'acquérir les savoirs ou les savoir-faire dont vous avez besoin.

Comment pouvez-vous être sûr et certain que vous manquez de savoir ou de savoir-faire et non de talent ? Le développement des points forts n'étant pas une science exacte, on peut difficilement avoir une certitude totale dans ce domaine, mais nous pouvons vous donner le conseil suivant : si, après avoir acquis le savoir et le savoir-faire dont vous pensiez avoir besoin, vos résultats restent décevants, vous pouvez être *certain*, par élimination, que ce qui vous manquait était le talent. L'heure est alors venue pour vous de cesser de perdre votre temps à des efforts inutiles pour atteindre l'excellence et de vous tourner vers une stratégie plus créative.

Voici les cinq stratégies issues de nos interviews des meilleurs dans leur domaine permettant de gérer un point faible lié à un manque de talent :

1. Essayer malgré tout de s'améliorer un peu.
2. Trouver un palliatif.
2. Utiliser l'un de ses thèmes dominants pour surmonter son point faible.
4. Trouver un partenaire.
5. Arrêter tout bonnement d'essayer de gérer son point faible.

Essayer malgré tout de s'améliorer un peu

Cette stratégie ne vous semble peut-être pas très innovante, mais dans quelques cas particuliers elle est la seule à être efficace. Certaines activités de base sont indispensables à la quasi-totalité des rôles : savoir communiquer ses idées, savoir écouter les autres, savoir organiser sa vie pour être là où il faut être en toutes circonstances ou savoir prendre la responsabilité de ses résultats. Si vous ne possédez pas des thèmes dominants dans ces domaines – la communication, l'empathie, la discipline ou la responsabilité – vous allez devoir prendre votre courage à deux mains et travailler à vous améliorer un peu. Pour toutes les raisons que nous avons décrites dans les chapitres précédents, vous n'allez peut-être pas prendre plaisir à déployer tous vos efforts et vous n'allez certainement pas atteindre l'excellence si vous vous contentez de cette stratégie, mais vous devez faire cela, coûte que coûte. Sinon, ces points faibles entraveront tous vos formidables points forts dans d'autres domaines.

Si vous efforcer de vous améliorer un peu s'avère trop épuisant, il faut essayer la deuxième stratégie : trouver un palliatif.

Trouver un palliatif

Tous les matins, avant de mettre ses chaussures, Christian s'imagine un instant peindre le mot « et » sur sa chaussure gauche et le mot « si » sur la droite. Ce petit rituel étrange est son palliatif pour gérer un point faible potentiellement dévastateur. Christian est responsable des ventes à l'échelle nationale dans une société de logiciels et, comme vous vous en doutez, il a pour principale mission d'élaborer une politique de vente à l'échelle nationale. Christian utilise de nombreux talents pour ce rôle – il possède une pensée analytique, de l'imagination et de l'enthousiasme – mais, malheureusement, il ne possède pas la pensée stratégique. Bien qu'il soit assez intelligent pour anticiper les obstacles susceptibles de faire échouer ses projets, son esprit ne prend naturellement pas le temps d'envisager toutes les stratégies possibles et de visualiser avec précision leurs résultats potentiels. Son rituel matinal est la meilleure technique qu'il a pu trouver pour ne pas oublier de se demander « Et si ? », d'envisager tous les scénarios possibles et de pouvoir ainsi prévoir les obstacles potentiels.

Au cours de notre étude, nous avons rencontré beaucoup de ces palliatifs totalement personnels, propres à chaque individu. Nous avons entendu un manager désordonné de nature dont le palliatif était de se promettre de ranger complètement son bureau une fois par mois. Nous avons interrogé une enseignante souffrant d'un tel manque chronique de concentration qu'il lui était quasiment impossible de rester suffisamment concentrée pour corriger toutes les copies de ses élèves. Son palliatif ? Une règle : ne jamais corriger plus de cinq copies à la fois. Au bout des cinq copies, elle se levait et se préparait un café. Une fois les cinq copies suivantes corrigées, elle allait nourrir son chat.

Vous possédez certainement votre propre « truc » qui vous sert de béquille pour pallier l'un de vos points faibles chroniques lié à un manque de talent. Il peut être aussi simple que d'acheter un agenda électronique pour remédier à votre manque d'organisation ou aussi insolite que d'imaginer que le public est tout nu pour calmer vos nerfs avant un discours. Mais quel qu'il soit, ne sous-estimez pas son utilité. Vous n'avez pas beaucoup de temps à vous consacrer. Alors tout moyen d'éviter à avoir à vous préoccuper d'un point faible est bon à prendre, car il vous laisse le temps pour autre chose de plus utile : améliorer un point fort, par exemple.

Parfois vous n'avez pas à aller chercher bien loin pour trouver le bon palliatif : il peut s'agir de l'un de vos thèmes dominants. D'où la troisième stratégie.

Utiliser l'un de ses thèmes dominants pour surmonter son point faible

Michel est conseiller d'entreprise. Il passe sa vie à tenir des discours aux salariés des entreprises. Au dire de tous, il excelle dans son rôle. Le fait qu'il facture 1000 dollars le discours et que son agenda soit rempli pour les douze prochains mois semble confirmer le jugement selon lequel il excelle à parler en public.

Personne n'est plus surpris par le parcours professionnel de Michel que cet homme lui-même. Si vous lui aviez dit, il y a vingt ans, qu'il parlerait à des groupes de quatre ou cinq cents personnes chaque semaine en les amusant avec ses histoires et ses idées, il aurait supposé le pire – que vous vouliez juste l'humilier, comme les autres. À l'âge de quatre ans, Michel a commencé à bégayer. Ce n'était pas l'un de ces bégaiements occasionnels dus à un stress passager. C'était un trouble chronique. Chaque mot était un piège. Les mots qui commençaient par une consonne étaient impossibles à prononcer. Lorsque Michel essayait de les prononcer, il sentait un élan au fond de lui, il voulait parler, mais les premières consonnes semblaient entraver le passage du premier son. Alors il se bloquait et l'on pouvait entendre un son très vague sortir de sa bouche, mais ce son n'était pas suivi d'un mot.

C'était encore pire avec les mots commençant par une voyelle. Le premier son du mot sortait assez facilement – il s'agissait d'une voyelle douce dont l'articulation n'exigeait qu'une faible tension musculaire – mais le reste du mot était totalement à la traîne. Cette première voyelle se répétait sans cesse, comme une locomotive à vapeur à laquelle on fait effectuer des manœuvres dans une gare mais qui n'est pas attelée aux trains.

Inutile de vous dire que Michel avait extrêmement honte de sa faiblesse. Il a eu la malchance de fréquenter un pensionnat en Angleterre où certains de ses petits camarades étaient d'une cruauté imaginative incroyable. Ses parents, inquiets, l'ont traîné chez d'innombrables pédopsychiatres à la recherche d'un traitement efficace, mais Michel n'a rien appris qui puisse l'aider, hormis de cesser de faire des efforts surhumains pour rivaliser avec son frère aîné. Il effectua péniblement sa scolarité, redoutant les jours où il allait être obligé de lire à haute voix en classe, éprouvant du ressentiment à l'égard de ses camarades turbulents et tourmenté par des peurs d'adolescent, dont celle de ne jamais pouvoir se marier en raison de son incapacité à prononcer les mots : « Veux-tu m'épouser ? »

Puis, un jour, le miracle s'est produit. Michel avait été désigné pour participer à une séance de lecture devant la classe entière au cours de la réunion matinale. En voyant son nom sur la liste, la colère l'envahit. Il savait que ce n'était pas un acte de malveillance de la part de ses professeurs qui suivaient simplement le protocole en imposant aux grands une séance de lecture à haute voix, mais pourquoi lui faire subir cela ? Ne savaient-ils pas que sa lecture allait tourner à l'exhibition d'un monstre ? Ne pouvaient-ils pas changer le protocole pour lui éviter l'humiliation ?

Michel implora le chef d'établissement, mais il était en Angleterre, dans un pensionnat, et il était hors de question de modifier le protocole.

Le grand jour était arrivé. Michel s'avança vers le lutrin, paralysé par l'angoisse d'un fiasco imminent. La veille, il avait répété son texte avec le directeur, et son bégaiement avait transformé un discours de cinq minutes en un quart d'heure de souffrance. Il savait ce qui l'attendait, mais il était incapable de modifier le cours des choses et d'aller contre son destin. Conscient d'une tragédie inévitable, il se mit en face du lutrin, le saisit brusquement des deux mains, leva les yeux pour regarder la foule qui affichait un sourire narquois et prit son élan, dans une grande respiration.

Et soudain, comme l'ambroisie, les mots commencèrent à couler. Ils coulaient si vite qu'il était à peine capable de les retenir. Ils coulaient comme ils étaient censés couler, comme ils coulent chez les gens normaux. Il avait lu la moitié de son texte et il était parfaitement dans les temps. Il eut un léger cafouillage sur le mot « sarcasme » – une ironie du sort qui l'amuse aujourd'hui –, puis attaqua la seconde moitié du texte, prononçant avec facilité des mots piège. Le discours touchait à sa fin. Il était arrivé au bout. Il avait lu son texte sans bégayer. Et, bizarrement, ce qui était impensable, il avait éprouvé du plaisir à le lire. Il leva les yeux et vit des bouches ouvertes, des regards trahis et vengeurs chez ses « ennemis » de classe et une dizaine de grands sourires chez ses meilleurs copains. C'était formidable.

Ses copains se précipitèrent vers lui en lui demandant : « Qu'est-ce qui t'est arrivé ? » Bonne question, pensait-il. Après dix années de séances de psychothérapie inutiles visant à corriger son bégaiement, il avait soudainement disparu en public. Qu'est-ce qui pouvait bien lui être arrivé ?

En y repensant, il réalisa que juste avant de commencer à lire son texte il avait regardé la foule, vu tous ces visages, et s'était senti... dynamisé. Lentement mais sûrement il lui est venu à l'idée qu'il aimait être en scène – la combinaison des thèmes de l'importance et de la communication, dans le langage du StrengthsFinder. Le stress de devoir parler en public, devant des centaines de personnes, qui terrorise tant certains, le stimulait. Tandis que la plupart des individus sont paralysés par foule, la foule lui faisait perdre sa timidité. Son cerveau semblait fonctionner plus vite et les mots venaient plus facilement. Sur scène il était capable de faire ce qu'il n'avait jamais pu faire dans la réalité : libérer les pensées emprisonnées dans sa tête. S'exprimer.

Après avoir découvert ce point fort, Michel l'appliqua dans sa vie quotidienne. À chaque fois qu'il parlait à quelqu'un – dans la cour d'école, dans le car scolaire qui le ramenait chez lui, au téléphone – il s'imaginait en train de parler devant deux cents personnes. Il se représentait la scène, les visages, organisait soigneusement ses idées, et soudain les mots se mettaient à affluer. Dès cet instant, à l'université, à son travail, avec ses amis et sa famille, personne ne l'a plus jamais appelé « M-M-M-Michel ».

Michel illustre le pouvoir extraordinaire des points forts pour surmonter des points faibles. Après avoir été défini pendant dix ans par son point faible, essayé en vain de le corriger, Michel a eu la chance de repérer les talents qui, cultivés comme il faut, pouvaient le libérer. En vous efforçant de gérer vos points faibles, gardez votre esprit ouvert aux talents susceptibles de vous changer la vie.

Trouver un partenaire

Les partenariats font partie des arts perdus du monde de l'entreprise. Avec les descriptions de poste du candidat parfait qui couvrent deux pages pleines et les listes des compétences requises de plus en plus longues, on nous a fait croire dur comme fer qu'un salarié efficace était un salarié polyvalent. Face à ce conditionnement, il n'y a rien d'étonnant à ce que nous soyons si nombreux à oublier que le salarié polyvalent parfait est le fruit de l'imagination humaine, une pure invention, et que l'aide complémentaire dont nous avons besoin est plutôt dans ceux qui nous entourent.

Parmi les meilleurs dans leur domaine que nous avons interrogés, des milliers étaient devenus experts dans l'art de trouver un partenaire complémentaire. Non seulement ils pouvaient décrire leurs points forts et leurs points faibles avec précision, mais ils savaient identifier les individus de leur entourage dont les points forts pouvaient compenser leurs points faibles. S'agissant plutôt de points faibles liés à un manque de savoir ou de savoir-faire, il leur était assez facile de repérer ceux qui possédaient ce savoir ou ce savoir-faire. Nous avons trouvé des entrepreneurs allergiques aux chiffres qui s'étaient volontairement alliés à des comptables fanas de chiffres, et des généticiens géniaux qui avaient sagement recherché un conseiller juridique sachant obtenir l'autorisation nécessaire aux essais cliniques de leur médicament miracle. Toutefois, les exemples les plus impressionnants nous ont été donnés par les partenariats reposant sur des thèmes de talent complémentaires.

Il y avait le cadre supérieur qui comprenait l'*idée abstraite* selon laquelle tous les individus sont différents, mais qui était conscient de ne pas posséder le talent (le thème de l'individualisation) de savoir *en quoi* exactement chacun était différent. Au lieu d'essayer de faire semblant, il a embauché un spécialiste des ressources humaines dont le rôle essentiel consiste à l'aider à comprendre l'unicité, les particularités de chaque individu.

Il y avait l'avocat qui avançait des arguments irréfutables dans la salle d'audience, mais détestait faire des recherches sur le droit jurisprudentiel en bibliothèque (le thème du contexte). En vue de créer un cabinet juridique, il chercha le candidat idéal à recruter : quelqu'un dont la passion pour les recherches en matière de jurisprudence n'aurait d'égale que sa propre passion pour défendre un accusé. Il trouva rapidement quelqu'un dont les yeux brillaient à l'idée de passer de longues journées à lire les passages écrits en petits caractères, et ensemble ils fondèrent un cabinet juridique de grande réputation.

Enfin, il y avait le steward charmant mais bonasse, reculant devant l'idée d'être confronté à un passager turbulent ou même de donner de mauvaises nouvelles à un passager sympathique (le thème du commandement). Ainsi, à chaque vol, avant l'embarquement des passagers, il demande discrètement aux autres membres de l'équipage s'ils savent garder leur sang-froid en annonçant des vols annulés, des erreurs de sièges ou d'autres mauvaises nouvelles de ce type. Il ne trouve pas toujours le partenaire idéal, mais il le trouve souvent, et en l'écoutant parler de tout cela, on voit que ses partenariats l'aident à éviter les situations où, auparavant, il s'énervait, perdait son calme et contrariait les passagers.

Ce qui est intéressant, dans ces exemples, ce n'est pas la profondeur d'analyse nécessaire – le thème manquant est, en effet, assez évident –, mais la simplicité avec laquelle ces individus admettent leur faiblesse. Il faut avoir le courage de demander de l'aide.

Arrêter tout bonnement d'essayer de gérer son point faible

C'est une stratégie à utiliser en dernier recours, mais si vous êtes obligé d'y recourir pour une raison ou pour une autre, vous pourrez être surpris par son efficacité.

La plupart d'entre nous perdent beaucoup de temps, de fiabilité et de respect aux yeux des autres à essayer d'apprendre des choses dont ils n'ont tout simplement pas besoin. Pourquoi ? Parce qu'ils y sont encouragés. Les départements des ressources humaines trop exigeants définissent les rôles par la *façon* dont le travail doit être accompli et non par l'*objectif* qu'il doit atteindre. Ils imposent un style au lieu de fixer un objectif, condamnant ainsi chaque salarié à apprendre le style exigé. Par conséquent, vous trouvez des salariés qui ne possèdent pas le thème du futuriste et répètent soigneusement leur leçon pour exposer leur vision des choses à leurs supérieurs, tout simplement parce que quelqu'un a décrété que tous les salariés devaient savoir anticiper. Ou vous voyez des managers dépourvus de tout humour qui répètent leurs blagues dans l'espoir de devenir un peu plus spirituels parce qu'il est écrit quelque part que faire de l'humour à bon escient est une compétence indispensable à un manager.

Les meilleurs dans leur domaine rejetaient cette conformité de style. Selon eux, comment gérer un point faible particulièrement tenace ? En cessant d'essayer de le gérer et en voyant les réactions des autres. Si vous appliquez leur conseil, vous serez surpris de constater trois choses. Premièrement, que personne n'y prête guère attention. Deuxièmement, que vous inspirez davantage le respect. Et troisièmement que vous vous sentez beaucoup mieux.

Marie, une femme manager qui n'avait pas le talent d'empathie, utilisa cette stratégie. Après une nouvelle journée passée à essayer en vain de percer les mystères de chaque individu et de ressentir leur état émotionnel, elle décida d'avouer à tous ses salariés qu'elle manquait d'empathie et leur dit : « Désormais, je n'essaierai plus de faire semblant. Je n'arriverai jamais à vous comprendre intuitivement, alors si vous voulez que je sache ce que vous ressentez, dites-le moi, tout simplement. Et ne pensez pas que me le dire une fois par an, le 2 janvier, suffit. Ce que vous ressentez n'est pas quelque chose dont je me souviens facilement, alors n'hésitez pas à me le rappeler souvent, sinon je ne m'en souviendrais jamais. »

Sa confession fut accueillie avec soulagement. Ses salariés savaient que c'était quelqu'un de bien, mais ils n'ont pas été surpris d'apprendre qu'elle ne possédait pas le talent d'empathie. Ils auraient employé plutôt le mot « distance » ou « froideur » que le mot « manque d'empathie », mais le sens était identique. Comme l'a dit l'un d'entre eux : « Marie est si désorientée par le monde des émotions qu'elle pourrait être votre meilleure amie sans le savoir. »

Il lui a fallu du courage, mais en avouant sa faiblesse et en annonçant qu'elle cessait de s'en préoccuper, elle a vu son image de manager s'améliorer. Aux yeux de ses salariés, elle est devenue plus authentique – elle avait un point faible, mais elle en avait conscience – et, par conséquent, un manager plus digne de confiance. Elle a perdu l'aspect artificiel de son attitude, son côté « actrice », pour adopter un comportement prévisible – imparfait mais d'une imperfection prévisible. Et ses salariés s'en réjouissaient.

En avouant l'une de vos faiblesses et en annonçant votre intention de cesser d'essayer de la corriger, vous pouvez obtenir le même résultat. Confessez que vous avez perdu la bataille – corriger une faiblesse incorrigible – et vous gagnerez peut-être la confiance et le respect de votre entourage.

Chacune de ces stratégies – essayer de s'améliorer un peu, trouver un palliatif, utiliser l'un de ses thèmes dominants pour surmonter son point faible, trouver un partenaire et cesser d'essayer de corriger son point faible – peut vous aider pendant que vous vous efforcez de construire votre vie autour de vos points forts. Mais quelle que soit la stratégie choisie, ne perdez jamais de vue votre objectif. Ces stratégies ne transformeront pas vos points faibles en points forts. Elles sont là pour vous aider à gérer un point faible et l'empêcher d'entraver vos points forts. Comme nous l'avons vu, limiter les dégâts peut être très utile, mais cette stratégie ne suffit pas à vous conduire tout droit à l'excellence.

Un dernier point sur la gestion des points faibles. Certaines personnes se demandent si un thème particulièrement fort peut dominer tous les autres au point de faire obstacle à des performances excellentes et devenir, par conséquent, une point faible. Par exemple, un individu dominé par son thème d'activateur peut-il en oublier de prendre en compte l'avenir ? Ou le thème du commandement d'un individu peut-il être envahissant au point de vexer fréquemment son entourage ? Nous avons un point de vue différent sur la question. Un individu ne peut jamais avoir trop d'un thème. Il peut seulement ne pas avoir assez d'un autre. Par exemple, les gens au caractère rude n'ont pas un sens du commandement trop fort, mais une empathie trop faible. Les gens impatients n'ont pas un besoin d'action trop impérieux, mais une anticipation trop limitée.

Cette distinction n'est pas purement abstraite. Bien au contraire, elle a des conséquences pratiques. Si vous prétendez que la personne a du mal à exceller parce qu'elle a trop d'un thème, vous allez lui demander de mettre en sourdine ce thème, de cesser de se comporter de cette façon et d'être moins que ce qu'elle est vraiment. C'est un conseil répressif. Il peut être bien intentionné, mais il est rarement efficace. En revanche, si vous prétendez qu'elle rencontre des difficultés parce qu'elle n'a pas assez d'un thème, vous lui donnez un conseil plus positif. Vous lui suggérez de gérer son point faible. Vous lui demandez de choisir une ou deux stratégies parmi les plus efficaces et de l'adapter à sa propre situation. Ce conseil est souvent difficile à mettre en pratique, mais il est plus créatif, plus pertinent et donc plus efficace.

MES THÈMES DOMINANTS PEUVENT-ILS ME DIRE SI JE JOUE LE RÔLE QUI ME CONVIENT LE MIEUX DANS LE DOMAINE QUI ME CONVIENT LE MIEUX?

Sur toutes les questions qui peuvent vous tenir éveillé la nuit tandis que vous réfléchissez à votre carrière, les deux qui suivent sont les plus cruciales : d'abord, avez-vous choisi le bon domaine compte tenu de votre personnalité (la santé, l'éducation, la mécanique, l'informatique, la mode, etc.) ? Ensuite, jouez-vous le bon rôle, celui qui vous convient le mieux ? Devez-vous être vendeur, manager, gérant, écrivain, designer, conseiller, analyste ou autre chose ?

Si vous choisissez le bon rôle mais le mauvais domaine, vous pourrez vous retrouver vendeur, mais un vendeur qui vend des services dans lesquels il ne croit pas, ou designer de génie, mais concevant des produits qui le laissent froid. De même, si vous êtes dans un domaine qui vous passionne mais n'y avez pas choisi le bon rôle, vous pourrez vous retrouver à gérer des écoles alors que vous auriez préféré y enseigner ou à publier des articles de journaux au lieu de les écrire.

Comment les résultats du StrengthsFinder peuvent-ils vous aider à résoudre ces deux questions ? Vos thèmes distinctifs n'ont, à vrai dire, pas grand-chose à vous révéler sur le domaine dans lequel vous devez travailler et, bien qu'ils puissent vous orienter un peu sur les rôles susceptibles de vous convenir, ne vous y fiez pas trop.

Ces réponses peuvent vous surprendre, alors prenez le temps de vous pencher de plus près sur le « domaine » et le « rôle » afin de voir précisément où, comment et si le StrengthsFinder peut vous aider.

Le domaine

Avez-vous déjà réalisé l'un de ces tests d'orientation professionnelle où vous répondez à une série de questions et apprenez aussitôt le domaine d'activité qui vous convient le mieux ? Ces tests reposent sur l'hypothèse que tous les individus travaillant dans un domaine donné possèdent des dispositions identiques. Ils étudient vos dispositions, les comparent à chacun des domaines de leur base de données et vous casent dans les domaines qui vous conviennent le mieux.

Le StrengthsFinder n'est pas l'un de ces tests. Il révèle vos thèmes distinctifs et, bien que ces thèmes puissent vous suggérer des orientations professionnelles possibles, ils ne vous assignent pas un domaine particulier. Ils ne peuvent pas. Pourquoi ? Tout simplement parce que l'étude ne repose pas sur une relation linéaire entre les thèmes et les domaines d'activité. L'une des découvertes les plus saisissantes de nos interviews fut de constater le nombre d'individus possédant des thèmes similaires qui excellaient dans des domaines très différents.

Lorsque Jeanne et Laurence utilisèrent le StrengthsFinder, trois de leurs cinq thèmes dominants étaient l'importance (le besoin de voir son excellence reconnue), l'activateur (le besoin d'agir) et le commandement (le pouvoir d'exiger des autres). Jeanne et Laurence se ressemblent beaucoup par leur façon d'être. Elles sont toutes les deux affirmées, directes et un peu intimidantes. Leur parcours professionnel est également similaire. Toutes deux se sont fait remarquer et, depuis, n'ont cessé d'exceller. Mais leurs domaines d'activité ne peuvent pas être plus différents.

Après avoir terminé ses études, Jeanne s'orienta tout de suite vers le secteur de la vente au détail. Elle avait toujours aimé cela. C'était une activité si immédiate, si mesurable, si directe. Elle était fascinée par l'ensemble du processus – acheter, vendre, être en relation avec les clients. Elle ne pouvait pas s'imaginer travailler dans un autre domaine.

Dans ce secteur où tout va très vite, les thèmes de Jeanne se sont avérés particulièrement utiles. Elle n'hésitait jamais à passer à l'action même si, comme cela arrivait parfois, elle ne disposait pas d'informations suffisantes. Elle ne redoutait pas de s'opposer aux gens avec lesquels elle travaillait et de les défier constamment en les poussant à atteindre l'excellence. Et c'est ainsi qu'elle gravit les échelons hiérarchiques traditionnels, fut un temps manager au sein des magasins Disney, dirigea Victoria's Secret, puis Banana Republic où elle aida son équipe à franchir la barre du milliard de dollars de chiffre d'affaires, pour prendre enfin la direction du commerce électronique de Wal-Mart où elle a pour mission de recréer le numéro 1 mondial de la distribution sur Internet.

Laurence a pris plus de détours pour trouver son domaine. Durant ses études à l'université de Pittsburgh, elle rencontra un étudiant passionné de droit. Il était rédacteur en chef de la *Law Review* du campus et passait de longues heures à la bibliothèque de droit pour préparer les articles du magazine et la mise en page. Laurence n'était pas particulièrement intéressée par le droit, mais elle était (et reste aujourd'hui) intriguée par les gens passionnés par ce qu'ils font, et c'est pourquoi elle restait avec lui en bibliothèque, corrigeant les épreuves des articles et vérifiant le droit jurisprudentiel. C'est ainsi qu'ils sont devenus amis.

Ils auraient pu approfondir leurs relations si ce jeune homme n'avait pas trouvé la mort dans un accident de voiture en retournant chez lui pour voir ses parents, une semaine avant l'obtention de son diplôme. Lorsqu'elle put retrouver ses esprits après avoir été sous le choc, elle éprouva un sentiment d'inachèvement. Et c'est ainsi que progressivement, sans savoir vraiment où cela allait la mener, elle eut envie de reprendre la vie de son ami là où il l'avait laissée. « C'était la chose la plus concrète que je pouvais faire pour lui rendre hommage », dit-elle aujourd'hui en essayant d'expliquer les raisons de son choix. Elle s'inscrivit à la faculté de droit, participa à la publication de la *Law Review*, devint aussi passionnée par ses études que son ami l'avait été, et sortit deuxième de sa promotion.

Et elle fit une carrière époustouflante. Elle fut la première femme du Texas à être assistante stagiaire d'un juge de la cour d'appel des États-Unis. La première femme associée d'un grand cabinet juridique de Dallas. La première femme présente dans la sélection finale pour un poste de commissaire à la Securities and Exchange Commission (l'équivalent de la COB aux États-Unis). Et après n'avoir pas été choisie, pour des raisons qu'elle ignore toujours, Laurence fut la première femme à avoir été nommée présidente du comité consultatif juridique du New York Stock Exchange.

Son intelligence innée y était visiblement pour quelque chose dans sa réussite, mais si vous examinez ses choix de carrière, vous remarquerez qu'elle est motivée par autre chose que son seul désir d'honorer la mémoire de son ami disparu. Vous la voyez guidée à tout instant par ses thèmes distinctifs. Seule femme associée dans un cabinet juridique, elle aimait la pression qui la poussait à garder la tête haute, à se faire entendre (thème du commandement), mais elle visait plus haut (thème de l'importance). Au lieu de stagner, elle a décidé (thème de l'activateur) de développer une compétence – la titrisation des consortiums immobiliers – susceptible de lui donner du pouvoir et de la crédibilité. Grâce à cette compétence acquise, elle se fit remarquer par les grandes banques d'investissement de Wall Street qui la catapultèrent sur la scène nationale.

Les histoires de Jeanne et de Laurence montrent qu'il existe de nombreux moyens de trouver le bon domaine d'activité. Jeanne l'a trouvé naturellement, comme une vocation. Laurence l'a trouvé en voulant honorer la mémoire d'un ami (et, soit dit en passant, aujourd'hui, malgré sa réussite, elle pense que si c'était à refaire elle choisirait le monde de l'entreprise et non celui du droit). Vous allez devoir trouver votre domaine de la même façon – en écoutant votre désir, puis en voyant ce qui vous motive. Si vous ne ressentez pas un désir assez fort, vous allez devoir faire vos propres expériences – durant vos études ou vos premières années dans le monde du travail – et procéder par élimination pour mieux cibler vos choix.

C'est la raison pour laquelle nous disions que le StrengthsFinder ne sert pas à vous canaliser dans un domaine particulier. En recherchant le domaine qui leur convenait le mieux, ni Jeanne ni Laurence n'auraient été aidées par la connaissance de leurs thèmes distinctifs parce que, malgré leurs domaines différents, leurs thèmes étaient très proches. C'est la même chose pour vous. Vos thèmes distinctifs ne vous aideront pas forcément à choisir entre la vente, le droit ou tout autre domaine. Ce qu'ils *peuvent* vous aider à faire, c'est à exploiter au mieux le domaine que vous choisissez.

Le rôle

Le StrengthsFinder a davantage à vous offrir ici. Il ressort de notre étude que les individus qui excellent dans le même rôle possèdent certains thèmes en commun. Par exemple, la plupart des journalistes que nous avons interrogés ont découvert que le thème de l'adaptabilité faisait partie de leurs cinq thèmes dominants. Ils ne savent jamais où leur travail les conduira le lendemain. Le lundi soir ils sont sous la pluie à l'extérieur du Ramada Inn, à l'aéroport de Newark, à attendre d'interroger les survivants d'un crash aérien, et le mardi matin ils sont de retour à leur bureau en train de terminer un article sur les conséquences d'une hausse des taux d'intérêt. Tandis que certains d'entre nous seraient traumatisés par ces changements constants de sujet, d'état d'esprit et de lieu, les individus possédant le talent d'adaptabilité se sentent dynamisés. Ils se nourrissent de l'imprévu.

La plupart des médecins de notre étude – toutes spécialités confondues – possédaient le thème de restaurer. Ils sont tous les jours en face de patients qui ont besoin de leur aide. Ils doivent répondre aux besoins présents de chacun, sachant que quels que soient leur sérieux et leur dévouement, demain apportera toujours de nouveaux patients à soigner. Ce serait un rôle des plus ingrat s'ils n'étaient pas motivés par le talent de tirer une profonde satisfaction de la guérison d'un patient ou, dans certains cas, par la résignation d'un autre patient à l'idée de sa mort prochaine.

Nous avons également trouvé des milliers d'enseignants possédant les thèmes du développeur, de l'empathie et de l'individualisation qui les utilisaient efficacement pour aider chaque élève à apprendre. Les vendeurs que nous avons interrogés possédaient fréquemment les thèmes du commandement, de l'activateur et de la compétition parmi leurs cinq thèmes dominants, ce qui leur permettait d'être excités à l'idée de se confronter aux clients, d'essayer de les persuader et d'avoir l'occasion de comparer leurs résultats à ceux de leurs collègues.

Malgré ces découvertes, vous devez faire attention de ne pas associer systématiquement un thème donné à un rôle donné. Nous vous recommandons la prudence parce que notre étude a révélé que des milliers d'individus possédant des combinaisons de thèmes très différentes pouvaient jouer le même rôle à la perfection.

Stéphane et Vanessa sont tous les deux d'excellents chefs d'entreprise. Pourtant, les cinq thèmes dominants de Stéphane sont la compétition, l'analyste, le stratégique, l'idéation et le futuriste, et ceux de Vanessa l'empathie, le développeur, le restaurer, le contexte et l'équité. Avec ces combinaisons de thèmes si différentes, comment peuvent-ils exceller dans le même rôle ? Ils excellent en adaptant leur rôle à leurs thèmes distinctifs.

Stéphane dirige une société sur Internet appelée Icebox qui produit et distribue des courts métrages d'animation sur le Web. Son génie réside dans sa capacité à persuader les réalisateurs et les spécialistes du capital-risque de croire et d'investir dans sa vision de l'avenir. Son modèle d'entreprise est incomplet, son contenu (au moment de l'écriture) est encore dans la tête de ses réalisateurs et sa technologie ne sera pas totalement opérationnelle avant deux ou trois ans. Et pourtant il adore relever le défi qui consiste à convaincre ses interlocuteurs qu'il s'agit d'une affaire en or alors qu'il subsiste bien des incertitudes pour le moment. Il a formé une équipe de gens compétents pour l'assister qui lui permettent de se consacrer à ce qu'il aime.

Vanessa dirige depuis douze ans une société de relations publiques basée à Londres et pesant 7 millions de dollars, spécialisée dans les chaînes d'hôtels telles que Four Seasons et Swissôtel qui offrent à la clientèle tous les services. Comme elle l'avoue elle-même, la stratégie d'entreprise n'est pas son fort et elle préfère confier ce domaine à son partenaire, un ancien banquier. Vanessa s'occupe de l'aspect management de son entreprise. C'est elle qui sélectionne les nouveaux associés, les affecte au rôle qui leur convient, détermine ce que chacun a besoin d'apprendre et les écoute lorsqu'ils rencontrent des difficultés. Dans ce rôle, elle exploite au maximum la plupart – voire la totalité – de ses cinq thèmes distinctifs. Résultat : son entreprise et les quarante salariés qui y travaillent obtiennent d'excellents résultats.

Stéphane échouerait lamentablement dans le rôle de Vanessa. Et Vanessa aurait horreur du rôle de Stéphane. Pourtant, ils sont tous les deux d'excellents chefs d'entreprise.

Jacques pilote des Boeing 737 pour la compagnie American Airlines. Gilles pilote des 767 pour Air France. Les cinq thèmes dominants de Jacques sont l'équité, l'harmonie, le contexte, le développeur et le relationnel. Ceux de Gilles sont l'équité, l'harmonie, le discipliné, la responsabilité et le studieux. Ils ont en commun l'équité et l'harmonie. À bien y réfléchir, cela paraît normal vu les responsabilités d'un pilote. Le thème de l'équité les incite à traiter tous les passagers de la même façon et à appliquer rigoureusement toutes les règles de sécurité, aussi difficiles à gérer que soient certains habitués. Le thème de l'harmonie leur permet de chercher un terrain d'entente dans la cabine et, si un désaccord se manifeste, de trouver rapidement un compromis pour que pilote et copilote puissent continuer à remplir efficacement leur mission.

Mais leurs autres thèmes ? À quoi servent-ils ? Les thèmes du développeur, du contexte et du relationnel de Jacques l'ont orienté vers une direction tout à fait particulière. Il est devenu enseignant. Il apprend à des équipages à piloter le nouveau Boeing 737-800. Dans ce rôle, non seulement il utilise sont goût des relations approfondies et son sens du développement du talent humain en tissant des liens avec ses élèves et en s'efforçant de les aider à apprendre, mais il applique efficacement son sens du contexte. Apparemment, la meilleure méthode de formation des pilotes est celle de l'étude de cas. Voici comment Jacques la décrit : « Tous les quinze jours j'ai une centaine de pilotes à former et je leur dis comment manœuvrer l'avion dans des situations qu'ils pourraient rencontrer. Je leur raconte simplement de nombreuses histoires d'autres pilotes moins chanceux qui n'ont pas pu s'en sortir et je leur montre comment faire mieux. Les pilotes adorent le passé et l'histoire parce que c'est ainsi que nous apprenons et progressons. »

Les trois autres thèmes de Gilles – le sens de la discipline, le sens des responsabilités et le goût d'apprendre – ont trouvé à s'exprimer autrement. Gilles adore voler. Pour être plus précis, disons qu'il adore atterrir. Il sait qu'il est responsable de la sécurité des passagers à bord, alors pour chaque vol, il veille à prêter attention au moindre détail, en particulier à l'atterrissage. Pour lui, rien ne vaut la sensation qu'il éprouve à opérer un atterrissage si parfait que les passagers remarquent à peine que les roues ont touché le sol. Il est rarement félicité pour cette manœuvre de la plus haute précision, mais il sait qu'elle est toujours bien huilée.

Voilà comment ses thèmes de la responsabilité et de la discipline s'expriment. Et qu'en est-il de son goût d'apprendre ? Excepté le plaisir d'avoir appris à voler, Gilles n'a pas utilisé ce thème dans son activité de pilote, mais dans les longues heures d'escale. Il lit tout le temps. Il est devenu un pianiste et un organiste émérite. Il a appris l'allemand et l'espagnol. Pourquoi ? « Je l'ignore. Je n'apprends pas forcément des choses pour mettre en pratique ce que j'ai appris. J'apprends des choses simplement parce que j'aime étudier, acquérir de nouveaux savoir-faire », dit-il.

Ces exemples nous rappellent que, quel que soit le rôle, il existe de nombreuses voies vers l'excellence. Certes, certains thèmes semblent convenir à certains rôles. Mais vous ne devez pas nécessairement penser que vous jouez le mauvais rôle simplement parce que certains de vos thèmes ne correspondent pas, à première vue, à votre rôle.

Notre étude sur les points forts des êtres humains ne cautionne pas l'affirmation exagérée et extrêmement mensongère selon laquelle « Vous pouvez jouer tous les rôles que vous voulez jouer » – mais elle nous dit la vérité : quel que soit le rôle que vous voulez jouer, *vous réussirez le mieux si vous faites en sorte que votre rôle mobilise vos principaux talents*. Nous espérons vous aider à « façonner » ce rôle en révélant vos thèmes distinctifs.

CHAPITRE 6

Savoir gérer des points forts

LE «FIDEL CASTRO» DE LA VENTE, SAM MENDES ET PHIL JACKSON

«Quel est le secret de leur réussite?»

Si vous êtes manager, il existe de nombreux moyens d'éviter l'échec. Vous pouvez dire à vos salariés ce que vous attendez clairement d'eux. Mettre en avant l'objectif sous-jacent de leur travail. Les réprimander lorsqu'ils commettent des erreurs et les féliciter lorsqu'ils réussissent leur mission. Si vous faites cela souvent, vous n'essuierez pas d'échec.

Néanmoins, vous ne réussirez pas forcément dans votre rôle de manager. Pour être un excellent manager, transformer les talents de vos salariés en points forts solides et efficaces, vous avez besoin d'un ingrédient supplémentaire et oh! combien capital : l'individualisation. Sans cet ingrédient, aussi bon que vous soyez à exprimer vos attentes envers vos salariés, à les réunir autour d'un objectif commun, à corriger leurs erreurs ou à louer leurs formidables résultats, vous n'atteindrez jamais l'excellence. Voici des exemples de recettes à base d'individualisation :

Ralph Gonzalez gère un magasin de la chaîne Best Buy, le géant de la distribution d'électronique grand public. Il y a quelques années, il a été chargé de remettre sur pied un magasin en difficulté situé à Hialeah, en Floride. Grâce à son enthousiasme, sa créativité et sa troublante ressemblance avec Fidel Castro quand il était jeune, il fit immédiatement sensation. Pour donner à ses employés une identité et un objectif communs, il baptisa son magasin *À la Révolution* et surnomma tous ses salariés les Révolutionnaires (une décision particulièrement osée au vu des sentiments anti-castristes régnant dans le sud de la Floride, et qui fut pourtant couronnée de succès). Il rédigea une Déclaration de Révolution et exigea que certaines équipes de projet portent des treillis. Il afficha tous les résultats des performances obtenues par ses salariés dans la salle de détente et décida d'encourager à fond le moindre de leurs progrès. Et pour réussir à leur faire comprendre que l'excellence était partout, il leur donna à chacun un sifflet et leur demanda de souffler très fort dedans à chaque fois qu'ils voyaient l'un de leurs collègues ou de leurs supérieurs hiérarchiques faire quelque chose de « révolutionnaire ». Aujourd'hui, les coups de sifflet retentissent si fréquemment qu'ils couvrent les CD de Bob Marley diffusés par les haut-parleurs, et les chiffres du magasin confirment les sifflements : quelles que soient les données prises en compte – augmentation du chiffre d'affaires, du profit, de la satisfaction des clients ou de la fidélisation des salariés – le magasin de Hialeah est l'un des meilleurs de la chaîne.

Toutefois, à notre grande surprise, lorsque nous avons interrogé Ralph Gonzalez, il n'a pas attribué son succès à l'enseigne de son magasin ni aux sifflets ni à sa ressemblance avec Fidel Castro. Il nous a dit : « Tout se résume à connaître ses salariés. Je commence par demander à chaque nouvel employé : "Êtes-vous tourné vers les gens ou vers les choses ?" Autrement dit, cet individu a-t-il instinctivement envie d'engager la conversation avec les clients ou aime-t-il disposer la marchandise pour la rendre irrésistible aux yeux des consommateurs ? S'il est tourné vers les gens, je vais l'observer pour savoir s'il aime juste sourire à la clientèle, auquel cas je le mettrais probablement aux caisses ou au service clients, ou s'il est également doué pour la vente, auquel cas je lui demanderais d'exposer des argumentaires de vente sur nos produits les plus récents et les plus sophistiqués durant les périodes de pleine activité. Ensuite, je vais l'observer pour voir comment il aime être managé. En ce moment, j'ai un directeur commercial qui veut que je sois ferme et exigeant. Lui-même étant ferme et exigeant, il attend la même chose de moi. Mais j'ai aussi un gestionnaire des stocks qui attend tout autre chose de moi. Il souhaite que je m'explique très clairement et que je lui dise pourquoi nous devons faire telle ou telle chose. Je suis ainsi. Je les observe tout le temps pour apprendre à connaître chacun d'entre eux. Si je ne le faisais pas, rien ne marcherait ici. »

Ralph Gonzalez, qui travaille dur sans obtenir vraiment la reconnaissance dans le sud de la Floride, est tout simplement l'un des meilleurs managers à avoir fondé son approche sur le concept de l'individualisation. Au cours de nos interviews, nous avons découvert des dizaines de milliers d'individus comme lui dans des usines, des services commerciaux, des hôpitaux et des salles de conférences. En fait, où que nous portions notre regard – dans un environnement anonyme ou prestigieux –, notre étude des meilleurs managers a révélé qu'ils partageaient tous cette passion de l'individualisation.

Lorsque le journal britannique *The Independent* demanda à Sam Mendes, le jeune réalisateur du film *American Beauty* récompensé par un Oscar, le secret de sa réussite, il répondit : « Je ne dirige pas de Master Class, je ne suis pas enseignant. Je suis coach et je n'ai pas de méthodologie. Chaque acteur est différent. Et sur le plateau de tournage vous devez être tout le temps près d'eux, leur donner une tape sur l'épaule en leur disant : "Je suis avec vous. Je sais exactement comment vous fonctionnez"... Kevin Spacey adore plaisanter et... fait des imitations sur son portable à son agent jusqu'à ce que je dise : "Moteur!" Plus il est détendu et jovial, moins il pense à ce qu'il fait. Lorsque vous lui dites : "Moteur!", il est comme un faisceau laser. Son caractère détendu est un gage de spontanéité. C'est pourquoi il faut dire à Kevin : "Imite-moi Walter Matthau." Annette Bening, au contraire, est avec son walkman une demie heure avant la séance de tournage, s'isolant de l'extérieur pour se concentrer, écoutant la musique que son personnage écoutera... Tout ce que je sais, c'est que je m'intéresse à chacun d'entre eux pour essayer de comprendre comment il fonctionne. » Il lança pour résumer : « Le langage que je parle à chacun doit être adapté à son cerveau. »

Lorsque Phil Jackson, l'entraîneur des Chicago Bulls six fois vainqueurs du championnat de la NBA, fut chargé d'entraîner les Los Angeles Lakers, il emporta avec lui toutes les méthodes qui lui avaient si bien réussi à Chicago, à savoir sa philosophie zen, ses séances de méditation et son système d'attaque en triangle. Mais il emporta également des livres – un livre différent pour chaque joueur. À la jeune superstar Kobe Bryant il donna un exemplaire de *The White Boy Shuffle*, de Paul Beatty, parce qu'il pensait que l'histoire – un petit garçon noir élevé dans une communauté à majorité de blancs – reflétait les propres difficultés de Kobe, élevé dans la banlieue de Philadelphie. À Shaquille O'Neal, l'un des joueurs de basket les plus reconnus et les plus célèbres du monde, il offrit le livre autobiographique de Friedrich Nietzsche, *Ecce Homo*, parce qu'il s'agissait d'un homme en quête d'identité, de prestige et de puissance. Quant à Rick Fox, dont on dit qu'il nourrit des rêves d'acteur, il reçut un exemplaire de l'autobiographie du célèbre réalisateur hollywoodien Elia Kazan.

Pourquoi choisir des livres différents pour chaque joueur? Selon Phil Jackson : « Ces livres montrent que je les apprécie et que je m'intéresse de près à leur vraie personnalité. »

Dans votre rôle de manager, vous avez la même opportunité. Vous allez devoir vous intéresser à la personnalité de chacun de vos salariés. Comprendre leurs différents comportements et, comme le fait Sam Mendes, trouver le langage « adapté à leur cerveau ». Vous fixerez des objectifs un peu différents à chacun, et la façon dont vous les fixerez sera elle aussi différente, de même que la façon dont vous leur parlerez de la mission de l'entreprise, dont vous corrigerez leurs erreurs, dont vous cultiverez leurs points forts, dont vous les féliciterez et pourquoi. C'est l'ensemble de votre rôle de manager qui devra être adapté à chacun de vos salariés, c'est-à-dire personnalisé.

Aussi décourageant que cela puisse paraître, il n'y a pas moyen de tourner la difficulté. Chaque salarié possède un réseau mental un peu différent. Si vous voulez fidéliser vos salariés talentueux et améliorer leurs performances, vous allez devoir percevoir l'unicité de chacun et trouver des moyens de miser sur cette unicité.

Pour de multiples raisons, cela s'avère souvent difficile. Premièrement, la grande majorité des entreprises, avec leurs processus formalisés et leurs listes de compétences détaillées, se fondent sur l'hypothèse que les salariés sont tous quasiment identiques et que, s'ils ne le sont pas, ils doivent suivre une nouvelle formation jusqu'à ce qu'ils le deviennent. Le manager qui pratique l'individualisation provoquera inévitablement des conflits dans de telles entreprises.

Deuxièmement, c'est une tâche difficile parce que la pratique d'un style de management personnalisé demande plus de temps qu'un management standard. Face à bien d'autres responsabilités, il aurait été si simple pour Ralph, Sam et Phil d'ignorer l'unicité de chaque individu et de lui dire : « Vous voyez, c'est mon style de management. Si vous l'aimez, c'est parfait. Si vous ne l'aimez pas, soit vous vous adaptez, soit vous allez voir ailleurs. » Aucun des trois ne l'a fait. Mais vu que dans certaines entreprises chaque manager a trente, quarante, voire cinquante personnes sous ses ordres, il est difficile de lui reprocher de choisir la voie de la facilité.

Nous ne pouvons pas vous aider beaucoup si votre entreprise est dans le premier cas. Excepté de suggérer à ses dirigeants de lire le chapitre suivant. Si vous êtes prisonnier d'une entreprise qui essaie de former ses salariés à un même rôle pour qu'ils acquièrent exactement le même style, vos tentatives de personnalisation se heurteront toujours à de fortes résistances. Toutefois, nous pouvons vous aider si vous êtes dans le second cas : un manque de temps. Vous trouverez dans les pages qui suivent quelques idées pour diriger des individus possédant différents thèmes distinctifs.

À CHAQUE THÈME SON STYLE DE MANAGEMENT

« Comment diriger des individus en fonction de leurs thèmes distinctifs ? »

On dit que si l'on veut vraiment savoir comment travailler avec quelqu'un, il faut faire une partie de golf avec lui. Ce n'est certainement pas un mauvais conseil, mais il n'est pas particulièrement facile à appliquer. Certains d'entre nous détestent ce jeu et ceux qui l'aiment n'ont pas toujours dix-huit trous à leur disposition au moment où ils en ont besoin. Il existe d'autres moyens plus rapides d'étudier en détail les points forts de chaque individu.

En tant que manager, une fois que vous connaissez les cinq thèmes dominants de chacun de vos salariés, vous pouvez lire les conseils que nous vous donnons dans les pages qui suivent et qui concernent chacun des trente-quatre thèmes. Vous pouvez en choisir quelques-uns qui semblent particulièrement bien s'appliquer à vos salariés. Si vous jugez ces conseils pertinents, vous pouvez en discuter avec eux. Les affiner ensemble. Et progressivement, grâce à un style de management personnalisé, vous obtiendrez des performances quasi parfaites de la part de vos salariés comme c'est le cas pour Ralph Gonzalez, Sam Mendes et Phil Jackson.

Bien sûr, rien ne peut remplacer les découvertes subtiles que vous faites simplement en consacrant un peu de votre temps à chacun, en particulier si vous possédez le thème de l'individualisation. Et sachez qu'aucun de ces conseils ne portera ses fruits si vos salariés n'ont pas confiance dans vos intentions à leur égard. Cependant, si votre problème n'est pas un problème de confiance mais un manque de temps, ces conseils vous seront certainement utiles.

LE STYLE DE MANAGEMENT ADAPTÉ À L'INDIVIDU POSSÉDANT LE THÈME DU RÉALISATEUR

- Lorsqu'il y a du travail supplémentaire, donnez-le à ce salarié. N'oubliez pas que le dicton : « Si vous voulez qu'une tâche soit accomplie, confiez-la à une personne occupée » – est généralement vrai.
- Reconnaissez qu'il aime être occupé. Participer à des réunions est certainement très ennuyeux pour lui. Alors laissez-le effectuer son travail ou arrangez-vous pour qu'il participe uniquement aux réunions où sa présence est indispensable et où il peut s'investir totalement.
- Aidez-le à évaluer son travail. Il aimera certainement connaître avec précision son nombre d'heures de travail mais, surtout, il doit pouvoir disposer d'un moyen de mesurer sa production cumulative. Des critères de mesure simples tels que le nombre de clients traités, le nombre de clients qu'il connaît par leur nom, le nombre de dossiers examinés, le nombre de prospects contactés ou le nombre de visites à des patients l'aideront à s'évaluer.
- Tissez des liens avec lui en travaillant à ses côtés. Travailler dur avec quelqu'un est pour lui un moyen de sympathiser. Et tenez-le à l'écart des collègues peu productifs. Les « flemmards » l'ennuient profondément.
- Lorsqu'il a réalisé une tâche difficile avec succès, il attend rarement que vous le récompensiez en l'autorisant à se reposer ou en lui confiant ensuite une tâche plus facile. Il sera beaucoup plus motivé si vous reconnaissez le travail qu'il a accompli et lui fixez un nouvel objectif encore plus difficile à atteindre.
- Cet individu est certainement un couche-tard et un lève-tôt. Pensez à lui lorsqu'un travail nécessite de telles conditions. Et posez-lui des questions du type : « Jusqu'à quelle heure devrez-vous travailler pour accomplir cette tâche ? » ou « À quelle heure êtes-vous arrivé ce matin ? » Il appréciera ce genre d'attention.
- Vous pouvez être tenté de lui proposer une promotion simplement parce qu'il sait s'auto-motiver. Ce peut être une erreur si ce nouveau poste l'éloigne de ce qu'il fait le mieux. Il serait préférable d'identifier ses autres thèmes et points forts et de lui donner la possibilité de faire davantage ce qu'il fait le mieux.

LE STYLE DE MANAGEMENT ADAPTÉ À L'INDIVIDU POSSÉDANT LE THÈME DE L'ACTIVATEUR

- Faites appel à cet individu lorsque de nouveaux objectifs doivent être atteints ou des améliorations effectuées par votre service. Choisissez le domaine qui lui convient et donnez-lui la responsabilité d'initier et d'organiser ce projet.
- Dites-lui que vous savez qu'il peut concrétiser les choses et que vous lui demanderez son aide dans des moments cruciaux. Vos attentes envers lui le dynamiseront.
- Mettez-le dans une équipe en difficulté, enlisée dans ses problèmes et qui parle plus qu'elle n'agit. Il la poussera à entreprendre, à passer à l'action.
- Lorsqu'il se plaint, écoutez-le attentivement – vous apprendrez peut-être quelque chose. Mais ensuite faites-vous bien voir de lui en lui parlant de nouvelles initiatives à prendre ou de nouvelles améliorations à effectuer au plus tôt. Faites-le rapidement. Sinon, si vous ne le contrôlez pas, il pourra sortir de la piste et provoquer des dégâts.
- Examinez ses autres thèmes dominants. S'il possède un fort talent de commandement, il peut se montrer très efficace pour vendre et convaincre. S'il possède également le thème du relationnel ou du charisme, il peut devenir un excellent recruteur, insistant pour que le candidat sélectionné s'engage.
- Afin de l'empêcher de foncer et de rencontrer trop d'obstacles, choisissez-lui un partenaire possédant le thème du stratégique ou de l'analyste. Il pourra l'aider à voir plus loin et plus juste. Toutefois, vous devez intercéder en sa faveur pour éviter que son besoin d'action soit entravé par le désir d'anticipation ou d'analyse de son partenaire.

LE STYLE DE MANAGEMENT ADAPTÉ À L'INDIVIDU POSSÉDANT LE THÈME DU CONVAINCU

- Cet individu a une passion dans la vie. Découvrez-la afin de la mettre à profit dans le rôle qu'il joue.
- C'est quelqu'un qui croit profondément à des valeurs auxquelles il reste fidèle. Trouvez un moyen d'harmoniser ses valeurs personnelles avec celles de l'entreprise. Par exemple, dites-lui que vos produits et services améliorent la vie des gens ou que votre entreprise incarne l'intégrité et la confiance ou encore donnez-lui des occasions de se dépasser en aidant des collègues et des clients. Par ce qu'il dira et fera il mettra en avant les valeurs de votre culture d'entreprise.
- Renseignez-vous sur sa famille et ses amis. C'est là que doivent être ses attaches les plus solides. Vous devrez comprendre et respecter ses valeurs de fidélité et d'engagement si vous voulez qu'il vous respecte.
- Sachez qu'il accorde davantage de valeur aux chances qui lui sont offertes de proposer une meilleure qualité de service qu'à la possibilité de gagner plus d'argent. Trouvez des moyens de valoriser sa tendance naturelle à rendre service aux autres si vous voulez qu'il donne le meilleur de lui-même.
- Vous n'êtes pas obligé de partager son système de valeur, mais vous devez le comprendre, le respecter et le mettre à profit au sein de l'entreprise. Si vous ne pouvez pas faire coïncider ses valeurs avec vos objectifs ou ceux de l'entreprise, il sera préférable que vous l'aidiez à trouver un autre travail. Sinon, de graves conflits finiront par éclater.

LE STYLE DE MANAGEMENT ADAPTÉ À L'INDIVIDU POSSÉDANT LE THÈME DE L'IMPORTANCE

- Soyez conscient du besoin d'indépendance de cet individu. Ne le surveillez pas trop étroitement.
- Sachez qu'il a besoin que vous reconnaissiez ses performances. Donnez-lui de la liberté de manœuvre, mais ne l'ignorez jamais. Félicitez-le régulièrement.
- Donnez-lui la possibilité de se distinguer, d'être connu. Il adore être le point de mire, c'est une pression qui le stimule. Faites en sorte qu'il se distingue pour des raisons valables, sinon il essaiera de se faire remarquer à tout prix et, peut-être maladroitement.
- Confiez-lui un rôle où il puisse travailler avec des collègues crédibles, productifs, professionnels. Il aime s'entourer des meilleurs.
- Encouragez-le à féliciter d'autres individus qui obtiennent de très bons résultats dans son groupe. Il prend plaisir à rendre les autres heureux de leurs succès.
- S'il veut atteindre l'excellence – et il le voudra – aidez-le à se représenter les points forts qu'il devra développer pour être à la hauteur de ses prétentions. Si vous le formez, ne lui demandez pas de rabaisser ses prétentions. Au contraire, suggérez-lui de s'évaluer régulièrement en prenant des points de repère pour développer ses points forts.
- Attachant beaucoup d'importance au jugement des autres, son estime personnelle peut souffrir si les autres ne lui accordent pas la reconnaissance qu'il mérite. Réorientez alors son attention sur ses points forts et incitez-le à se fixer de nouveaux objectifs en se fondant sur ces derniers. Cela le redynamisera.

LE STYLE DE MANAGEMENT ADAPTÉ À L'INDIVIDU POSSÉDANT LE THÈME DU DISCIPLINÉ

- Donnez à cet individu la possibilité de structurer une situation confuse ou chaotique. Comme il ne sera jamais à l'aise dans des situations embrouillées et anarchiques – et n'attendez pas de lui qu'il y soit un jour – il ne tardera pas à rétablir l'ordre et la prévisibilité.
- La pagaille l'énerve profondément. Ne vous attendez pas à ce qu'il reste longtemps dans un environnement matériel désordonné. Alors demandez-lui de remettre de l'ordre ou trouvez-lui un autre environnement.
- Prévenez-le à l'avance des délais à respecter. Il a besoin d'avoir accompli son travail avant la date limite, mais il en sera incapable si vous ne lui donnez pas de délai.
- N'essayez pas de le surprendre avec des changements soudains de projet et de priorité. Les surprises lui sont pénibles. Elles peuvent lui gâcher sa journée.
- Lorsqu'il y a plusieurs tâches à accomplir simultanément, rappelez-vous qu'il a besoin d'établir des priorités. Prenez le temps d'en discuter tous les deux et, une fois le programme des tâches établi, respectez-le.
- Si vous le jugez utile, demandez-lui de vous aider à planifier et organiser votre propre travail. Vous pouvez lui demander de réexaminer votre système de gestion du temps ou votre projet de reengineering de certains processus de votre service. Dites à ses collègues que c'est l'un de ses points forts et encouragez-les à lui demander aussi de l'aide s'ils en ont besoin.
- Il excelle à mettre au point des procédures qui améliorent l'efficacité de son travail. S'il est obligé de travailler dans un environnement qui exige flexibilité, adaptabilité et rapidité de réaction, incitez-le à élaborer un certain nombre de procédures adaptées à chaque situation. Il aura ainsi une réponse toute faite en réserve et en toutes circonstances.

LE STYLE DE MANAGEMENT ADAPTÉ À L'INDIVIDU POSSÉDANT LE THÈME DE L'ASSURANCE

- Confiez à cet individu un rôle où il a le champ libre pour prendre des décisions importantes. Il ne voudra jamais que vous lui teniez la main.
- Trouvez-lui un rôle où la persévérance est essentielle à la réussite. Il est suffisamment assuré pour garder le cap malgré les pressions pour changer de direction.
- Donnez-lui un rôle qui exige des certitudes et de la stabilité. Dans les moments difficiles, son assurance intérieure calmera ses collègues et ses clients.
- Confortez-le dans l'idée qu'il est un agent d'action en lui disant par exemple : « C'est à vous de décider. C'est vous qui concrétisez les choses » ou « Que vous dit votre intuition ? Fions-nous à votre intuition et passons à l'action ».
- Faites-lui savoir que ses décisions et ses actions produisent des résultats. Il a une efficacité maximale lorsqu'il croit qu'il contrôle tout. Mettez en avant ses pratiques les plus efficaces.
- Comprenez qu'il peut croire en son potentiel même si celui-ci ne correspond pas à ses véritables points forts. Bien que son assurance s'avère souvent utile, s'il se surestime ou se trompe lourdement sur son compte, dites-le lui sans plus attendre. Il a besoin de retours d'information clairs.
- Examinez ses autres thèmes dominants. S'il possède également le thème du futuriste, de la focalisation, de l'importance ou de l'arrangeur, c'est un leader potentiel au sein de votre entreprise.

LE STYLE DE MANAGEMENT ADAPTÉ À L'INDIVIDU POSSÉDANT LE THÈME DE L'ADAPTABILITÉ

- Cet individu vit pour réagir. Faites-lui jouer un rôle où sa réussite dépend de sa capacité à s'adapter à l'imprévu pour pouvoir continuer à avancer.
- Mettez-le au courant de la planification que vous élaborez, mais ne vous attendez pas à ce qu'il y participe, à moins qu'il possède aussi le thème de la focalisation. Les travaux de planification sont pour lui extrêmement ennuyeux.
- Avec son caractère naturellement flexible, il est utile à toutes les équipes. Lorsque les membres de l'équipe ne sont pas à la hauteur ou que les projets tournent mal, il s'adapte à la nouvelle situation et tente de faire avancer les choses. Il n'est pas du genre à se croiser les bras, à éviter d'intervenir et à bouder dans son coin.
- Il est le plus efficace dans des missions à court terme qui nécessitent une action immédiate. Il préfère une vie remplie de nombreuses escarmouches à des campagnes interminables.
- Examinez ses autres thèmes dominants. S'il possède également le talent de l'empathie, vous pouvez essayer de lui confier un rôle où il doit être réceptif et répondre aux différents besoins des clients ou des invités. Si l'un de ses autres thèmes distinctifs est celui du développeur, donnez-lui un rôle de mentor. Avec son empressement à « suivre le mouvement », il peut offrir aux autres un environnement propice aux expériences et à l'apprentissage.
- Soyez prêt à excuser son absence aux réunions concernant l'avenir de l'entreprise telles que les réunions de fixation d'objectifs ou d'orientation professionnelle. Sa devise étant « ici et maintenant », il jugera ces réunions inutiles.

LE STYLE DE MANAGEMENT ADAPTÉ À L'INDIVIDU POSSÉDANT LE THÈME DE LA FOCALISATION

- Fixez-lui des objectifs selon un calendrier précis et laissez-le ensuite s'organiser pour les atteindre. C'est dans un environnement où il peut contrôler le déroulement de son travail qu'il travaille le mieux.
- Faites régulièrement le point avec lui, aussi souvent qu'il le juge utile. Ces mises au point régulières lui sont profitables parce qu'il aime parler de ses objectifs et de leur état d'avancement. Demandez-lui tous les combien il voudrait vous rencontrer pour discuter de tout cela.
- Ne vous attendez pas toujours à ce qu'il soit réceptif aux sentiments des autres. Il accorde plus souvent la priorité à l'accomplissement de son travail qu'aux sentiments. S'il possède également le talent d'empathie, les sentiments auront quand même une place plus importante. Néanmoins, n'oubliez jamais qu'il peut bafouer les sentiments en progressant vers son objectif.
- Il ne se révèle pas dans les situations de changements constants. Pour décrire ces changements, utilisez un langage qu'il peut comprendre. Par exemple, parlez-lui de changements en termes de « nouveaux objectifs » et de « nouveaux critères de réussite ». Des termes de ce type donnent un sens au changement. Ils correspondent à son mode de pensée naturel.
- Lorsque vous avez des projets à réaliser dans des délais très stricts, faites appel à lui. Il respecte instinctivement les délais. Dès qu'il commence à s'occuper d'un projet où il doit respecter scrupuleusement les délais, il concentre toute son énergie sur lui jusqu'à ce qu'il soit achevé.
- Arrangez-vous pour qu'il assiste à un séminaire de gestion du temps. Il peut ne pas naturellement exceller dans ce domaine, mais vu que son talent de focalisation le pousse à atteindre ses objectifs le plus rapidement possible, il appréciera l'efficacité accrue que lui apportera ce séminaire.
- Sachez que les réunions décousues l'ennuient profondément, alors essayez de suivre l'ordre du jour.

LE STYLE DE MANAGEMENT ADAPTÉ À L'INDIVIDU POSSÉDANT LE THÈME DE RESTAURER

- Demandez conseil à cet individu lorsque vous voulez identifier un problème au sein de votre entreprise. Ses idées seront particulièrement pertinentes.
- Donnez-lui un rôle où il est payé pour résoudre les problèmes de vos meilleurs clients. Il adore relever le défi consistant à repérer et supprimer les obstacles.
- Si vous avez un besoin urgent d'améliorer quelque chose dans l'entreprise, demandez-lui son aide. Il ne paniquera pas et réagira de manière ciblée et avec professionnalisme.
- Lorsqu'il résout un problème, n'oubliez pas de le féliciter. Rétablir la situation est toujours un succès pour lui et il a besoin que vous reconnaissiez ces résultats. Montrez-lui que les autres comptent sur lui pour lever les obstacles et continuer d'avancer.
- Soutenez-le lorsqu'il rencontre un problème particulièrement difficile à résoudre. Puisqu'il se définit par sa capacité à trouver une solution, il se sentirait touché personnellement s'il ne réussissait pas à résoudre ce problème. Aidez-le à surmonter ses difficultés.
- Demandez-lui dans quel sens il voudrait s'améliorer. Dites-lui que les améliorations qu'il souhaite seront ses objectifs des six prochains mois. Il appréciera l'intérêt que vous lui portez.

LE STYLE DE MANAGEMENT ADAPTÉ À L'INDIVIDU POSSÉDANT LE THÈME DE L'ANALYSTE

- À chaque fois que cet individu doit prendre une décision importante, prenez le temps d'en discuter sérieusement avec lui. Il voudra connaître toutes les données du problème, tous les facteurs susceptibles d'influer sur cette décision.
- Si vous lui expliquez une décision qui a déjà été prise, n'oubliez jamais de lui exposer systématiquement et très clairement la logique qui sous-tend cette décision. Vous pouvez avoir l'impression de trop expliquer les choses, mais tous ces détails lui sont essentiels pour approuver ou non la décision.
- Dès que vous en avez l'occasion, n'hésitez pas à reconnaître et à louer sa capacité de raisonnement. Il est fier de son esprit analytique.
- Lorsque vous défendez une décision ou un principe, justifiez-vous à ses yeux à l'appui de données chiffrées. Il accorde d'instinct davantage de crédit à des données de ce type.
- Rappelez-vous qu'il a besoin de données *exactes*, d'informations *bien documentées*. N'essayez jamais de présenter comme crédibles des preuves de mauvaise qualité.
- L'une de ses priorités est de déceler une logique interne dans des données. Donnez-lui toujours la possibilité de vous expliquer en détail cette logique. Cela le motivera et contribuera à renforcer vos relations.
- Vous ne serez pas toujours d'accord avec lui, mais prenez toujours son point de vue au sérieux. Il a probablement réfléchi très sérieusement à cette question.
- L'exactitude, la précision de son travail étant capitale à ses yeux, il préfère effectuer correctement une tâche que respecter un délai. Par conséquent, au fur et à mesure que le délai approche, suivez-le de près pour vous assurer qu'il dispose du temps nécessaire à un travail de qualité.

LE STYLE DE MANAGEMENT ADAPTÉ À L'INDIVIDU POSSÉDANT LE THÈME DE L'ARRANGEUR

- Cet individu adore les responsabilités, alors n'hésitez pas à lui en donner autant que vous pouvez en fonction de ses connaissances et de ses savoir-faire.
- Il possède certainement un talent de manager ou de chef de service. Son thème d'arrangeur lui permet de voir immédiatement comment des individus aux points forts très différents peuvent travailler ensemble.
- Lorsque vous lancez un projet, donnez-lui la possibilité de choisir les membres de l'équipe et de distribuer les rôles. Il sait parfaitement comment les points forts de chacun peuvent contribuer à rendre l'équipe plus forte.
- Il est stimulé par les missions complexes, à multiples facettes. Il réussit dans les situations où il a plusieurs travaux en cours.
- Il peut se montrer très ingénieux. Sachez que vous pouvez en toute sécurité faire appel à lui quand quelque chose ne marche pas. Il se fera un plaisir d'imaginer d'autres solutions pour accomplir cette tâche.
- Soyez attentif à ses autres thèmes dominants. S'il possède également le talent du discipliné, il fera un excellent organisateur, mettant en place des procédures et des systèmes qui s'avéreront fort utiles.
- Comprenez qu'il soude toujours ses équipes par la confiance et la communication. Il n'hésitera pas à se séparer de quelqu'un qu'il juge malhonnête ou qui fait du mauvais travail.

LE STYLE DE MANAGEMENT ADAPTÉ À L'INDIVIDU POSSÉDANT LE THÈME DU PRUDENT

- Ne confiez pas à cet individu un rôle qui nécessite des jugements rapides. Il se sentira mal à l'aise de devoir prendre des décisions uniquement à l'instinct.
- Demandez-lui de se joindre à des équipes ou des groupes qui fonctionnent à l'impulsivité. Il aura un effet temporisateur, apportant un peu de réflexion et d'anticipation – ingrédients oh! combien nécessaires à une équipe.
- Sa pensée est rigoureuse. Avant de prendre une décision, demandez-lui de vous aider à identifier les pièges susceptibles de faire avorter vos projets.
- Dans des situations où la prudence est requise, liées par exemple à des questions de droit, de sécurité ou d'exactitude, demandez-lui de prendre les rênes. Il anticipera naturellement les dangers et les moyens de protection.
- Il excelle à négocier des contrats, en particulier dans l'ombre. Demandez-lui de jouer ce rôle aussi souvent que possible, dans la mesure où il ne sort pas de la description de son poste.
- Respectez son côté secret. À moins d'y être invité, n'essayez pas de forcer les choses, de devenir trop familier avec lui trop rapidement. De même, ne lui en veuillez pas de vous tenir à distance.
- Ne lui demandez pas de faire des sourires à tout le monde, de se mettre en avant en jouant les sauveurs ou de passer son temps à nouer des contacts au sein de votre entreprise. L'extraversion nécessaire à des rôles n'est pas dans son répertoire.
- Il est sélectif dans ses relations. Par conséquent, ne le faites pas passer sans cesse d'une équipe à l'autre. Il a besoin de s'assurer que les gens dont il s'entoure sont compétents et fiables, et cette confiance met du temps à s'instaurer.
- Dans un rôle de manager, c'est quelqu'un qui est plutôt avare d'éloges, mais quand il les accorde, c'est qu'ils sont mérités.

LE STYLE DE MANAGEMENT ADAPTÉ À L'INDIVIDU POSSÉDANT LE THÈME DE LA CONNEXION

- Cet individu se mobilisera certainement pour défendre des causes sociales. Écoutez-le attentivement pour connaître les questions qui lui tiennent à cœur. De votre point de vue sur les choses dépendront les relations que vous établirez avec lui.
- Il est probable qu'il soit attiré vers la spiritualité et possède une foi profonde. Que vous partagiez ou non ses convictions spirituelles, il se sentira à son aise dans l'entreprise si vous acceptez et respectez ses croyances.
- Encouragez-le à jeter des ponts entre les différents groupes de l'entreprise. Pensant tout naturellement à la façon dont les choses sont interconnectées, il excellera à montrer à ces différents groupes leur interdépendance. Il jouera à merveille un rôle consistant à construire et souder une équipe.
- Il saura très bien réfléchir à la mission de votre entreprise et au moyen de la développer. Il aime sentir qu'il fait partie d'un tout.
- Si vous aussi possédez le thème de la connexion, partagez avec lui des articles, des livres et des expériences. Vous pourrez vous soutenir mutuellement dans vos objectifs.

LE STYLE DE MANAGEMENT ADAPTÉ À L'INDIVIDU POSSÉDANT LE THÈME DE L'ÉQUITÉ

- Lorsque l'heure est venue de féliciter l'équipe après la réalisation d'un projet, demandez à cet individu d'évaluer la contribution de chacun des membres. Il s'assurera que chacun reçoit les félicitations qu'il mérite.
- Lorsque vous avez besoin de mettre en place des pratiques cohérentes, demandez-lui de vous aider à établir des procédures d'action pour l'entreprise.
- Soutenez-le au cours des périodes de bouleversements, car il se sent plus à l'aise face à des schémas prévisibles dont il connaît le bon fonctionnement.
- Dans un rôle d'analyste, demandez-lui de travailler sur des données collectives plutôt que sur des données individuelles. Il sera certainement plus compétent dans la découverte de points communs à l'ensemble du groupe que de particularités propres à chacun de ses membres.
- Si, en tant que manager, vous êtes confronté à des situations où les règles doivent être appliquées à tout le monde de la même manière et où tout favoritisme doit être exclu, demandez-lui d'intervenir et de trouver une solution. Les explications et les justifications lui viendront naturellement.
- Dans les situations où il est nécessaire de traiter des individus différents sur un pied d'égalité, demandez-lui de participer à l'élaboration des règles.
- C'est quelqu'un de pratique qui préférera l'accomplissement de tâches et la prise de décisions à un travail plus abstrait tel que le brainstorming ou la planification à long terme.

LE STYLE DE MANAGEMENT ADAPTÉ À L'INDIVIDU POSSÉDANT LE THÈME DU FUTURISTE

- Lorsque cet individu participe à des réunions sur l'orientation professionnelle ou les performances, gardez à l'esprit qu'il vit pour l'avenir. Demandez-lui de vous faire partager sa vision des choses – comment il voit sa carrière, l'entreprise, le marché en général.
- Donnez-lui le temps de réfléchir aux produits et aux services de demain, de mettre par écrit ses idées, d'élaborer des projets. Donnez-lui la possibilité de faire partager aux autres ses perspectives d'avenir dans des bulletins d'entreprise, des réunions ou des conventions collectives.
- Envoyez-lui des informations ou des articles susceptibles de l'intéresser. Il a besoin d'alimenter concrètement sa vision de l'avenir.
- Intégrez-le au comité de planification de l'entreprise. Faites en sorte qu'il propose sa vision – documentée – de l'entreprise dans trois ans. Arrangez-vous pour qu'il fasse une telle présentation tous les six mois environ. Il pourra ainsi affiner son anticipation à l'appui de données et d'idées toutes fraîches.
- Motivez-le en parlant souvent avec lui de l'avenir. Posez-lui beaucoup de questions. Incitez-le à rendre sa vision d'avenir aussi vivante que possible.
- Lorsque l'entreprise a besoin que ses salariés acceptent le changement, demandez-lui d'intégrer la nouvelle donne au contexte des besoins futurs de l'entreprise. Dites-lui de tenir un discours ou d'écrire un article mettant ces changements en perspective. Il peut aider les salariés à surmonter leurs incertitudes présentes et à devenir presque aussi excités que lui par les nombreuses perspectives d'avenir qui s'offrent à l'entreprise.

LE STYLE DE MANAGEMENT ADAPTÉ À L'INDIVIDU POSSÉDANT LE THÈME DU STUDIEUX

- Confiez-lui un rôle l'obligeant à se tenir au courant dans un domaine où tout évolue rapidement. Il aimera relever le défi consistant à rester compétent.
- Quel que soit son rôle, il sera avide d'apprendre de nouveaux faits, de nouveaux savoir-faire ou de nouveaux savoirs. Donnez-lui les moyens d'apprendre et de rester motivé, sinon il recherchera un environnement d'apprentissage plus riche. Par exemple, s'il n'a pas suffisamment l'occasion d'apprendre dans le rôle que vous lui avez confié, invitez-le à suivre des cours qui l'intéressent à la faculté ou à l'association locale. Rappelez-vous : il n'a pas nécessairement besoin d'obtenir une promotion; il a seulement besoin d'apprendre constamment. C'est le *processus* d'apprentissage et non le résultat qui le motive.
- Aidez-le à suivre ses progrès en identifiant des étapes décisives ou des seuils qu'il a franchis. Fêtez-les.
- De même, encouragez-le à devenir le « maître » dans son métier ou l'« expert » dans son domaine. Arrangez-vous pour qu'il suive les cours qui lui conviennent. Assurez-vous de pouvoir reconnaître son apprentissage par des diplômes et des titres.
- Faites-le travailler aux côtés d'un maître en la matière qui le poussera sans cesse à en apprendre toujours davantage.
- Demandez-lui de diriger des groupes de discussion internes ou des séances d'argumentation. Il n'y a pas de meilleur moyen d'apprendre que d'enseigner aux autres.
- Aidez-le à obtenir le financement nécessaire à la poursuite de son apprentissage – celui de toute une vie.

LE STYLE DE MANAGEMENT ADAPTÉ À L'INDIVIDU POSSÉDANT LE THÈME DE L'INPUT

- Exploitez la curiosité naturelle de cet individu en lui demandant d'effectuer des recherches sur un sujet important pour votre entreprise. Il adore extraire de ses recherches de nouvelles connaissances.
- Confiez-lui un rôle où il devra effectuer beaucoup de recherches.
- Intéressez-vous à ses autres thèmes dominants. S'il possède également le thème du développeur, il fera un excellent enseignant ou formateur en pimentant ses cours d'anecdotes et d'histoires fascinantes.
- Tenez-le au courant de ce qui se passe dans votre entreprise. Il a besoin de savoir. Faites circuler des livres, des articles et des journaux qui, selon vous, l'intéresseront et qu'il lira.
- Encouragez-le à se servir d'Internet. Il l'utilisera pour trouver des informations dont il pensera avoir besoin. Toutes ces informations recueillies ne lui serviront pas sur-le-champ, mais seront importantes pour sa propre estime personnelle.
- Aidez-le à mettre au point un système de stockage des informations qu'il collecte de façon à ce qu'il puisse les retrouver facilement lorsqu'il – ou l'entreprise – en aura besoin.
- En réunion, n'oubliez pas de lui demander des informations. Trouvez l'occasion de dire quelque chose de positif sur son talent, par exemple : « C'est incroyable. Vous avez toujours les données dont nous avons besoin ! »

LE STYLE DE MANAGEMENT ADAPTÉ À L'INDIVIDU POSSÉDANT LE THÈME DE L'INTELLECTUALISME

- Misez sur le fait que la réflexion stimule cet individu. Par exemple, si vous avez besoin d'expliquer la raison d'une décision donnée, demandez-lui d'y réfléchir et de vous fournir ensuite l'explication parfaite.
- N'hésitez pas à défier sa réflexion. Il ne le prendra pas comme une menace, mais comme une marque d'attention et d'intérêt à son égard. Et cela le motivera.
- Encouragez-le à trouver quelques moments pour méditer, tout simplement. Pour certains le temps passé uniquement à réfléchir ne porte absolument pas ses fruits, mais pour lui, si. Il ressortira de ses séances de méditation avec une pensée plus claire et une confiance en lui accrue.
- Si vous avez des livres, des articles ou des propositions à étudier, demandez-lui de les lire et de vous en donner un compte-rendu. Il adore lire.
- Discutez sérieusement avec lui de ses points forts. Il tirera certainement beaucoup de plaisir à se livrer à l'introspection et à découvrir sa personnalité.
- Donnez-lui l'occasion de transmettre le fruit de ses réflexions à d'autres salariés du service. La pression liée à cet exercice oral l'obligera à préciser et clarifier ses idées.
- Soyez prêt à lui trouver un partenaire possédant le talent d'activateur qui le poussera à agir pour mettre en pratique ses idées.

LE STYLE DE MANAGEMENT ADAPTÉ À L'INDIVIDU POSSÉDANT LE THÈME DU CONTEXTE

- Lorsque vous demandez à cet individu de faire quelque chose, prenez le temps de lui expliquer l'idée à l'origine de cette action. Il a besoin de comprendre le contexte, l'arrière-plan avant de s'engager.
- Lorsque vous le présentez à de nouveaux collègues, demandez-leur de parler de leur histoire, de leur parcours, avant que tout le monde se mette au travail.
- Au cours des réunions, adressez-vous à lui pour revoir ce qui a été fait et appris jusqu'à présent. Instinctivement, il voudra que les participants soient conscients du contexte de la prise de décision.
- Il pense en termes d'études de cas, c'est-à-dire, quand avons-nous rencontré une situation similaire, qu'avons-nous fait, que s'est-il passé et qu'avons-nous appris ? Sachez qu'il utilisera ce talent pour aider les autres à apprendre, en particulier lorsque les études de cas seront nécessaires. Quel que soit le sujet, demandez-lui de recueillir des anecdotes intéressantes, de souligner la découverte clé tirée de chaque anecdote et peut-être d'organiser un cours autour de ces études de cas.
- Il peut faire la même chose avec la culture de votre entreprise. Demandez-lui de rassembler des anecdotes sur des individus dont le mode de comportement incarne les principes essentiels de cette culture. Ses anecdotes, racontées dans des bulletins, des stages de formation, des sites Web, des vidéos, etc. renforceront la culture de votre entreprise.

LE STYLE DE MANAGEMENT ADAPTÉ À L'INDIVIDU POSSÉDANT LE THÈME DU STRATÉGIQUE

- Confiez à cet individu un rôle de premier plan dans votre entreprise. Sa capacité à anticiper les problèmes et leurs solutions vous sera précieuse. Par exemple, demandez-lui de passer en revue toutes les possibilités et de choisir la meilleure pour votre département. Chargez-le ensuite d'établir un rapport sur la meilleure stratégie à adopter.
- Faites-le participer à la planification organisationnelle. Demandez-lui : « Si ceci se produisait, que pourrions-nous faire ? » ou « Si cela arrivait, que faudrait-il faire ? »
- Donnez-lui toujours suffisamment de temps pour réfléchir sérieusement à une situation avant de lui demander son avis. Il a besoin d'envisager plusieurs scénarios avant d'exprimer son opinion.
- Reconnaissez son point fort stratégique en l'envoyant à un séminaire de planification stratégique ou d'anticipation. Cela précisera ses idées.
- Cet individu possède probablement un don pour mettre en forme ses idées et les exprimer par des mots. Pour préciser sa réflexion, demandez-lui d'exposer oralement ses idées à ses collègues ou de les mettre par écrit pour les diffuser ensuite au sein de l'entreprise.
- Lorsque vous entendez parler de stratégies qui ont été couronnées de succès dans le domaine où vous travaillez, parlez-en à cet individu. Échangez vos vues. Cela stimulera sa réflexion.

LE STYLE DE MANAGEMENT ADAPTÉ À L'INDIVIDU POSSÉDANT LE THÈME DE L'IDÉATION

- Cet individu a des idées créatives. Confiez-lui un rôle où ses idées puissent être valorisées.
- Il sera particulièrement efficace en tant que concepteur – de stratégies de vente, de campagnes de promotion, de solutions à la clientèle ou de nouveaux produits. Quel que soit le domaine, essayez d'exploiter au maximum sa capacité de conception.
- Puisqu'il aime les idées, alimentez-le en idées nouvelles dans le cadre de la mission de votre entreprise. Non seulement il sera plus motivé par son travail, mais il utilisera ces idées pour générer les siennes propres.
- Encouragez-le à trouver de nouvelles idées utiles susceptibles d'être partagées avec vos meilleurs clients. À l'appui des études de Gallup, il est clair que lorsqu'une entreprise enseigne volontairement quelque chose à ses clients, elle accroît leur fidélisation.
- Il aime le pouvoir des mots. À chaque fois que vous trouvez par hasard une association de mots qui rend parfaitement compte d'un concept, d'une idée ou d'un schéma, partagez-la avec lui. Cela stimulera sa réflexion.
- Il a besoin de savoir que tout concorde. Lorsque les décisions sont prises, prenez le temps de lui montrer comment chaque décision dérive de la même théorie ou du même concept.
- Les rares fois où une décision donnée ne s'inscrit pas dans le concept général, expliquez-lui que cette décision est une exception ou une expérience. Si vous ne lui donnez pas d'explication, il commencera à s'inquiéter en pensant que l'entreprise devient incohérente.

LE STYLE DE MANAGEMENT ADAPTÉ À L'INDIVIDU POSSÉDANT LE THÈME DE L'HARMONIE

- Tenez cet individu autant que possible à l'écart de tout conflit. Ne le faites pas participer à des réunions susceptibles d'être conflictuelles, car il n'aime pas devoir affronter les autres.
- Déterminez les points sur lesquels vous êtes d'accord avec lui et réexaminez-les régulièrement ensemble. Entourez-le d'autres individus possédant le talent d'harmonie. Il sera toujours plus concentré sur ses objectifs, plus productif et plus créatif s'il sait qu'il est soutenu, que ses vues sont en accord avec celles de ses collègues.
- Ne perdez pas votre temps à discuter de sujets controversés avec lui. Il n'appréciera pas le débat où il se sentira très mal à l'aise. Au contraire, orientez vos discussions vers des sujets pratiques exigeant une prise de décision claire.
- Ne vous attendez pas à ce qu'il exprime son désaccord avec vous, même si vous avez tort. Aimant par-dessus tout l'harmonie, il pourra acquiescer tout en désapprouvant intérieurement votre idée. Vous avez donc besoin d'autres personnes qui expriment instinctivement leurs opinions pour rester sur la bonne voie et conserver votre clarté d'esprit.
- Parfois, lorsque ses collègues sont en désaccord et que la situation est bloquée, il peut la débloquer. Non pas nécessairement après délibération, mais en les aidant à trouver d'autres domaines où ils sont d'accord. Une fois des terrains d'entente trouvés, les salariés pourront recommencer à travailler efficacement.
- Il veut être sûr de ce qu'il fait. Aidez-le à trouver un soutien digne de confiance (l'avis d'un spécialiste) pour les décisions qu'il prend.

LE STYLE DE MANAGEMENT ADAPTÉ À L'INDIVIDU POSSÉDANT LE THÈME DE LA COMMUNICATION

- Discutez avec cet individu de la façon dont son point fort – la communication – peut être développé pour apporter encore une meilleure contribution à l'entreprise.
- Il engage facilement la conversation. Demandez-lui de venir à des réunions, des dîners, des événements où vous souhaitez recevoir des prospects ou des clients.
- Demandez-lui d'apprendre l'histoire de votre entreprise, ses traditions, les faits intéressants qui s'y sont déroulés, puis donnez-lui l'occasion de raconter ces histoires à ses collègues. Il vous aidera à faire vivre votre culture d'entreprise et donc à la renforcer.
- Prenez le temps de l'écouter raconter sa vie et ses expériences. Il adore raconter. Et vous adorerez l'écouter. C'est un excellent moyen de tisser des liens humains plus forts.
- Faites-lui part de vos projets d'événements sociaux pour l'entreprise. Il aura certainement de bonnes idées à la fois sur le spectacle à proposer et le message sous-jacent à délivrer.
- Demandez-lui d'aider certains spécialistes de votre entreprise à rédiger des argumentaires de vente plus convaincants. Dans certaines situations, il devra même exposer son argumentaire devant le spécialiste pour lui servir d'exemple.
- Si vous l'envoyez à une formation à la communication orale, assurez-vous de l'inscrire dans un petit groupe d'élèves avancés dirigé par un excellent formateur. Il s'énerverait rapidement dans un cours de débutants.

LE STYLE DE MANAGEMENT ADAPTÉ À L'INDIVIDU POSSÉDANT LE THÈME DE L'EMPATHIE

- Demandez à cet individu de vous aider à connaître les sentiments de certains salariés de l'entreprise. Il ressent les émotions des autres.
- Avant d'obtenir son engagement vis-à-vis d'un projet donné, demandez-lui son sentiment et celui des autres sur la situation. Pour lui, les émotions sont aussi réelles que d'autres facteurs plus concrets et doivent être prises en compte au moment de prendre des décisions.
- Lorsqu'il pleure, tenez-en compte, mais pas exagérément. Les larmes font partie de sa vie. Il peut ressentir la joie ou la souffrance d'une personne encore plus intensément que la personne elle-même.
- Aidez-le à considérer son empathie comme un don particulier. Ce talent peut lui paraître si naturel qu'il pense que tout le monde ressent ce qu'il ressent ou il peut être gêné par la force de ses sentiments. Montrez-lui comment faire bénéficier les autres de son talent.
- Testez sa capacité à prendre des décisions plus instinctivement que logiquement. Il peut ne pas savoir expliquer pourquoi il pense qu'une décision est bonne, mais prendre LA bonne décision. Demandez-lui ce qu'il croit d'instinct qu'il est bon de faire.
- Arrangez-vous pour qu'il travaille avec des gens positifs, optimistes. Leur gaieté le stimulera. En revanche, éloignez-le des pessimistes et des cyniques. Ils le déprimeront.
- Lorsque des salariés ou des clients ont du mal à comprendre la nécessité d'une décision, faites appel à lui. Il devinera peut-être ce qui leur échappe.

LE STYLE DE MANAGEMENT ADAPTÉ À L'INDIVIDU POSSÉDANT LE THÈME D'ENGLOBER

- Cet individu voudrait que tout le monde se sente membre de l'équipe. Demandez-lui de travailler à un programme d'accueil des nouveaux salariés. Il sera enthousiasmé à l'idée de trouver le moyen d'accueillir du mieux possible ces nouvelles recrues.
- Demandez-lui de diriger un groupe de travail pour embaucher des minorités dans votre entreprise. Il s'intéresse naturellement à ceux qui sont ou ont été laissés à l'écart.
- Lorsque vous avez plusieurs groupes de travail, demandez-lui de vérifier que tout le monde participe. Il fera tout son possible pour empêcher qu'un individu soit tenu à l'écart.
- De même, vous pouvez miser sur son thème d'englober en lui demandant de s'intéresser à vos clients. Si le rôle lui convient, il réussira à briser le mur qui sépare le client et l'entreprise.
- Vu qu'il n'appréciera certainement pas les produits ou les services élitaires, c'est-à-dire réservés à une certaine catégorie de clients, chargez-le de travailler sur des produits ou des services destinés au grand public. Il aimera envisager des moyens de les rendre accessibles au plus grand nombre.
- Dans certaines situations, vous pouvez lui demander de faire le lien entre votre entreprise et les organismes sociaux.

LE STYLE DE MANAGEMENT ADAPTÉ À L'INDIVIDU POSSÉDANT LE THÈME DE L'INDIVIDUALISATION

- Demandez à cet individu de participer à votre comité de sélection. Il sera certainement très bon juge des points forts et des points faibles de chaque candidat.
- Demandez-lui de contribuer à améliorer la productivité de l'entreprise en distribuant les rôles selon les points forts et les points faibles de chaque salarié.
- Demandez-lui de vous aider à élaborer des grilles de salaires basées sur les performances individuelles. Chaque salarié pourra ainsi utiliser ses points forts pour maximiser sa paie.
- Si vous avez du mal à comprendre le point de vue d'un salarié donné, demandez-lui conseil. Il peut vous donner à voir le monde à travers le regard de ce salarié.
- Lorsque vous rencontrez des problèmes de performance avec certains salariés, discutez avec lui des solutions envisageables. Il aura de bonnes intuitions concernant les mesures à prendre pour chaque individu.
- Si nécessaire, demandez-lui d'animer un stage de formation interne ou de jouer le rôle de mentor auprès de deux ou trois nouveaux salariés. Il a le don de repérer le mode d'apprentissage propre à chaque individu.
- Examinez ses autres thèmes dominants. S'il possède aussi les talents du développeur et de l'arrangeur, il a le potentiel pour être cadre supérieur ou manager. Mais s'il possède aussi les thèmes du commandement et du charisme, il réussira probablement très bien à transformer les prospects en clients.

LE STYLE DE MANAGEMENT ADAPTÉ À L'INDIVIDU POSSÉDANT LE THÈME DU RELATIONNEL

- Dites directement à cet individu qu'il compte pour vous. Votre langage franc sera accueilli favorablement et ne lui paraîtra pas déplacé. Il organise sa vie autour de ses relations proches, alors il voudra savoir le degré d'intérêt que vous lui portez.
- Il aime beaucoup développer des liens sincères avec son entourage professionnel. Tisser des liens durables exigeant un certain temps, ne lui confiez pas un rôle qui l'éloigne fréquemment de ses collègues et de ses clients. Ce serait un déchirement pour lui.
- Aidez-le à connaître les objectifs de ses collègues. Il sera plus enclin à nouer des relations avec eux s'il connaît leurs objectifs.
- Vous pouvez avoir confiance en lui et lui confier des informations confidentielles. Il est honnête, la confiance fait partie de ses valeurs fondamentales et il ne vous trahira pas.
- Demandez-lui de tisser de vraies relations de confiance avec les individus que vous souhaitez fidéliser à tout prix. Il est celui qui saura créer des liens solides entre vos meilleurs salariés et votre entreprise.
- Intéressez-vous à ses autres thèmes dominants. S'il possède également le thème de la focalisation, de l'arrangeur ou de l'assurance, il a probablement le potentiel d'un manager. Les salariés travailleront toujours plus dur pour lui, puisqu'ils sauront qu'il sera toujours là pour eux quand ils auront besoin de lui et qu'il souhaite leur réussite. Il n'aura aucun mal à établir ce type de relations.
- La générosité est souvent l'un de ses points forts. Aidez-le à en prendre conscience et montrez-lui comment elle l'aide à avoir une influence sur les autres et à établir le contact avec son entourage. Il appréciera l'attention que vous lui portez et vos liens mutuels s'en trouveront renforcés.

LE STYLE DE MANAGEMENT ADAPTÉ À L'INDIVIDU POSSÉDANT LE THÈME DE LA RESPONSABILITÉ

- Cet individu se définit par sa capacité à respecter ses engagements. Il se sentira terriblement frustré de travailler avec des collègues qui ne tiennent pas leurs promesses. Essayez, par conséquent, de ne pas l'intégrer à des équipes dont les membres sont indolents, voire je-m'en-foutistes.
- Il se définit par la qualité de son travail. Il vous résistera si vous l'obligez à accélérer son rythme de travail au détriment de sa qualité. Il déteste sacrifier la qualité à la rapidité.
- Lorsque vous lui parlez de son travail, soulignez d'abord sa qualité.
- Sachez qu'il s'auto-motive et qu'il n'a pas vraiment besoin d'être surveillé de près pour remplir la mission dont vous l'avez chargé.
- Confiez-lui des rôles nécessitant un fort sens moral. Il ne vous décevra pas.
- Demandez-lui périodiquement les nouvelles responsabilités qu'il voudrait assumer. S'engager le motive, alors donnez-lui en la possibilité.
- Protégez-le de lui-même, c'est-à-dire de sa tendance innée à vouloir prendre trop d'engagements, en particulier s'il ne possède pas le thème du discipliné. Faites-lui comprendre que « l'engagement de trop » peut le conduire à ne plus être à la hauteur – une situation dont l'idée même lui fait horreur.
- Il peut vous impressionner par sa capacité à être toujours à la hauteur. Vous pourriez alors être tenté de le promouvoir à un poste de manager. *Soyez prudent.* Il préférera peut-être être responsable de son propre travail que de celui des autres. Il trouvera alors le management frustrant. Dans ce cas, aidez-le à trouver d'autres moyens d'évoluer.

LE STYLE DE MANAGEMENT ADAPTÉ À L'INDIVIDU POSSÉDANT LE THÈME DE LA COMPÉTITION

- Utilisez le langage de la compétition avec cet individu. Car il vit dans un monde de gagnants et de perdants et, par conséquent, atteindre un objectif signifie pour lui gagner et rater un objectif perdre. Si vous devez le faire participer à la planification ou à la résolution d'un problème, employez l'expression « se montrer plus malin que ».
- Faites-le se mesurer à d'autres individus, en particulier à d'autres individus compétitifs. Vous pouvez décider d'afficher les résultats obtenus par tous vos salariés, mais rappelez-vous que seuls les salariés possédant le thème de la compétition seront stimulés par ces comparaisons officielles. Les autres seront contrariés ou morts de honte.
- Organisez des concours pour lui. Opposez-le à d'autres concurrents même si vous les trouvez dans d'autres unités opérationnelles. Les vrais compétiteurs veulent rivaliser avec des individus dont le niveau de compétences est à peu près identique au leur. Se mesurer à des gens inférieurs à eux ne les motivera pas.
- Trouvez des domaines où il puisse gagner. S'il perd tout le temps, il arrêtera de jouer. N'oubliez pas qu'il ne joue pas pour le plaisir de jouer, mais pour gagner.
- Rappelez-vous que l'un des meilleurs moyens de le manager est d'embaucher un salarié qui possède également le thème de la compétition, mais fait encore mieux que lui.
- Parlez de talents avec lui. Comme tous les individus qui ont l'esprit de compétition, il sait qu'il utilise sont talent pour gagner. Énumérez-lui ses talents. Dites-lui qu'il doit les mobiliser et les canaliser pour gagner. Ne suivez pas le principe de Peter en lui disant que gagner signifie obtenir une promotion. Aidez-le à gagner en lui faisant exploiter ses véritables talents.
- Lorsqu'il perd, il peut avoir besoin de se retirer pour pleurer un moment. Laissez-le. Puis orientez-le rapidement vers une autre opportunité de réussite.

LE STYLE DE MANAGEMENT ADAPTÉ À L'INDIVIDU POSSÉDANT LE THÈME DU COMMANDEMENT

- Si vous avez besoin de relancer un projet en suspens, de remettre les choses en route ou de convaincre vos salariés, demandez à cet individu de prendre les choses en main.
- Demandez-lui toujours son avis sur ce qui se passe dans votre entreprise. Il vous donnera une réponse franche. De même, pensez à lui pour émettre des idées différentes des vôtres. S'il ne vous approuve pas, il vous le dira sur-le-champ. Il n'est pas du genre « qui ne dit rien consent ».
- Laissez-lui le champ libre pour diriger et prendre des décisions. Il n'aime pas être surveillé de près.
- S'il se met à jouer les bâtisseurs d'empire, à contrarier ses collègues, à s'éloigner de son objectif ou à négliger ses engagements, ne craignez pas de l'affronter directement. Tenez-lui tête avec des exemples précis. Agissez fermement et, si nécessaire, exigez une réparation immédiate. Puis arrangez-vous pour qu'il ait rapidement l'occasion de montrer son efficacité. Il oubliera vite son erreur et vous devrez en faire autant.
- Ne le menacez jamais à moins d'être vraiment prêt à aller jusqu'au bout.
- Il peut intimider les autres avec son style direct et convaincant. C'est à vous de voir si sa contribution justifie des conflits occasionnels. Au lieu de vouloir lui apprendre à être empathique et poli – du temps perdu – essayez plutôt de faire comprendre à ses collègues que sa personnalité affirmée est en partie responsable de son efficacité – tant qu'il reste assuré et non agressif ou blessant.

LE STYLE DE MANAGEMENT ADAPTÉ À L'INDIVIDU POSSÉDANT LE THÈME DU DÉVELOPPEUR

- Demandez à cet individu de vous dire quels sont ceux de ses collègues qui réalisent des progrès, car il peut repérer des progrès minimes invisibles aux autres.
- Confiez-lui un rôle où il puisse aider les salariés de l'entreprise dans leur développement professionnel. Par exemple, donnez-lui l'occasion de jouer le rôle de mentor auprès d'un ou de deux salariés de son choix ou de faire un cours sur un sujet intéressant tout le monde tel que la sécurité, les bénéfices ou le service clients.
- Soyez prêt à lui payer les droits d'inscription à une entreprise de formation locale.
- Donnez-lui la possibilité de féliciter ses collègues en leur offrant des marques de reconnaissance. Il prendra beaucoup de plaisir à sélectionner les résultats qui méritent des éloges et ses collègues sauront que ses félicitations sont sincères.
- Il peut être candidat à un poste de chef d'équipe ou de manager.
- S'il est déjà manager ou cadre, cherchez dans l'unité opérationnelle qu'il dirige des salariés susceptibles d'accéder à des postes de plus hautes responsabilités dans l'entreprise. Il contribue au développement professionnel des individus et prépare leur avenir.
- Confortez-le dans l'idée qu'il est doué pour encourager les gens à progresser sans cesse pour finir par exceller. Dites-lui, par exemple : « Ils n'auraient jamais réussi à battre ce record sans vous. Vos encouragements et la confiance que vous leur avez témoigné leur a donné la motivation dont ils avaient besoin. »
- Sachez qu'il peut protéger un individu qui s'accroche mais n'obtient aucun résultat, alors que ce dernier aurait dû être muté ailleurs dans l'entreprise ou licencié depuis longtemps. Aidez-le à focaliser son talent de développeur sur l'amélioration des individus nécessaire à leur réussite et non sur le soutien de ceux qui rencontrent des difficultés. La meilleure chose qu'il puisse faire pour un salarié en difficulté est de lui donner la possibilité d'exceller dans un autre domaine.

LE STYLE DE MANAGEMENT ADAPTÉ À L'INDIVIDU POSSÉDANT LE THÈME DE LA POSITIVITÉ

- Cet individu anime et stimule son entourage professionnel. Confiez-lui un rôle aussi proche que possible des clients. Il donnera de votre entreprise une image plus positive et plus dynamique.
- Demandez-lui de vous aider à organiser des événements à l'occasion desquels votre entreprise invite ses meilleurs clients, par exemple lors du lancement de nouveaux produits.
- Son talent de positivité ne signifie pas qu'il est toujours de bonne humeur. Il signifie que son humour et son attitude optimiste peuvent rendre les salariés plus motivés par leur travail. Rappelez-lui son point fort et encouragez-le à l'utiliser.
- Il sera rapidement démoralisé, vidé de toute son énergie par les individus cyniques. Ne vous attendez pas à ce qu'il prenne plaisir à remonter le moral des plus pessimistes. Il se montrera meilleur à dynamiser des salariés fondamentalement positifs qui ont simplement besoin d'un coup de pouce.
- Son enthousiasme est contagieux. Tenez-en compte en l'intégrant à des équipes de projet.
- Il aime faire la fête. Quand certaines étapes viennent d'être franchies dans un projet, demandez-lui de vous donner des idées pour féliciter les individus et fêter l'événement. Il se montrera plus créatif que la plupart.
- Intéressez-vous à ses autres thèmes dominants. S'il possède également le thème du développeur, il peut être un excellent formateur ou enseignant qui stimule ses élèves. Si le commandement est l'un de ses thèmes dominants, il peut s'avérer un excellent représentant possédant à la fois assurance, force de conviction et dynamisme.

LE STYLE DE MANAGEMENT ADAPTÉ À L'INDIVIDU POSSÉDANT LE THÈME DE LA MAXIMISATION

- Cet individu veut entreprendre des choses qui portent leurs fruits et pouvoir maximiser ses performances. Améliorer des choses qui ne fonctionnent pas ne le motive pas particulièrement.
- Évitez de lui confier des rôles dans lesquels il faut continuellement résoudre des problèmes.
- Il attend de vous que vous compreniez ses points forts et que vous l'appréciez pour les points forts qu'il possède. Il se sentira frustré si vous passez trop de temps à essayer de corriger ses points faibles.
- Réservez-vous du temps pour discuter sérieusement avec lui de ses points forts et déterminer où et comment ils pourront être exploités par l'entreprise. Il prendra beaucoup de plaisir à ces conversations et vous suggérera différents moyens concrets d'exploiter au mieux ses points forts.
- Aidez-le à établir un plan de carrière et de rémunération qui lui permettra de continuer à progresser vers l'excellence dans son rôle actuel. Il voudra instinctivement continuer à suivre la voie de ses points forts et pourra donc refuser des propositions qui l'obligeraient à s'écarter de cette voie pour augmenter sa capacité de gain.
- Demandez-lui de diriger un groupe de travail destiné à étudier les meilleures pratiques au sein de l'entreprise. Il s'intéresse naturellement à l'excellence.
- Demandez-lui de vous aider à concevoir un programme visant à mesurer et récompenser la productivité de chaque salarié. Il adorera réfléchir à ce que doit signifier l'excellence dans chacun des rôles.

LE STYLE DE MANAGEMENT ADAPTÉ À L'INDIVIDU POSSÉDANT LE THÈME DU CHARISME

- Confiez à cet individu un rôle où il est susceptible de se faire chaque jour de nouvelles connaissances. Les étrangers le dynamisent.
- Placez-le au premier point de contact de votre entreprise avec le monde extérieur. Il peut mettre les étrangers à l'aise et les aider à se sentir bien dans votre entreprise.
- Aidez-le à améliorer le système qu'il a mis au point pour se rappeler les noms des personnes qu'il rencontre. Fixez-lui comme objectif d'apprendre les noms d'un maximum de clients et quelques renseignements personnels sur eux. Il peut aider votre entreprise à nouer de multiples contacts sur le marché.
- À moins qu'il possède également des thèmes tels que l'empathie et le relationnel, ne vous attendez pas à ce qu'il apprécie un rôle qui l'oblige à établir des liens profonds et durables avec vos clients. Il préfère rencontrer une personne, l'accueillir, gagner sa sympathie et passer à la suivante.
- Son talent de charisme vous séduira et vous conduira à l'apprécier. Si vous pensez à lui pour de nouveaux rôles et de nouvelles responsabilités, assurez-vous que vous faites abstraction des sentiments à son égard pour ne considérer que ses véritables points forts. Ne laissez pas son charisme vous rendre aveugle.
- Si possible, demandez-lui d'accroître l'aura de votre entreprise en la représentant dans des cercles influents et des réunions.

CHAPITRE 7

Créer une entreprise fondée sur les points forts de ses salariés

UN TABLEAU EXHAUSTIF DE LA SITUATION

« Qui mène la révolution des points forts dans l'entreprise ? »

Dans l'introduction, nous vous avons dit qu'à la question « Au travail, avez-vous l'occasion de faire quotidiennement ce que vous savez faire le mieux ? » seulement 20 % des salariés répondaient « Oui, absolument ». Et nous avons utilisé cette découverte pour lancer la révolution des points forts dans l'entreprise. À présent, nous devons vous faire un aveu. Les données indiquant que 20 % des salariés répondent « Oui, absolument » à cette question sont exactes mais incomplètes. Nous devons exploiter encore davantage notre base de données pour vous donner un tableau exhaustif de la situation.

Certaines entreprises ont déjà commencé la révolution des points forts. Le 75e centile de notre base de données est 33 %, ce qui signifie que dans ces entreprises un tiers des salariés utilisent leurs points forts quotidiennement. Le 90e centile correspond à 45 % – un pourcentage énorme – de salariés répondant « Oui, absolument » à la fameuse question. Et si vous examinez encore de plus près cette base de données, vous découvrez des exemples encore plus impressionnants d'entreprises fondées sur les points forts de leurs salariés. Ralph Gonzalez, que nous avons cité dans le chapitre précédent et qui dirige une centaine de salariés sur le « front » de la vente au détail, a réussi à développer un cadre de travail où 50 % des salariés exploitent quotidiennement leurs points forts. À Boca Raton, en Floride, un autre gérant de magasin de l'enseigne Best Buy, Mary Garey, a créé un lieu de travail où 70 % de ses salariés se sentent parfaitement adaptés à leur rôle. Cela signifie que, dans le magasin de Mary, 70 de ses 100 employés, dont la plupart travaillent dans le service clients, la manutention ou l'approvisionnement, s'accordent à dire qu'ils ont l'occasion de faire quotidiennement ce qu'ils savent faire le mieux.

Mary et Ralph sont exceptionnels, mais dans la quasi-totalité des entreprises auxquelles nous avons posé cette question nous avons trouvé des exceptions similaires. En fait, la découverte la plus intéressante issue de nos recherches est certainement l'incroyable disparité des réponses suscitées par cette question. Quels que soient la taille, le secteur d'activité ou la localisation de l'entreprise, nous trouvons toujours des managers dont les groupes de travail font partie des cinq meilleurs sur cent et des managers dont les groupes de travail figurent dans les cinq moins bons sur cent. Même si tous les salariés participent au même travail, nous constatons toujours une très grande diversité de réponses.

Le pourcentage établi par des managers comme Ralph et Mary suscite des questions auxquelles nous allons tenter de répondre dans ce chapitre : Comment pouvez-vous réduire cette disparité ? Comment pouvez-vous créer une entreprise entière qui exploite les points forts de chacun de ses salariés aussi efficacement que les meilleurs managers ? Pour parler chiffres, comment pouvez-vous créer une entreprise où au moins 45 % de vos salariés (le 90e centile) pensent qu'ils utilisent quotidiennement leurs points forts ?

Plus vous réfléchissez à la question « Au travail, ai-je l'occasion de faire quotidiennement ce que je sais faire le mieux ? », plus elle vous apparaît complexe. De nombreuses raisons peuvent expliquer pourquoi un salarié donné jouant un rôle donné peut répondre « Non, absolument pas » à la question. Il peut sincèrement penser qu'il ne possède pas le talent nécessaire à son rôle. Ou il possède peut-être le talent, mais son entreprise a réglementé son rôle à outrance, ce qui l'empêche d'exprimer ses talents. Peut-être pense-t-il qu'il a le talent et la possibilité de l'exprimer, mais qu'il manque de savoir ou de savoir-faire. Peut-être croit-il objectivement jouer le rôle qui lui convient parfaitement, mais sent-il subjectivement qu'il a encore bien davantage à offrir. Peut-être a-t-il raison ou, au contraire, se trompe-t-il sur la véritable nature de ses points forts. Peut-être le rôle qu'il jouait précédemment était-il fait pour lui, mais a-t-il été promu dans un rôle qui ne lui convient pas parce que son entreprise ne trouvait pas d'autre moyen de le récompenser. L'entreprise veut peut-être donner l'impression qu'il s'agit d'un rôle « inférieur » et, par conséquent, aucun salarié qui se respecte ne dira que ce rôle lui convient même s'il le pense.

À première vue, cette complexité peut paraître accablante. Pour y remédier et être sûr que vos salariés répondent affirmativement à la fameuse question, vous allez devoir vous intéresser à différents aspects de la vie professionnelle de chacun d'entre eux. Pour traiter le premier problème, à savoir sa peur de manquer du talent nécessaire au rôle, vous devrez veiller à sélectionner des individus qui semblent posséder des talents similaires à ceux de vos meilleurs salariés dans ce rôle. Pour éviter le problème de la réglementation à outrance, vous devrez le rendre responsable de ses résultats sans définir, étape par étape, la procédure à suivre pour atteindre l'objectif souhaité. Pour surmonter sa crainte de ne pas posséder les savoirs et savoir-faire nécessaires, vous devrez mettre en place des programmes de formation en vue de l'aider à transformer ses talents en véritables points forts. Pour pallier le problème de « l'illusion sur soi », vous devrez élaborer un système où les managers aident les salariés à découvrir et apprécier leurs points forts. Pour remédier au problème de la surpromotion, vous devrez lui offrir d'autres moyens d'obtenir un salaire plus élevé et un poste plus prestigieux qu'en gravissant les échelons hiérarchiques. Quant à l'idée que son rôle puisse être considéré comme « inférieur », vous devrez faire passer le message suivant : il n'existe pas de rôle inférieur, par définition. Tout rôle joué à la perfection mérite le respect au sein de l'entreprise.

Énumérés ainsi l'un après l'autre, les défis à relever pour créer une entreprise fondée sur les points forts de chacun de ses salariés apparaissent presque incohérents : « Essayez un peu de ceci, faites un peu de cela. » Mais réfléchissez-y un instant et vous ne tarderez pas à réaliser que tous ces défis tournent autour de deux hypothèses-clés sur les salariés :

1. Les talents de chaque individu sont durables et uniques.
2. Les meilleures chances de développement personnel et professionnel d'un individu résident dans les domaines où il possède des points forts.

Comme vous pouvez le voir, nous sommes revenus au point de départ. Nous vous avons présenté ces hypothèses au début du livre comme des idées révolutionnaires sur la nature humaine que tous les grands managers semblent partager. Nous vous disons à présent la chose suivante : à condition que ce que vous fassiez repose sur ces deux hypothèses fondamentales, vous relèverez avec succès les nombreux défis contenus dans la question : « Au travail, ai-je l'occasion de faire quotidiennement ce que je sais faire le mieux ? » Vous allez créer toute une entreprise fondée sur les points forts de ses salariés. Pourquoi ? Adoptons ces deux hypothèses pour voir où elles nous mènent :

- Puisque les talents de chaque individu sont durables, *vous devrez consacrer beaucoup de temps et d'argent à sélectionner correctement au départ les candidats*. Cela contribuera à résoudre le problème du « Je ne pense pas posséder le talent nécessaire au rôle ».
- Puisque les talents de chaque individu sont uniques, *vous devrez orienter vos salariés vers des objectifs que vous leur avez fixés* au lieu de leur imposer les moyens d'atteindre ces objectifs. Cela signifie mettre l'accent sur l'évaluation minutieuse des résultats obtenus plutôt que sur les politiques, les procédures et les compétences. Cela résoudra le problème du « Dans ce rôle, je n'ai aucune liberté pour exprimer mes talents ».
- Puisque les meilleures chances de développement personnel et professionnel d'un individu résident dans les domaines où il possède des points forts, *vous devrez consacrer du temps et de l'argent à le sensibiliser à ses points forts et à trouver des moyens de les exploiter* au lieu d'essayer de corriger ses points faibles. Vous verrez que cette stratégie est payante. D'un seul coup vous éviterez trois obstacles potentiels à la création d'une entreprise fondée sur les points forts de ses salariés : le problème du « Je n'ai pas les savoir-faire et les connaissances dont j'ai besoin », le problème du « J'ignore dans quoi je suis le meilleur » et le problème du « Mon patron ne sait pas dans quoi je suis le meilleur ».
- Enfin, puisque les meilleures chances de développement personnel et professionnel d'un individu résident dans les domaines où il possède des points forts, *vous devrez aider chaque individu à faire évoluer sa carrière sans nécessairement lui faire gravir les échelons hiérarchiques ni l'éloigner des domaines où il excelle*. Dans cette entreprise, le terme

« promotion » signifiera trouver des moyens d'accorder prestige, respect et augmentation de salaire à ceux qui ont obtenu les meilleurs résultats dans leur rôle, quel que soit le niveau hiérarchique de ce rôle. Vous surmonterez ainsi les deux derniers obstacles à la création d'une entreprise fondée sur les points forts de ses salariés : le problème du « Même si je joue aujourd'hui un rôle qui ne me convient pas, c'était le seul moyen de faire évoluer ma carrière » et le problème du « Je joue un rôle inférieur que personne ne respecte ».

Ces quatre étapes représentent un processus systématique de maximisation de la valeur immobilisée dans votre capital humain. Dans les pages qui suivent, nous développons ce processus. Nous vous offrons un guide pratique qui vous apprendra à utiliser ces deux hypothèses fondamentales pour changer votre mode de sélection, d'évaluation, de développement et d'orientation professionnelle des salariés. Inutile de vous rappeler que le manager sera toujours un catalyseur essentiel à la transformation des talents de chaque salarié en véritables points forts; par conséquent, c'est la responsabilité du manager de sélectionner des candidats en fonction de leurs talents, de leur fixer des objectifs clairs, de privilégier leurs points forts et de faire évoluer leur carrière. Toutefois, en poussant plus loin les idées exposées dans *Manager contre vents et marées*, nous avons axé ce guide pratique sur les défis que les grandes entreprises doivent relever en s'efforçant de miser sur les points forts de leurs salariés.

UN GUIDE PRATIQUE

« Comment pouvez-vous créer une entreprise fondée sur les points forts de ses salariés ? »

Comment pouvez-vous créer une entreprise fondée sur les points forts de ses salariés ? Trois outils sont à développer :

1. Un système de sélection fondé sur les points forts.
2. Un système de gestion des performances fondé sur les points forts.
3. Un système de développement professionnel fondé sur les points forts.

Un système de sélection fondé sur les points forts

Le système de sélection parfait comprend de multiples activités – recruter, interroger, évaluer, former, assurer un suivi, etc. – qui, dans une grande entreprise, sont quotidiennes. Néanmoins, par souci de clarté, nous vous présenterons ce système comme une suite d'étapes – au nombre de cinq. Si vous partez de zéro, voici l'ordre que vous devez suivre :

1. Élaborez votre système de sélection autour d'un instrument de mesure du talent.
2. Étalonnez votre instrument en étudiant les meilleurs salariés dans chaque rôle.
3. Transmettez le langage des talents à travers l'ensemble de l'entreprise.
4. Dressez un inventaire des thèmes de l'ensemble de votre entreprise.
5. Étudiez les liens entre le talent mesuré et le résultat obtenu.

Élaborez votre système de sélection autour d'un instrument de mesure du talent

Il existe un certain nombre d'instruments mais, quel que soit celui que vous choisissez, il doit répondre à deux exigences très strictes : il doit être valable sur le plan psychométrique, c'est-à-dire mesurer ce qu'il prétend mesurer, et il doit reposer sur une analyse objective, c'est-à-dire que si deux, trois ou cent personnes analysent les réponses d'un individu donné, elles aboutiront toutes aux mêmes résultats. Cela n'implique pas que toutes ces personnes tirent les mêmes conclusions sur le meilleur rôle à confier à cet individu ou le meilleur moyen de le diriger, mais cela implique qu'elles utilisent toutes exactement les mêmes données pour tirer leurs conclusions personnelles.

Si vous ne vous fondez pas sur cet instrument objectif – et vous contentez de former des managers pour améliorer leur entretien d'embauche ou de vous baser sur les résultats des tests effectués par des observateurs professionnels travaillant dans un centre d'évaluation ou encore de vous fier à n'importe quelle autre méthode manquant de fiabilité (par exemple où différents observateurs évaluent différemment les points forts et les points faibles d'un même candidat) – l'ensemble de votre système de sélection sera faussé dès le départ. Ne possédant pas de données fiables à 100 %, vous serez incapable d'étudier les liens entre le talent mesuré et la performance future. (Pour diverses raisons mathématiques assez difficiles à comprendre, les données issues d'un système affecté par un problème de fiabilité des évaluations sont quasiment inutilisables.) Par exemple, vous ne pourrez jamais identifier les talents à l'origine d'un taux de satisfaction des clients plus élevé, d'une meilleure sécurité, d'une moindre rotation des effectifs ou du rétablissement plus rapide de patients hospitalisés. Le facteur talent sera absent de toutes vos analyses, vous laissant dans l'ignorance de l'influence des talents de chacun de vos salariés sur les résultats de votre entreprise. Vous saurez intuitivement que les talents de chacun ont une influence, mais vous ignorerez dans quel domaine et dans quelle mesure.

Bien sûr, nous ne vous disons pas qu'il est inutile de former des managers à mieux conduire un entretien d'embauche ou que les centres d'évaluation sont une perte de temps et d'argent totale, mais nous vous disons que ces techniques ne peuvent servir de base à un système de sélection parfait. Pour utiliser une métaphore, les entretiens d'embauche, les centres d'évaluation, etc. sont des méthodes analogiques aux insuffisances flagrantes : manque de précision, manque de comparabilité, manque de cohérence. En revanche, un instrument de mesure du talent objectif est une technique numérique. Utilisé correctement, il sert de système d'exploitation permettant à tous les autres « logiciels » – vos analyses économiques, vos stratégies d'embauche, votre planning de la main-d'œuvre – de fonctionner.

Étalonnez votre instrument
en étudiant les meilleurs salariés dans chaque rôle

Vous pouvez commencer avec un simple groupe de référence en posant une série de questions ouvertes pour avoir une idée du rôle, mais l'approche de loin la plus rigoureuse consiste à mener une étude de validité concourante. Aussi difficile que cela puisse paraître, mener une étude de validité concourante est, en fait, tout ce qu'il y a de plus simple : vous appliquez l'instrument de mesure du talent à chacun des salariés jouant le rôle en question, vous recueillez les résultats qu'ils ont obtenus et vous utilisez ces résultats pour identifier un groupe d'étude de cinquante salariés ou plus (les plus efficaces dans ce rôle) et un groupe de contraste du même nombre (les moins efficaces). Si votre entreprise manque de résultats objectifs, vous allez devoir vous poser la question suivante : « Quels sont ceux que j'aimerais embaucher le plus ? » Puis vous étalonnez votre instrument en identifiant les réponses et les talents partagés par le groupe d'étude et absents dans le groupe de contraste. Cet étalonnage doit être effectué par quelqu'un qui s'y connaît en statistiques, mais le résultat définitif est un instrument étalonné au rôle et une compréhension de certains des talents essentiels à l'excellence dans le rôle en question.

Transmettez le langage des talents à travers l'ensemble de l'entreprise

Cette démarche est importante pour plusieurs raisons, en particulier parce que vous souhaitez que vos managers prennent la décision d'embauche finale et vous savez qu'ils prendront de meilleures décisions s'ils possèdent une compréhension approfondie du langage des talents. De nombreuses entreprises centralisent la plupart de leurs activités de recrutement. Les êtres humains étant effroyablement compliqués, il est normal d'avoir un département – généralement celui des ressources humaines – sachant comprendre cette complexité. De même que vous attendez de votre département des technologies de l'information qu'il influence les ressources informatiques que vos managers utilisent, vous attendez de votre département des ressources humaines qu'il influence les ressources humaines qu'ils utilisent. Toutefois, la comparaison n'est pas totalement pertinente. Les salariés ne sont pas des ordinateurs. Ils ne sont pas vendus avec un manuel d'utilisation et ne sont pas dotés de boutons pour les allumer et les éteindre. Pour fonctionner à leur capacité maximale et avec un potentiel optimisé, ils ont besoin d'un manager en qui ils ont confiance, qui exige le meilleur d'eux-mêmes et qui prend le temps de comprendre leurs idiosyncrasies. Bref, ils ont besoin d'une relation. Et cette relation démarre ou cale, comme un moteur, au moment de l'embauche.

Alors enseignez à vos managers le langage des talents. Donnez-leur des candidats diplômés qui utilisent votre instrument étalonné. Puis montrez-leur les talents dominants de chaque candidat et encouragez-les à se servir de ces talents pour prendre une décision aussi judicieuse que possible. Certes, cela ne les empêchera pas de commettre parfois des erreurs d'embauche, mais ces erreurs seront globalement moins nombreuses. Créer une entreprise fondée sur les points forts de ses salariés nécessite des managers investis personnellement dans la réussite de leurs salariés, et il est peu probable qu'ils se sentiront investis si vous leur imposez constamment des salariés en disant amen à toutes les décisions prises par le siège social.

Une autre bonne raison de transmettre le langage des talents à travers l'ensemble de l'entreprise est la suivante : vous pourrez ensuite utiliser ce langage pour recruter et diffuser des offres d'emploi. Si vous lisez attentivement les offres d'emploi de votre journal local, la première chose que vous remarquez est leur manque de pertinence par rapport aux talents. La plupart des annonces insistent fortement sur la nécessité de posséder tel ou tel savoir-faire ou savoir et tant d'années d'expérience, mais restent muettes sur les talents. Paradoxalement, elles détaillent les qualités qu'elles peuvent changer chez un individu, mais ignorent celles qu'elles ne peuvent pas changer.

Une entreprise fondée sur les points forts de ses salariés ne doit pas commettre cette erreur. Après avoir identifié les talents dominants nécessaires au rôle, vous devez rédiger des offres d'emploi exigeant des candidats qu'ils possèdent ces talents. Par exemple, disons que vous avez découvert à partir de votre étude de validité concourante que les talents dominants nécessaires à un programmeur informatique étaient l'analyste (un esprit ordonné et orienté vers les chiffres), le discipliné (un besoin de structure), l'arrangeur (une capacité à coordonner les exigences d'un environnement changeant) et le studieux (un goût pour le processus d'acquisition de compétences dans un domaine donné). Votre annonce doit alors reposer sur les questions suivantes :

- Adoptez-vous une approche logique et systématique de la résolution des problèmes ? (Analyste).
- Êtes-vous un perfectionniste qui s'efforce de mener à bien ses projets en temps utile ? (Discipliné).

- Pouvez-vous établir un ordre de priorité parmi les nombreuses tâches que vous devez effectuer, puis vous engager à respecter les délais ? (Arrangeur).
- Êtes-vous prêt à apprendre à utiliser les langages SQL, Java et PERL et à créer des sites Web reposant sur des bases de données internationales ? (Studieux).

Si vous pouvez répondre affirmativement à ces questions, veuillez contacter...

Vous pouvez exiger aussi un certain niveau de savoir-faire et d'expérience, mais ces quatre questions en caractères gras situées au beau milieu de l'annonce attireront l'attention du lecteur et le défieront de prétendre à ces qualités. Naturellement, certains lecteurs qui ne possèdent pas ces talents poseront quand même leur candidature, mais la plupart ne se porteront pas candidats à ce poste. Vous aurez donc moins de candidats mais des candidats de meilleure qualité – preuve parfaite d'une offre d'emploi efficace.

Dressez un inventaire des thèmes de l'ensemble de votre entreprise

Cet inventaire a deux fonctions distinctes. D'abord, il vous donne un instantané du caractère de votre entreprise. C'est toujours bon à savoir. La culture de votre entreprise privilégie peut être la compétition au détriment des services (son point fort est alors le thème de la compétition et son point faible celui du convaincu). Ou elle est orientée vers les services mais pas assez ouverte sur de nouvelles façons de voir et de faire les choses (c'est-à-dire forte en convaincu et faible en idéation et en stratégique).

Mais cet instantané a une deuxième fonction essentielle : il possède une valeur pratique dans le sens où il vous permet d'aligner votre stratégie des ressources humaines sur votre stratégie commerciale. Par exemple, disons que votre entreprise, une banque, a réalisé que les guichetiers de ses agences devaient devenir plus préoccupés par les ventes si elle voulait mettre en œuvre sa stratégie de vente croisée. Dans le passé, elle a essayé de recycler les guichetiers de ses agences au métier de vendeur, avec les résultats catastrophiques habituels : la plupart des guichetiers sont fiers de satisfaire leurs clients, mais ne leur parlez pas de vente !

À présent, vous pouvez adopter une approche plus élaborée. Considérer l'ensemble de vos guichetiers et identifier ceux qui possèdent des talents plus propices à la vente tels que l'activateur, le commandement et le charisme. Puis investir massivement dans la formation de ces guichetiers afin qu'ils acquièrent les savoirs et savoir-faire nécessaires à la vente croisée et réorganiser les équipes de vos agences de façon que ces guichetiers nouvellement formés proposent leurs produits aux clients et que les autres continuent de faire ce qu'ils font le mieux : fournir un excellent service à la clientèle.

L'exemple ci-dessus présuppose que vous meniez le combat avec l'armée que vous possédez. C'est parfois le cas, mais souvent l'entreprise est libre d'utiliser l'inventaire de ses thèmes pour recruter une armée différente. Par exemple, supposons que l'inventaire des thèmes de votre entreprise révèle que l'ensemble de vos managers possède des talents tels que le réalisateur, l'équité et la focalisation. (Cela arrive d'ailleurs souvent. Un individu possédant ces trois talents s'automotive constamment, fixe des objectifs clairs et respecte les autres. Ce sont exactement les qualités à l'origine de la promotion de cet individu au poste de manager.) Cependant, supposons également que ces managers ne possèdent pas les talents de l'individualisation, de la maximisation et du relationnel. Vu la nature durable du talent, aucun recyclage ne les aidera à savoir parfaitement établir des relations approfondies avec leurs salariés, repérer leurs points forts et favoriser leur réussite. Affublée de cette armée, votre entreprise aura toujours du mal à fidéliser et faire évoluer ses salariés talentueux.

Cette découverte ne doit pas vous démoraliser. Vous pouvez désormais éviter de gaspiller des millions au recyclage de ces managers et investir dans la sélection de nouveaux managers possédant ces talents. Attention ! Nous ne vous suggérons pas de remplacer votre équipe existante par une nouvelle ; ce n'est ni possible ni souhaitable. Nous vous conseillons seulement d'étudier minutieusement les thèmes de talent d'un candidat au poste de manager pour savoir s'il possède les talents que la majorité de vos managers ne possèdent pas. Lentement mais sûrement vous allez changer le caractère de votre entreprise, trait par trait.

Une troisième fonction de l'inventaire des thèmes est de contribuer à faire évoluer la carrière de chaque salarié de façon adaptée. Comme vous le savez, une entreprise est une communauté en mouvement, en perpétuel changement, où les salariés passent d'un rôle à l'autre au fur et à mesure de leur évolution et de celle de leur entreprise. Pour conserver sa force et son dynamisme, l'entreprise doit prendre en compte les talents de chacun de ses salariés avant de décider de leur confier un nouveau rôle. Et c'est rarement le cas. La plupart des entreprises suivent l'évolution des savoir-faire, des savoirs et des expériences professionnelles de leurs salariés, mais ignorent leurs talents. Même si certaines informations sur leurs traits de caractère sont rassemblées au moment de leur embauche, elles sont ensuite rapidement jetées aux oubliettes.

Votre système de sélection doit éviter ce défaut majeur. Dressez un inventaire des thèmes pour rassembler et conserver les thèmes de talent de chacun des salariés. Mettez en place un mécanisme (l'Intranet, l'Internet ou un support matériel) permettant à un manager d'avoir accès aux thèmes d'un salarié donné s'il envisage de lui confier un nouveau rôle. L'inventaire des thèmes de ce salarié ne limite pas ses choix de carrière. Bien au contraire. Pourquoi ? Parce qu'il vous permet de penser à lui pour un rôle totalement différent même s'il ne possède pas les savoirs, savoir-faire ou expériences nécessaires. Comme nous l'avons dit au chapitre 5, l'individu emporte toujours ses talents avec lui, où qu'il aille. Et vous pouvez toujours lui apprendre le reste.

Étudiez les liens entre le talent mesuré et le résultat obtenu

Bon nombre de départements des ressources humaines souffrent d'un complexe d'infériorité. Avec les meilleures intentions du monde, leurs membres font tout leur possible pour valoriser les individus mais, assis autour de la table de la salle du conseil, ils pensent ne pas jouir du même respect que les membres des services financiers et marketing, par exemple. Dans bien des cas ils ont raison mais, malheureusement, dans bien des cas ils ne méritent pas ce respect. Pourquoi ? Parce qu'ils n'ont aucune donnée. La plupart des dirigeants savent que la qualité des salariés de l'entreprise influe sur leurs résultats économiques, mais ils attendent, à juste titre, des explications plus détaillées. Voici quelques exemples de questions auxquelles un dirigeant efficace doit légitimement attendre des réponses :

- Quelle est la qualité de nos efforts de recrutement ? Quelle est la source de nos candidats les plus talentueux – les universités, les entreprises concurrentes, les forces armées, le journal local, l'Internet ? Comment le savons-nous ?
- Quels types d'individus sont des étoiles filantes, extrêmement productifs très rapidement mais dont les performances se détériorent tout aussi rapidement et qui finissent par quitter l'entreprise ? Comment le savons-nous ?
- Élevons-nous le niveau de talent de nos managers à chaque nouvel individu promu ? Comment le savons-nous ?

- Quels types d'individus ont le talent d'être de futurs leaders ? Combien en avons-nous dans l'entreprise ? Embauchons-nous volontairement davantage d'individus avec ce potentiel ? Comment le savons-nous ?
- Consacrons-nous notre budget formation à la formation des salariés les plus talentueux ? Comment le savons-nous ?
- Quels types d'individus sont appréciés de nos managers mais peu appréciés de nos clients ? Comment le savons-nous ?

Sans données objectives sur le talent, même le directeur des ressources humaines le plus expérimenté séchera sur ces questions. Mais, à l'appui de données, il pourra décrire en détail les liens entre le talent mesuré et le résultat obtenu. À titre d'exemple, prenons la dernière question : Quels types d'individus sont appréciés de nos managers mais peu appréciés de nos clients ?

Travaillant avec une grande société de télécommunications, la Gallup Organization a eu accès aux évaluations, réalisées par les managers, de plus de cinq mille salariés en relation avec les clients, aux thèmes dominants de ces salariés, et aux évaluations données par la clientèle. (Pour chaque salarié, Gallup a contacté quinze clients par mois et leur a demandé d'évaluer la qualité du service qui leur avait été fourni. L'étude a duré dix mois, ce qui signifie que chaque salarié a fait l'objet de cent cinquante évaluations de la part des clients.) Nous avons entré toutes ces données dans l'ordinateur et essayé d'identifier les liens.

Notre première découverte a été la suivante : les salariés qui possédaient les thèmes de la responsabilité et de l'harmonie étaient les mieux notés par leurs managers ce qui, à bien y réfléchir, semble tomber sous le sens. Si un salarié arrive toujours à l'heure à son travail et ne fait jamais d'histoires, il est susceptible de se faire aimer de son patron. À l'appui de cette découverte, le directeur des ressources humaines peut être tenté de dire au dirigeant de l'entreprise : « Si nous voulons améliorer l'ensemble des résultats d'évaluation de nos managers, nous devons embaucher davantage de salariés dotés des talents de responsabilité et d'harmonie. » Malheureusement, si le dirigeant suivait ce conseil, il choisirait la mauvaise voie pour son entreprise, parce que notre deuxième découverte a été la suivante : il n'existait aucun lien entre les évaluations réalisées par les managers et celles effectuées par les clients. En langage mathématique, la corrélation statistique entre ces deux types de données était nulle. Les comportements évalués par les managers n'avaient aucun rapport avec ceux évalués par la clientèle. Les managers auraient aussi bien pu mesurer la pointure de leurs salariés...

Notre troisième et dernière découverte a été décisive : nous avons découvert que les salariés les mieux notés par les clients ne possédaient pas les thèmes de la responsabilité et de l'harmonie, mais ceux du réalisateur, de la positivité, du studieux, du commandement et de restaurer. Ces salariés s'auto-motivaient constamment, étaient dynamiques et optimistes, avides d'apprendre et suffisamment affirmés pour prendre en charge le problème de chaque client et le résoudre (et pour affronter leur manager en cas de désaccord, ce qui expliquait probablement leurs mauvaises appréciations). Guidée par cette découverte, l'entreprise a pu faire deux choses : réorienter son recrutement et sa sélection vers ces cinq thèmes essentiels et abandonner le processus d'évaluation complexe effectué par ses managers au profit d'une évaluation plus objective des performances des salariés : le taux de satisfaction des clients.

Les meilleurs départements des ressources humaines doivent apprendre le langage de l'économie. Être capables d'expliquer mathématiquement les effets subtils mais significatifs de la nature humaine sur les résultats économiques. C'est à ce prix qu'ils deviendront aussi utiles que les autres départements et gagneront le respect qu'ils méritent vraiment.

Un système de gestion des performances fondé sur les points forts

Une fois que vous avez découvert les talents dominants de chaque individu, vous devez privilégier le développement de ces talents pour les transformer en performances mesurables. Toutes les entreprises sont d'accord avec cela. Plus surprenant encore, la plupart sont également d'accord sur les trois domaines de performance clé qui méritent attention.

1. L'impact de l'individu sur les résultats économiques de l'entreprise, par exemple le nombre de ventes conclues par un représentant, le nombre d'erreurs sur un million commises par une équipe de fabrication, le taux de chapardage enregistré par un gérant de magasin ou l'accroissement du profit affiché par un gérant de restaurant.
2. L'impact de l'individu sur le client, interne ou externe. Les entreprises ont différents moyens de l'étudier – programmes de « faux-clients », enquêtes sur le terrain, enquêtes par téléphone, etc. – mais l'objectif demeure identique : mesurer la qualité de service offerte au client.
3. L'impact de l'individu sur son entourage professionnel. Ici aussi les entreprises utilisent différentes méthodes – enquêtes exhaustives pour évaluer le comportement de chaque salarié dans différentes situations, sondages d'opinion effectués auprès des salariés, évaluations qualitatives des managers par leurs salariés – mais, quel que soit le système choisi, le but est de rendre chaque individu responsable de son influence sur la culture de l'entreprise.

Cependant, l'accord s'estompe lorsqu'il s'agit de déterminer les décisions que l'entreprise doit prendre pour améliorer les performances d'un individu dans ces domaines. Sur un plan conceptuel, le monde de ce que l'on appelle souvent la «gestion des performances» se divise en deux camps distincts. Les deux camps croient à l'importance vitale du potentiel de leurs salariés, mais un seul des deux créera le type d'environnement favorable à la réalisation de ce potentiel. Un seul créera un cadre de travail fondé sur les points forts de chaque salarié. Et, malheureusement, le camp basé sur les points forts est actuellement très minoritaire.

Le camp majoritaire, celui de l'establishment, comprend les entreprises qui réglementent le *processus* de performance. Si la performance est un trajet de l'individu aux résultats, ces entreprises choisissent de se focaliser sur les étapes de ce trajet. Elles utilisent leur créativité pour définir le trajet en détail et, une fois celui-ci défini, tentent d'apprendre à chaque salarié à suivre le même chemin.

Ces entreprises «des dix commandements» partagent de nombreuses caractéristiques telles qu'une prise en charge excessive des salariés et une dépendance exagérée à l'égard du reengineering des processus, mais leur principal signe distinctif est peut-être leur fascination actuelle pour les compétences managériales. En vue d'accroître l'impact de chaque manager sur leur culture, elles établissent une liste de comportements ou «compétences» souhaités (par exemple, «utiliser l'humour à bon escient», «accepter le changement» ou «avoir une pensée stratégique») et gaspillent beaucoup de temps et d'argent à apprendre aux managers à acquérir ces compétences. Dans ce type d'entreprises, l'enseignement d'un style managérial étant la priorité devant l'évaluation des véritables performances, la question essentielle devient : «Puisque nous investissons tant dans ces compétences, comment pouvons-nous évaluer les progrès réels des individus pour savoir s'ils améliorent leurs compétences ?»

Pour le camp minoritaire, celui focalisé sur les points forts, cette question est sans intérêt. Ce type d'entreprises ne privilégie pas les étapes mais la destination du voyage – à savoir la meilleure façon d'évaluer les résultats de chaque individu dans les trois domaines-clés. Les efforts de formation visent à aider les individus à trouver leur propre chemin et à le suivre pour atteindre la destination prévue. Ces entreprises ne s'efforcent pas de mesurer l'efficacité de cette formation. Elles commencent par définir la meilleure méthode d'évaluation des résultats, puis orientent les efforts de formation vers l'amélioration de ces résultats. Si les résultats s'améliorent, la formation est efficace. S'ils stagnent ou régressent, elle est inefficace.

Le camp majoritaire continuera d'évaluer certains résultats (en particulier dans le domaine des résultats économiques) et le camp minoritaire de définir et d'enseigner certains processus (tous les créateurs de mode doivent savoir couper des vêtements, tous les responsables d'établissements de crédit doivent apprendre à exprimer leurs conditions vis-à-vis des clients de la banque). Néanmoins, la différence entre les deux camps est réelle. Les entreprises axées sur les procédures sont là pour lutter contre les idiosyncrasies de chaque salarié. Les entreprises fondées sur les points forts sont là pour miser sur cette unicité.

Alors, que peut faire votre entreprise pour rejoindre le camp des entreprises fondées sur les points forts ? Nous vous suggérons quatre étapes :

1. Trouvez la meilleure méthode d'évaluation de la performance attendue.
2. Créez une fiche d'évaluation de chaque salarié.
3. Obligez chaque manager à avoir une discussion avec ses salariés sur leurs points forts.
4. Organisez pour chaque salarié des réunions régulières, prévisibles et productives avec son supérieur direct.

Trouvez la meilleure méthode d'évaluation de la performance attendue

C'est la destination du voyage, si vous voulez. Dans le domaine des résultats économiques, c'est relativement facile. En utilisant une question simple telle que « Pour quel type de travail les salariés qui jouent ce rôle sont-ils payés ? », vous pouvez cibler votre pensée et parvenir à établir des critères d'évaluation de leur performance dans ce rôle. Toutefois, même ici, la créativité a sa place. Les centaines de spécialistes en assistance technique aux clients de chez Cox Communications, entreprise située à la périphérie de San Diego, en Californie, sont évalués non seulement sur des critères standard tels que le temps de parole (durée moyenne d'un appel) et le temps de travail effectif (temps moyen passé quotidiennement au téléphone avec des clients), mais aussi sur un critère plus original : les déplacements en camion. Un déplacement en camion est inévitable lorsque le spécialiste est incapable de résoudre le problème du client par téléphone et doit envoyer un camion d'assistance à son domicile. Comme cela ennuie plutôt les clients, les spécialistes sont invités à envoyer le moins de camions possible.

En essayant de définir des critères de résultats économiques pour chaque rôle clé, ne soyez pas découragé si des salariés vous disent : « Vous ne pouvez pas évaluer mon rôle. Il est trop changeant, trop dynamique, trop subjectif. » Ils ont peut-être raison. Leur rôle peut admettre ces trois qualificatifs à la fois, mais dans le monde économique actuel en perpétuelle mutation on peut dire la même chose de tous les rôles. Certes, certains sont plus sujets aux changements que d'autres, mais tous sont destinés à produire certains résultats. Vous devez être capable de chiffrer, de mesurer ou de classer quelques-uns de ces résultats. Avec un peu de créativité vous trouverez un critère d'évaluation des résultats adapté à chaque rôle.

Mesurer l'impact de chaque salarié sur le client est un peu plus difficile. Les clients d'une entreprise d'assistance technique n'attendent pas les mêmes services que les clients d'une banque, c'est évident. De même, les clients externes d'un département ont des exigences très différentes de celles des clients internes de ce même département. Face à cette variété d'attentes, de nombreuses entreprises établissent des questionnaires adaptés à chaque rôle en vue d'analyser avec précision la relation salarié/client. Malheureusement, ces questionnaires très longs compliquent encore les choses. Certes, ils constituent parfois des outils de diagnostic utiles – « Que se passe-t-il exactement lorsque nos salariés et nos clients entrent en relation ? » – mais ils sont quasiment inutiles pour évaluer des performances en raison de leur complexité.

Une approche plus efficace consiste à élaborer une méthode simple pour mesurer les émotions que vous voulez créer chez vos clients, internes ou externes. Vous pouvez ensuite charger vos salariés de créer ces émotions en utilisant les points forts qu'ils possèdent. Nous vous proposons les trois questions suivantes issues des études approfondies de Gallup sur la fidélisation des clients. Elles constituent un moyen simple et précis d'évaluer l'impact des salariés sur les clients, externes ou internes :

1. Globalement, le service que vous avez reçu a-t-il répondu à vos attentes ? Dans quelle mesure ? Était-il bien meilleur que prévu ou beaucoup moins bon que prévu ?
2. Allez-vous recommander ce produit/service à d'autres personnes ? Très certainement ou certainement pas ?
3. Allez-vous continuer à utiliser ce produit/service ? Très certainement ou certainement pas ?

Avec la technologie actuelle, il est relativement simple d'établir un lien entre un salarié donné et un client donné. En posant ces trois questions directement à vos clients, vous pouvez éviter l'aspect potentiellement faussé ou le manque de pertinence possible des évaluations effectuées par les managers et obtenir une évaluation précise de l'impact réel de chaque salarié sur le client.

Mesurer l'impact de l'individu sur son entourage professionnel est tout aussi difficile. La relation entre le manager et ses salariés et entre le salarié et ses collègues est si complexe que vous pouvez difficilement blâmer les entreprises qui tentent de réglementer cette relation avec des compétences fixées d'avance. Cependant, pour reprendre notre propos précédent, nous vous suggérons une approche plus efficace : évaluer les *résultats* d'une culture productive et charger chaque manager de produire ces résultats en utilisant le style qui lui convient le mieux. Les douze questions suivantes définissent les résultats d'une culture productive. Nous vous conseillons de les poser à chacun des salariés et d'évaluer leurs réponses sur une échelle de 1 à 5 (5 pour « Oui, absolument », 1 pour « Non, pas du tout »).

1. Suis-je au courant de ce que l'on attend de moi au travail ?
2. Ai-je le matériel et les outils de travail dont j'ai besoin pour faire correctement mon travail ?
3. Au travail, ai-je l'occasion de faire quotidiennement ce que je sais faire le mieux ?
4. Au cours de la semaine dernière, ai-je reçu des marques de reconnaissance ou des félicitations pour avoir bien effectué mon travail ?
5. Ai-je l'impression que mon supérieur ou une autre personne de ma société s'intéresse à moi en tant qu'individu ?
6. Au travail, quelqu'un encourage-t-il mon développement personnel et professionnel ?
7. Mes opinions semblent-elles avoir du poids au sein de l'entreprise ?

8. La mission/les objectifs de ma société me donnent-elles le sentiment que mon travail est important ?
9. Mes collaborateurs s'engagent-ils à fournir un travail de grande qualité ?
10. Ai-je un(e) très bon(ne) ami(e) où je travaille ?
11. Au cours des six derniers mois, quelqu'un au travail m'a-t-il fait part de mes progrès ?
12. Dans mon entreprise, ai-je l'occasion d'apprendre et d'évoluer ?

Si vous avez lu *Manager contre vents et marées*, vous savez que ces douze questions ont été sélectionnées à partir d'une liste de centaines de questions précisément parce que, formulées ainsi (avec des qualificatifs comme « quotidiennement », « au cours de la semaine dernière » et « un(e) très bon(ne) ami(e) »), elles mesuraient la fidélisation du personnel, sa productivité, sa rentabilité et la satisfaction des clients. Posées deux fois par an, ces questions mesurent avec un maximum de fiabilité et de pertinence l'impact d'un manager sur ses salariés. Et pourtant elles n'obligent pas tous les managers à avoir un style de management identique. Si l'on prend la première question, « Suis-je au courant de ce que l'on attend de moi au travail ? », une entreprise n'a pas à se préoccuper de savoir si le manager X fixe des objectifs à ses salariés en discutant longuement avec eux en tête à tête ou si le manager Y préfère utiliser les réunions hebdomadaires de l'équipe pour fixer ses objectifs, à condition que les salariés savent, au bout de six mois, ce que l'on attend d'eux. Ici encore c'est l'objectif attendu qui est fixé et non le chemin à prendre pour l'atteindre.

Et qu'en est-il de l'impact du salarié sur ses collègues ? Les douze questions proposées plus haut sont incapables de l'évaluer puisqu'elles concernent les relations manager/salarié et non les relations salarié/

salarié. Alors essayez d'utiliser les quatre questions suivantes issues également de nos études sur les lieux de travail les plus productifs :

Cet individu fait-il son travail :

1. de façon disciplinée, c'est-à-dire en temps utile ?
2. de façon précise ?
3. en y prenant du plaisir et en vous aidant si vous en avez besoin ?
4. en vous donnant l'impression que vos opinions comptent ?

Avec l'Intranet de votre entreprise, vous pouvez effectuer ce bref sondage deux fois par an en demandant à chaque salarié d'identifier les individus avec lesquels il a été en relation au cours des six derniers mois et recueillir de façon anonyme son opinion sur ces individus évaluée sur une échelle de 1 à 5.

Fort de ces trois critères d'évaluation des résultats – résultats économiques, impact sur le client et impact sur la culture – vous pouvez passer aux trois étapes suivantes nécessaires à la création d'un système de gestion des performances fondé sur les points forts.

Créez une fiche d'évaluation de chaque salarié

On a beaucoup souligné ces derniers temps la nécessité, pour les grandes entreprises, d'utiliser une fiche d'évaluation objective mesurant leurs performances globales. Dans leur livre *The Balanced Scorecard*, Robert Kaplan et David Norton disent que la vraie force d'une entreprise ne peut être évaluée qu'en mesurant de nombreux aspects différents de sa performance. Les instruments de mesure traditionnels tels que l'accroissement du profit et la croissance du chiffre d'affaire sont aujourd'hui dépassés – « des approximations approximatives du passé récent », comme les décrivait un économiste – et, par conséquent, en disent peu sur l'avenir de l'entreprise. Si vous voulez anticiper la situation de votre entreprise à long terme, vous devez ajouter des indicateurs précieux tels que la satisfaction des clients, la fidélité des salariés et les ressources en talent.

Tous les salariés doivent recevoir une fiche d'évaluation leur donnant une image objective de l'ensemble de leurs performances. Cette fiche doit contenir les données relatives à leurs performances dans les trois domaines évalués : résultats économiques, impact sur le client et impact sur la culture. Elle doit être facile à lire et comporter un chiffre global correspondant à leurs résultats dans chacun des trois domaines de performance, ainsi qu'un chiffre correspondant à leur classement, ce qui facilite les comparaisons (par exemple, le 50e centile ou, si vous voulez motiver vos salariés par une image des meilleures pratiques, le 75e centile). Et cette fiche doit être mise à jour deux fois par an minimum.

Cette fiche d'évaluation aura deux fonctions. D'abord, elle montrera au salarié son niveau de réussite dans le rôle. Cela semble évident, mais vous seriez surpris de voir le nombre de salariés ignorant comment leur réussite est mesurée. En effet, dans notre base de données comprenant 1,7 millions de salariés, 67 % d'entre eux ne répondent pas « Oui, absolument » à la question « Êtes-vous au courant de ce que l'on attend de vous au travail ? » Le problème n'est pas seulement que leur ignorance de ce que l'on attend d'eux au travail les empêchera de se fixer des objectifs et d'établir des priorités, mais aussi et surtout que leur ignorance de la méthode d'évaluation de leur réussite ne leur donnera jamais l'occasion de sentir qu'ils ont réalisé quelque chose avec succès au sein de leur entreprise.

Ensuite, cette fiche d'évaluation renforcera les valeurs de l'entreprise aux yeux de ses salariés. C'est une chose d'inciter bassement les managers, par la flatterie, à traiter leurs salariés avec respect. Cela en est une autre de les rendre responsables deux fois par an des réponses de leurs salariés aux douze questions. C'est la même chose pour l'impact des salariés sur les clients et leurs collègues. L'évaluation jette une lumière révélatrice et quantitative sur des valeurs qualitatives.

Obligez chaque manager à avoir une discussion avec ses salariés sur leurs points forts

De toutes les étapes, c'est la plus souvent ignorée. La plupart des entreprises font l'impasse sur les talents uniques de leurs salariés et prétendent que tous les salariés qui jouent le même rôle nécessitent le même style de management. Par comparaison, on peut dire que ces entreprises jouent aux dames avec leurs salariés. Elles partent de l'hypothèse que tous les salariés jouant un rôle identique font des coups identiques et, par conséquent, réagissent tous au même type d'entraînement, apprennent tous de la même façon et nécessitent tous le même degré de contrôle – les débutants un peu plus et les avertis un peu moins.

En revanche, les entreprises fondées sur les points forts de leurs salariés jouent aux échecs avec eux. Elles comprennent que toutes les pièces ont des déplacements différents et, si elles ne savent pas les identifier, elles sont susceptibles de traiter une tour comme un cavalier et un cavalier comme une tour, ce qui fait échouer à la fois la tour et le cavalier et conduit le joueur à perdre la partie. C'est pourquoi elles commencent par prendre le temps d'apprendre les coups les plus forts de chaque pièce. Certains des coups les plus forts dépendent du savoir, du savoir-faire ou de l'expérience de la pièce, mais la plupart sont liés à un talent ou une combinaison de talents spécifique.

Au moment de l'embauche d'un salarié ou au début d'une nouvelle relation manager/salarié, une discussion sur les points forts doit avoir lieu. La forme de cette discussion dépendra du style du manager, mais elle devra toujours aborder les questions suivantes :

- Quels sont les thèmes dominants du salarié ?

- En quoi peuvent-ils l'aider à être performant dans son travail ? Quel style produisent-ils ?
- Quels savoir-faire le salarié peut-il apprendre ou quelle expérience peut-il avoir lui permettant de transformer ses talents en véritables points forts ?
- Quel style de management le salarié apprécie-t-il ? (Quelles sont les plus belles félicitations qu'il ait reçues ? Dira-t-il à son manager ce qu'il ressent ou le manager devra-t-il toujours le lui demander ? Est-il très indépendant ou aime-t-il les mises au point régulières avec son manager ? Et ainsi de suite. Si votre entreprise utilise le StrengthsFinder, les questions liées à l'action du manager seront très utiles ici.)

La discussion sur les points forts peut aborder d'autres sujets tels que la situation personnelle du salarié ou ses objectifs professionnels, mais ces quatre domaines doivent être privilégiés.

Exceptées quelques informations pratiques pour le manager, c'est le salarié qui bénéficiera le plus de cette discussion : il deviendra conscient de l'intérêt que représentent ses points forts pour l'entreprise. Si vous voulez fidéliser un salarié talentueux, montrez-lui que vous vous intéressez à lui, que vous l'aiderez à évoluer, et surtout que vous le *connaissez*, le reconnaissez (ou, du moins, que vous essayez de le connaître et de le reconnaître). Dans le monde du travail actuel, de plus en plus anonyme et fluctuant, l'intérêt majeur porté par votre entreprise aux points forts de ses salariés la rendra unique en son genre.

Cette reconnaissance ne signifie pas que vous le laisserez faire ce qu'il veut en toute impunité. Au contraire, elle signifie que vous le pousserez à donner le meilleur de lui-même en lui lançant davantage de défis. Vous exigerez davantage de lui précisément parce que vous connaîtrez les domaines où réside son plus grand potentiel d'excellence. Et maintenant il saura que vous savez. *Il sera conscient que vous êtes conscient de ses points forts* – le meilleur moyen de bien commencer son voyage vers la performance optimale.

Vous disposez à présent d'un moyen d'évaluer sa destination finale, son résultat. D'une fiche d'évaluation complète pour suivre de près son voyage. Et d'un début de relation fondé sur la conscience qu'il a de votre intérêt pour ses points forts. Pour compléter votre système de gestion des performances, vous avez besoin d'un mécanisme d'assemblage de toutes ces pièces. D'un moyen de canaliser ses points forts vers la performance en lui faisant suivre sa voie de moindre résistance.

Hormis les efforts louables de nombreux départements des ressources humaines et de la formation, le manager du salarié est, de loin, le partenaire qui a le plus d'influence sur son trajet. Par conséquent, le meilleur moyen de canaliser les points forts du salarié vers la performance est, par définition, d'organiser des réunions régulières, prévisibles et productives avec son supérieur direct.

Organisez pour chaque salarié des réunions régulières, prévisibles et productives avec son supérieur direct

Si, avec toutes les autres étapes que nous avons décrites, vous pouvez organiser des réunions d'une heure au moins par trimestre entre vos managers et chacun de vos salariés pour discuter des résultats obtenus, vous allez certainement doubler le nombre de salariés qui affirment utiliser quotidiennement leurs points forts.

Cela semble presque trop simple et, en un sens, l'est bel et bien. Il existe de nombreux moyens de rendre ces réunions plus élaborées. Par exemple, vous pouvez étudier les méthodes des meilleurs éléments dans chaque rôle clé, les regrouper dans un manuel de formation et encourager vos managers à le consulter s'ils ne savent pas précisément quel conseil donner à un salarié. Ou, comme nous l'avons décrit dans

Manager contre vents et marées, former vos managers à axer chaque réunion sur les trois questions fondamentales suivantes :

- Quel est le principal objectif du salarié pour les trois prochains mois ?
- Quelles nouvelles découvertes sur lui (ou quels nouveaux domaines d'apprentissage) envisage-t-il ?
- Quels nouveaux partenariats (ou quelles nouvelles relations) espère-t-il établir ?

Des techniques de ce genre peuvent être utiles, mais des réunions régulières et prévisibles avec un manager sont à elles seules extraordinairement efficaces. Pourquoi ? Parce qu'elles créent une tension constante vers l'objectif à atteindre – pour le salarié, continuer d'atteindre ses objectifs à court terme et pour le manager continuer à ajouter de la valeur. Parce qu'elles rapprochent le manager de la réalité, ce qui lui permet de comprendre plus facilement ce que ressent le salarié et de repérer plus tôt les signes précurseurs d'un changement sur le marché. Parce qu'elles fournissent au manager des détails lui permettant de voir les différences subtiles entre ses salariés. Parce qu'elles sont le forum où les efforts de formation générale sont adaptés aux besoins de chaque salarié. Et, bien sûr, parce qu'elles servent à instaurer des relations entre managers et salariés.

Le monde du travail actuel est si dynamique et si individualiste qu'il est quasiment impossible de créer une entreprise fondée sur les points forts des individus sans ces réunions. Tous vos efforts centralisés – mener des études de validité concourantes, dresser un inventaire des thèmes de talent des individus, élaborer des systèmes d'évaluation – verront leur efficacité amoindrie si vos managers ne se réunissent pas régulièrement et de façon prévisible avec chacun de leurs salariés. Ces réunions sont le noyau central des meilleures entreprises.

Un système de développement professionnel fondé sur les points forts

Dernier obstacle à franchir pour créer une entreprise fondée sur les points forts : changer le système de développement professionnel des individus. Vous ne pouvez pas miser sur leurs points forts si vous continuez de les promouvoir en leur confiant des rôles inadaptés à ces points forts.

Nous connaissons les dangers de la surpromotion depuis au moins trente ans (le livre *Le Principe de Peter*, qui décrivait comment la plupart des individus étaient promus à leur niveau d'incompétence, a été publié à la fin des années 1960), alors pourquoi continuons-nous de la pratiquer ? Parce que nous voulons donner aux individus la chance d'évoluer ? Parce que nous ne voulons pas qu'ils stagnent dans leur rôle ? Parce que nous voulons leur offrir une carrière ? Parce que nous voulons les récompenser pour leur travail accompli avec succès ? Nul doute que nous sommes influencés par toutes ces bonnes intentions. Pourtant, aucune d'entre elles n'implique nécessairement de promouvoir l'individu. Les individus peuvent apprendre, évoluer professionnellement et être félicités pour leurs bons résultats sans obtenir d'avancement. Alors la question demeure : lorsqu'il s'agit d'apprentissage, d'évolution professionnelle ou de félicitations, pourquoi décidons-nous si souvent de faire gravir les échelons hiérarchiques aux individus ? Si nous ne nous attaquons pas dès à présent à ce statu quo, dans trente ans le principe de Peter restera aussi profondément enraciné dans les entreprises qu'aujourd'hui, des millions de salariés continueront de jouer un rôle qui ne leur convient pas et toutes les organisations continueront d'en pâtir.

Nous vous proposons l'explication suivante : la plupart des entreprises continuent de donner de l'avancement à leurs salariés en raison d'une grande idée et d'une grande erreur – combinaison des plus dangereuse. La grande idée est qu'elles savent intuitivement qu'une soif de prestige est certainement la motivation humaine la plus forte. Comme le dit Frank Fukuyama dans son livre *La Fin de l'histoire et le dernier homme*, à travers les siècles nos philosophes les plus sages ont identifié le « besoin d'être reconnu comme un individu méritant et important » comme l'essence même de l'être humain : « Platon parlait du *thymos*, ou "humeur", Machiavel du désir de gloire de l'homme, Hobbes de sa fierté ou de sa vanité, Rousseau de son amour-propre, Alexandre Hamilton de l'amour de la célébrité, James Madison de l'ambition, Hegel de la reconnaissance et Nietzsche de l'homme en tant que "la bête aux joues rouges". » Aucun de ces philosophes ne voulait dire que nous étions tous égotistes. Ils disaient simplement qu'au plus profond de son psychisme chacun de nous avait besoin d'être considéré comme un individu digne de respect et que ce besoin était si fort que l'homme était prêt à risquer sa vie pour le satisfaire.

Nous n'avons pas besoin de Hegel, Nietzsche ni Platon pour nous en convaincre. Nous le sentons intuitivement. Dans toutes nos actions, de nos chamailleries dans la cour de récréation aux batailles les plus nobles de l'humanité contre l'oppression, nous reconnaissons l'autorité morale de la voix qui nous dit : « Traite-moi avec le respect que je mérite en tant qu'être humain. » C'est ce qui explique pourquoi nous savons instinctivement que les préjugés sont mauvais, que la condition humaine naturelle est la liberté et que le meilleur moyen d'honorer quelqu'un est de lui accorder davantage de prestige.

Et nous avons raison de penser ainsi. Si vous voulez imaginer ce qui arriverait à une entreprise qui oublierait cette grande idée et, par conséquent, ne satisferait pas le besoin de prestige de chaque individu, regardez ce qui est arrivé au communisme. La mort du communisme était inévitable (finalement) parce qu'il accordait du respect à la communauté mais jamais à l'individu, et il s'est progressivement vidé de sa force et de son esprit. On peut dire la même chose de ces expériences récentes visant à supprimer les hiérarchies organisationnelles et à créer des équipes autogérées où personne n'est responsable et où tout le monde porte le titre d'associé. Formidables en théorie, ces expériences échouent en pratique précisément parce qu'elles frustrent la soif de prestige de tout individu.

Si notre grande idée est que tous les êtres humains aspirent au prestige et que cette aspiration doit être canalisée et non ignorée ou réprimée, quelle est notre grande erreur ? Elle est de penser que tous les êtres humains aspirent au même type de prestige – celui qui accompagne le pouvoir. Il y a encore vingt ans, penser cela n'aurait pas été une erreur. Dans les sociétés très autoritaires où la liberté de décision et de jugement de chaque individu est livrée aux caprices de celui qui est au-dessus de lui, le seul prestige digne d'acquérir est celui qui accompagne le pouvoir sur les autres. Et il y a encore vingt ans, la plupart des entreprises aux cultures commandement-contrôle centralisées étaient des sociétés très autoritaires. Rien d'étonnant à ce que tout le monde ait voulu gravir les échelons hiérarchiques aussi vite que possible. C'était le seul moyen de ne pas être sous l'emprise d'autrui. Le seul moyen d'être respecté.

Mais actuellement de nombreuses entreprises délaissent le modèle commandement-contrôle pour adopter des cultures plus aptes à la délégation de pouvoir. Elles y sont obligées. Dans notre économie du savoir où les compétences spécialisées et les relations à la clientèle personnalisées sont prisées, il est fort probable que les salariés connaissent davantage leur domaine spécialisé ou leurs clients particuliers que les managers. Par conséquent, le pouvoir de décision et de jugement des managers perd beaucoup de sa force et de son aspect menaçant. Dans ces entreprises, qui mérite le plus de prestige, le programmeur génial ou son patron ? Le vendeur génial ou son directeur des ventes ? Le gérant de magasin génial ou son directeur régional ?

La réponse est la suivante : dans une économie du savoir (et, de surcroît, sur un marché du travail tendu), tous ceux qui excellent dans leur rôle méritent du prestige. *Il devrait exister plusieurs types de prestige reflétant les différentes performances quasi parfaites que l'entreprise veut encourager.* Malheureusement, la plupart des entreprises ne sont tout simplement pas prêtes à proposer différents types de prestige. Certes, elles reconnaissent la nécessité d'une délégation de pouvoir, mais elles restent enfermées dans un seul type de prestige – celui lié au pouvoir sur autrui. Et parce qu'elles ne voient qu'un seul type de prestige, elles n'ont construit qu'un seul chemin pour l'atteindre : obtenir de bons résultats, gravir un barreau de l'échelle hiérarchique, avoir plus de pouvoir. Obtenir des résultats encore meilleurs, gravir plusieurs barreaux de l'échelle hiérarchique, avoir encore plus de pouvoir. Et ainsi de suite. Si une hiérarchie n'est qu'un système pour distribuer différents types de prestige à différents individus, alors le problème de la plupart des entreprises n'est pas d'avoir trop mais trop peu de hiérarchies. Elles souffrent d'une pénurie de prestige.

L'entreprise fondée sur les points forts des individus doit éviter ce problème. Elle doit proposer aux individus différents types de prestige significatif. En pratique, c'est une démarche complexe et minutieuse, mais en théorie nous vous suggérons de prendre deux mesures fondamentales. D'abord, *votre entreprise doit construire davantage d'échelles*. Pour cela, prenez chaque rôle clé et définissez trois barreaux essentiels à l'échelle : bon, très bon, excellent. Le barreau le plus élevé doit représenter la performance optimale dans ce rôle. Vérifiez que vous identifiez des critères de performance spécifiques (et pas seulement la durée d'occupation d'un poste) que le salarié doit satisfaire s'il veut passer d'un barreau à l'autre. Utilisez la fiche d'évaluation en vue de déterminer les niveaux de performance exigés pour chaque barreau. Le nombre de barreaux et les niveaux de performance requis varieront selon les rôles, mais le but final de cette démarche est d'être capable de dire à tout nouvel individu qui se voit confier un rôle : « Voilà le niveau de performance maximale dans votre rôle et voilà ce que vous devez faire exactement pour l'atteindre. »

Ce à quoi l'individu peut répondre : « D'accord, mais si j'atteins ce niveau de performance maximale, serais-je respecté dans l'entreprise ? » Il est préférable que votre réponse soit positive, sinon le salarié se souciera peu de gravir les barreaux. Ensuite, vous devez *motiver les individus à gravir les barreaux*. La meilleure façon est de redistribuer le prestige selon le principe suivant : plus vous grimpez haut, plus vous obtenez de prestige. Ce qui nécessite de changer le système des titres. Pourquoi votre meilleur gérant de magasin, votre meilleure infirmière en chef, votre meilleur vendeur ou votre meilleur représentant du service client ne peut-il pas posséder un titre équivalent à celui de cadre supérieur ? Cela peut paraître bizarre à première vue, mais pourquoi ne devraient-ils pas mériter un titre qui comporte ce niveau de prestige ? Si votre fiche d'évaluation objective révèle qu'ils excellent constamment à atteindre les résultats souhaités, pourquoi leur refuser le prestige simplement parce qu'ils n'ont pas de pouvoir sur les autres lié à leur position hiérarchique ? Certains diront que ces titres ne doivent pas être donnés à des rôles inférieurs parce que cela va à l'encontre des normes des secteurs d'activités. C'est vrai, et alors ? La plupart de ces normes ne sont pas fondées sur les points forts des individus et vous ne souhaitez certainement pas qu'elles entravent votre entreprise.

Vous allez aussi devoir changer votre grille des salaires pour refléter cette nouvelle distribution du prestige. Comme nous l'avons dit dans *Manager contre vents et marées*, le moyen le plus efficace est de créer une nouvelle grille des salaires en les découpant en larges bandes et en permettant au salarié qui occupe le barreau le plus élevé de l'échelle du rôle de gagner 30, 40 voire 50 % de plus que celui qui occupe le barreau le moins élevé de l'échelle.

Si vous craignez que cette nouvelle grille des salaires augmente vos coûts salariaux, gardez à l'esprit que vos bandes de salaires peuvent se chevaucher. Si vous décidez qu'il n'y a théoriquement rien de choquant à ce qu'un représentant du service client talentueux et expérimenté gagne plus qu'un manager débutant, vous pouvez, en pratique, augmenter le salaire du représentant et ne pas augmenter celui du manager. Vos augmentations de salaires ne se répercuteront pas sur l'ensemble de la hiérarchie.

En outre, en motivant vos salariés à exceller dans leur rôle, vous finirez peut-être par avoir moins de salariés qui travaillent et sont payés davantage. Ainsi, même si certains salariés touchent un salaire plus élevé, votre effectif diminuera, de même que vos coûts salariaux.

Vous pouvez aussi décider de qualifier certains salaires de ces bandes de « primes de risque » et non de salaires de base. Puisque près de 40 % des avantages en nature sont calculés sur le salaire de base, vous ne verrez pas vos avantages non salariaux grimper en flèche. En fait, en accordant du prestige à un maximum de rôles, vous pouvez réduire considérablement le coût de vos avantages non salariaux. Dans son dernier livre *Génome*, Matt Ridley décrit le lien entre le poste occupé par un individu et sa santé : « Une grande étude à long terme effectuée sur 17000 fonctionnaires [britanniques] a révélé quelque chose d'incroyable : la position hiérarchique d'un individu révélait davantage son risque d'infarctus que l'obésité, le tabagisme ou l'hypertension. Un individu occupant un poste en bas de la hiérarchie – un portier, par exemple – était presque quatre fois plus susceptible d'avoir un infarctus qu'un secrétaire général de ministère [la plus haute fonction hiérarchique dans l'administration] en haut de l'échelle. Même si le secrétaire général était gros, fumeur ou hypertendu, il était moins susceptible d'avoir un infarctus qu'un portier mince, non fumeur et hypotendu. Une étude similaire sur un million de salariés de la Bell Telephone Company dans les années 1960 a produit des résultats identiques. »

Cela signifie que la santé de vos salariés est étroitement liée au prestige que vous accordez à leur rôle. Plus votre entreprise accordera de prestige à ses salariés, plus ils seront en bonne santé. Moins elle leur accordera de prestige, moins ils seront en bonne santé. Selon les mots de Ridley : « Votre cœur est à la merci de votre position hiérarchique. » L'étude de Gallup établit un lien entre les entreprises fondées sur les points forts de leurs salariés et la santé de ces derniers. Dans notre dernière méta-analyse de 198000 salariés travaillant dans près de 8000 unités opérationnelles, les salariés qui affirmaient avoir l'occasion de faire quotidiennement ce qu'ils savaient faire le mieux étaient moins malades, avaient moins d'accidents du travail et demandaient moins d'indemnités journalières.

Tout cela pour vous montrer que c'est dans votre intérêt de créer une entreprise fondée sur les points forts des individus. Vous voulez une entreprise plus productive ? Alors misez sur les points forts de chacun de ses salariés. Vous voulez un taux de satisfaction de vos clients supérieur ? Alors misez sur les points forts de chaque salarié. Vous voulez fidéliser vos salariés les plus talentueux ? Misez, encore et toujours, sur leurs points forts. Et surtout, si vous prenez au sérieux la sécurité et la santé de vos salariés, misez sur leurs points forts et accordez-leur le prestige qu'ils méritent.

La plupart des entreprises ressemblent à un puzzle que l'on réalise dans une chambre obscure. Chaque pièce est maladroitement mise en place et les bords sont écrasés, de sorte que l'on a l'impression que tout est en place. Mais levez les stores, éclairez un peu la chambre et vous verrez la réalité. Huit pièces sur dix ne sont pas à la bonne place.

Huit salariés sur dix pensent qu'ils ne jouent pas le rôle qui leur convient. Huit sur dix n'ont jamais la possibilité de révéler le meilleur d'eux-mêmes. Ils en souffrent, leur entreprise en souffre et leurs clients en souffrent. Leur santé, leurs amis et leur famille en souffrent.

Les choses doivent être autrement. Nous pouvons lever les stores encore plus haut. Mettre en lumière les points forts de chaque individu. Placer ce salarié sous la responsabilité d'un manager intéressé par ses points forts. Créer une entreprise qui lui demande d'exploiter ses points forts et lui accorde du prestige lorsqu'il le fait. Lui montrer le meilleur de lui-même et lui demander de continuer à progresser. Nous pouvons l'aider à vivre une vie construite autour de ses points forts.

Avec l'économie du savoir qui prend de l'ampleur, la concurrence mondiale qui s'intensifie, les nouvelles technologies qui se banalisent aussitôt et la main-d'œuvre qui vieillit, les bons salariés deviennent de plus en plus précieux d'année en année. Ceux d'entre nous qui dirigent de grandes entreprises doivent apprendre à miser plus efficacement sur ces individus. Nous devons faire coïncider du mieux possible leurs points forts avec les rôles que nous leur demandons de jouer. C'est à ce prix que nous deviendrons aussi forts que nous devrions l'être. C'est à ce prix que nous gagnerons.

APPENDICE
UN RAPPORT TECHNIQUE SUR LE STRENGTHSFINDER

« Sur quelles études le StrengthsFinder est-il fondé et quelles sont les études susceptibles d'améliorer l'instrument ? »

Par le docteur Theodore L. Hayes, directeur principal de l'étude au sein de la Gallup Organization.

L'évaluation d'un instrument tel que le StrengthsFinder nécessite la prise en compte de nombreuses questions techniques. Un certain nombre de questions tourne autour des technologies de l'information et des possibilités croissantes offertes par l'Internet et ses applications à ceux qui étudient la nature humaine. D'autres questions concernent la psychométrie, c'est-à-dire l'étude scientifique du comportement humain à l'aide de méthodes de mesure. Il existe de nombreux standards américains et internationaux de psychométrie appliqués à la mise au point de tests que le StrengthsFinder doit respecter (tels que AERA/APA/NCME, 1999). Le présent rapport aborde certaines questions soulevées par ces standards et des questions techniques que tout chef d'entreprise peut se poser au sujet de l'utilisation du StrengthsFinder dans son entreprise.

Quelques sources techniques qui peuvent être consultés dans des bibliothèques universitaires américaines ou sur Internet figurent à la fin de l'appendice à l'intention des lecteurs intéressés. Ces derniers sont invités à contacter Gallup pour de plus amples informations.

Qu'est-ce que le StrengthsFinder ?

Le StrengthsFinder est un outil de mesure de la personnalité d'un individu normal basé sur la psychologie positive et disponible sur Internet.

C'est le premier instrument de mesure mis au point expressément pour Internet. Il comprend 180 affirmations présentées à l'utilisateur à travers une connexion sécurisée. Ces affirmations fonctionnent par paires, c'est-à-dire qu'entre deux affirmations telles que « Je lis minutieusement les instructions » et « J'aime entrer immédiatement dans le vif du sujet », l'individu est invité à choisir celle qui décrit le plus exactement sa personnalité et à déterminer dans quelle mesure elle la décrit le mieux. L'utilisateur dispose de vingt secondes pour répondre à une paire d'affirmations avant que le système passe à la suivante. (Les études expérimentales sur le StrengthsFinder ont montré que le délai de vingt secondes était suffisant et n'induisait que très rarement une absence de réponse.) Les paires d'affirmations forment 34 thèmes.

Sur quelle théorie de la personnalité le StrengthsFinder est-il fondé?

Le StrengthsFinder est fondé sur un modèle général de psychologie positive. Il rend compte des talents relatifs aux efforts (thèmes de détermination), des talents relatifs aux rapports (thèmes relationnels), des talents relatifs à l'influence (thèmes d'impact) et des talents relatifs à la réflexion (thèmes de pensée).

Qu'est-ce que la psychologie positive?

La psychologie positive est une approche psychologique qui repose sur un fonctionnement sain et réussi de l'être humain. Elle inclut des éléments tels que l'optimisme, les émotions positives, la spiritualité, le bonheur, la satisfaction, le développement personnel et le bien-être. Ces éléments (et d'autres) peuvent être étudiés au niveau individuel ou dans un groupe de travail, une famille ou une communauté. Bien que certains chercheurs sur la psychologie positive soient des thérapeutes, les thérapeutes s'efforcent généralement de *supprimer* un dysfonctionnement tandis que les spécialistes de la psychologie positive s'attachent à *maintenir ou améliorer* un fonctionnement réussi. Un numéro spécial de la revue *American Psychologist* (2000) a proposé une vue d'ensemble de la psychologie positive à travers certains des chercheurs universitaires les plus éminents dans ce domaine.

Le StrengthsFinder est-il censé être un inventaire lié au travail, un inventaire clinique, les deux ou ni l'un ni l'autre?

Le StrengthsFinder est une évaluation à usage multiple basée sur la psychologie positive. Il a été appliqué principalement dans le domaine du travail, mais utilisé également pour comprendre l'être humain dans différents cadres – cercle familial, équipes dirigeantes et développement personnel. Il n'est pas destiné aux évaluations cliniques ni au diagnostic de troubles psychiatriques.

Pourquoi le StrengthsFinder n'est-il pas fondé sur les cinq principaux facteurs de personnalité (les «big five» factors), parfaitement reconnus par les chercheurs depuis plus de vingt ans?

Les cinq principaux facteurs de personnalité sont les tendances à la névrose (qui reflètent la stabilité émotionnelle), l'extraversion (chercher la compagnie des autres), l'ouverture d'esprit (intérêt pour les nouvelles expériences, les nouvelles idées, etc.), le caractère facile à vivre (caractère sympathique, harmonieux) et la conscience (respect des règles, discipline, intégrité). Un grand nombre de recherches scientifiques menées dans différentes cultures ont démontré que le fonctionnement de la personnalité humaine pouvait être résumé par ces cinq éléments.

La raison majeure pour laquelle le StrengthsFinder n'est pas basé sur ces cinq facteurs est la suivante : ces cinq facteurs constituent davantage un modèle d'évaluation qu'un modèle conceptuel. Ce modèle d'évaluation est issu de l'analyse factorielle et ne repose sur aucune théorie. Il consiste en un nombre minimal de facteurs de personnalité sur lesquels s'accordent un maximum de scientifiques, mais sur le plan conceptuel il n'est pas plus juste qu'un modèle avec quatre ou six facteurs. Le StrengthsFinder pourrait être réduit à ces cinq principaux facteurs, mais il n'en découlerait aucun avantage. En effet, réduire les résultats du questionnaire du StrengthsFinder à ces cinq éléments produirait moins d'informations que n'importe quelle mesure courante des cinq principaux facteurs puisque ces évaluations engendrent également, outre ces cinq éléments majeurs, des sous-résultats.

Pourquoi le StrengthsFinder utilise-t-il justement ces 180 paires d'affirmations? Pourquoi pas d'autres?

Ces paires d'affirmations reflètent les recherches de Gallup menées depuis une trentaine d'années et ses études systématiques et structurées des meilleurs individus dans leur domaine. Elles sont issues d'une étude quantitative du fonctionnement des affirmations, d'une étude de contenu de la représentativité des thèmes et des affirmations au sein de ces thèmes, en tenant compte de la *construct validity* de l'ensemble de l'évaluation. Vue l'étendue des performances humaines que nous souhaitons évaluer, les affirmations sont nombreuses et variées. Les tests de personnalité les plus connus vont de 150 à plus de 400 affirmations.

Les affirmations du StrengthsFinder sont-elles ipsatives et, si oui, cela limite-t-il les réponses du sujet?

L'ipsativité est un terme mathématique faisant référence à un aspect d'une matrice de données, par exemple un ensemble de résultats. Une matrice de données est dite ipsative lorsque la somme des résultats obtenus par chaque sujet est une constante. Plus généralement, l'ipsativité fait référence à un ensemble de résultats qui définissent une personne en particulier mais permettent une comparaison entre plusieurs personnes – certes, très limitée. Par exemple, si vous classez par ordre de préférence vos couleurs favorites et qu'une autre personne fait la même chose, on ne peut pas comparer l'intensité de la préférence pour une couleur en particulier, n'importe laquelle, due à l'ipsativité ; seul le classement peut être comparé. Sur 180 affirmations du StrengthsFinder, moins de 30 % sont des questions ipsatives. Ces affirmations sont réparties dans l'ensemble des thèmes et aucun thème donné ne contient plus d'une affirmation posée de manière à produire une matrice de données ipsative.

Comment les résultats des thèmes sont-ils calculés sur le StrengthsFinder ?

Les résultats sont calculés sur la base de la moyenne de l'intensité de l'une des deux affirmations choisie par le sujet. L'individu a trois options de réponse pour chaque affirmation choisie : « Oui, absolument » ; « Oui » ; « Sans opinion ». Une formule adaptée assigne une valeur à chaque catégorie de réponse. Une moyenne est ensuite établie entre les valeurs des affirmations du thème pour extraire un résultat de thème. Les résultats peuvent être présentés sous forme d'une moyenne, d'un résultat standard ou d'un centile.

La théorie moderne sur les résultats des tests (par exemple IRT) a-t-elle été utilisée pour mettre au point le StrengthsFinder ?

Le StrengthsFinder a été mis au point pour exploiter les connaissances et les expériences accumulées par Gallup sur l'application des points forts fondée sur les talents. C'est pourquoi, au départ, les affirmations ont été choisies sur la base des preuves de validité classiques (*construct*, contenu, critère). C'est une méthode universellement reconnue pour la mise au point de tests. Des méthodes pour appliquer IRT à des tests à la fois hétérogènes et homogènes sont actuellement à l'étude. De nouvelles versions du StrengthsFinder pourraient très bien utiliser les méthodes IRT pour améliorer l'instrument.

Quels travaux sur la notion de *construct validity* lient le StrengthsFinder à des mesures de la personnalité normale, de la personnalité anormale, de l'intérêt professionnel et de l'intelligence?

Le StrengthsFinder est un outil d'évaluation à usage multiple des talents interpersonnels fondé sur la psychologie positive. Par conséquent, il a obligatoirement des liens corrélationnels avec ces mesures tout comme les mesures de la personnalité sont liées à d'autres mesures en général. En fin de compte, c'est une question empirique à étudier dans nos prochaines recherches.

Les résultats du StrengthsFinder peuvent-ils changer?

C'est une question importante qui admet des réponses à la fois techniques et conceptuelles.

Les réponses techniques : les talents mesurés par le StrengthsFinder sont censés faire preuve d'une qualité appelée fiabilité. La fiabilité a plusieurs définitions. L'une, techniquement appelée logique interne, est la proportion du résultat due à des aspects inhérents au thème lui-même et non à des influences sans rapport avec ces aspects, telles que l'humeur, la fatigue, etc. Une logique interne élevée montre que les affirmations d'un thème sont cohérentes les uns avec les autres et ne reflètent pas d'autres influences. Les chercheurs de chez Gallup ont récemment étudié la fiabilité interne des thèmes du StrengthsFinder en utilisant des données issues de plus de 5000 individus. Le nombre d'affirmations par thème étant variable – il y a entre 4 et 15 affirmations par thème – la corrélation moyenne entre les affirmations pour chaque thème a été ajustée pour refléter la logique interne d'un thème à 15 affirmations. Cette analyse a montré que la logique interne moyenne était de 0,785. La logique interne maximale possible est de 1, et un objectif approximatif de fiabilité est de 0,80. Par conséquent, les thèmes du StrengthsFinder présentent une logique interne acceptable.

Une seconde définition de la fiabilité, qui correspond techniquement aux tests de fiabilité répétés, est la mesure dans laquelle les résultats sont stables au cours du temps. La quasi-totalité des thèmes du StrengthsFinder a une fiabilité sur six mois comprise entre 0,60 et 0,80 : une fiabilité maximale de 1 indiquerait que tous les utilisateurs du StrengthsFinder aient reçu *exactement* le même résultat après s'être évalués à deux reprises.

Les réponses conceptuelles : bien qu'une évaluation de cette stabilité soit, bien sûr, une question empirique, les origines conceptuelles des talents d'un individu sont également pertinentes. Gallup a étudié les thèmes des meilleurs dans leur domaine à travers toute une série de recherches associant études qualitatives et quantitatives pendant de nombreuses années. L'âge des sujets allait d'un peu plus de 13 ans à 75 ans. L'objectif majeur de chacune de ces études était l'identification de modes durables de pensée, de sentiment et de comportement associés à la réussite. Les séries de questions posées aux individus interrogés concernaient à la fois le futur et le passé, par exemple : « Que voulez-vous faire dans 10 ans ? » et « À quel âge avez-vous réalisé votre première vente ? » Autrement dit, nos études sur l'excellence dans le travail ne portaient pas sur le court terme, mais sur le long terme. De nombreuses affirmations mises au point donnaient des indications utiles sur la stabilité professionnelle du sujet, suggérant que les attributs mesurés étaient de nature durable. Des études d'observation des performances professionnelles sur 2 à 3 ans ont permis à Gallup de mieux comprendre ce qu'il fallait au titulaire d'un poste pour être durablement performant et pas seulement réaliser des performances à court terme impressionnantes. L'importance des dimensions et des affirmations liées à la motivation et aux valeurs dans la plupart des recherches originelles sur les thèmes a également contribué à la conception d'un instrument tel que le StrengthsFinder capable d'identifier ces qualités humaines durables.

Aux débuts de l'application du StrengthsFinder, nous ne savons pas encore précisément combien de temps les traits de caractère majeurs d'un individu, ainsi mesurés, vont durer. Mais il est probable qu'ils dureront des années et pas seulement des mois. Nous pouvons peut-être envisager un minimum de 5 ans, une moyenne de 30 à 40 ans, voire plus. Les preuves selon lesquelles certains aspects de la personnalité peuvent durer pendant plusieurs décennies se multiplient. Certains thèmes du StrengthsFinder peuvent s'avérer plus durables que d'autres. Des études sur des échantillons représentatifs de différents groupes d'âge vont révéler pour la première fois la possibilité de changements de modes de comportement liés à l'âge. Les premières explications de changements manifestes dans les thèmes ainsi mesurés seront donc à chercher dans des erreurs de mesure et non dans un changement réel des traits de caractère profonds. Les sujets eux-mêmes seront également invités à fournir une explication des écarts visibles, quels qu'ils soient.

Les résultats des thèmes identifiés par le StrengthsFinder varient-ils selon l'origine, le sexe ou l'âge?

Gallup a étudié les thèmes du StrengthsFinder dans l'ensemble de la population. Ces études visent à refléter tous les individus en général et non des candidats à un poste ou des titulaires d'un poste en particulier.

Les différences de résultats entre les principaux groupes démographiques sont en moyenne de 0,04 point (c'est-à-dire quatre centièmes de point) au niveau de la base de données des thèmes à l'échelle mondiale.

Sur le plan pratique, ces différences de résultats sont insignifiantes. Il n'existe pas non plus de logique capable de sous-tendre ces différences. Par exemple, l'un des principaux thèmes liés à la vente est celui du réalisateur. Les hommes possèdent davantage ce thème que les femmes avec une différence de résultat de 0,031 point; les non Blancs (groupe minoritaire) possèdent davantage ce thème que les Blancs (groupe majoritaire) avec une différence de 0,048 point; et les individus de moins de 40 ans le possèdent davantage que ceux de 40 ans et plus avec une différence de 0,033 point. Un thème essentiel aux managers est celui de l'arrangeur. Pour ce thème, les femmes affichent un résultat supérieur à celui des hommes de 0,021 point; les Blancs enregistrent un résultat supérieur à celui des non Blancs de 0,016 point; et les moins de 40 ans présentent un résultat inférieur à celui des 40 ans et plus de 0,053 point. Enfin, la plupart des gens pensent que l'empathie est un thème important pour l'enseignement en particulier et les relations humaines en général. Les femmes possèdent davantage ce thème que les hommes avec un écart de 0,248 point; les Blancs le possèdent davantage que les non Blancs avec une différence de 0,030 point; et les moins de 40 ans le possèdent plus que les 40 ans et plus avec un écart de 0,014 point.

Sur le plan statistique, avec plus de 50 000 personnes interrogées figurant dans la base de données actuelle du StrengthsFinder, même quelques-unes de ces différences de résultats minimes peuvent être jugées « statistiquement significatives ». C'est simplement une question de taille de l'échantillon. Il est intéressant de noter que la différence moyenne de taille, exprimée dans des unités appelées

« d-prime », entre les hommes et les femmes pour l'ensemble des thèmes est de 0,099 (c'est-à-dire que la corrélation moyenne entre la différence des thèmes et le nombre d'individus est inférieure à 0,05) ; la différence moyenne de taille selon l'unité d-prime entre les Blancs et les non Blancs est de 0,133 (l'équivalent en corrélation moyenne est inférieur à 0,07) ; et la différence moyenne de taille selon l'unité d-prime entre les moins de 40 ans et ceux de 40 ans et plus est de 0,050 (la corrélation moyenne est inférieure à 0,03). De plus, la plupart de ces petites différences sont favorables à ce que l'on pourrait considérer comme des groupes « protégés » – non Blancs, femmes et ceux de 40 ans et plus. Enfin, même des différences significatives n'indiquent pas qu'un groupe a un « meilleur » résultat de thèmes qu'un autre, mais uniquement qu'au niveau de la base de données nous pouvons nous attendre à voir des tendances de résultats pour des groupes particuliers.

En faisant le point sur ces résultats, les chercheurs de chez Gallup ont tiré 4 conclusions. Premièrement, les différences moyennes entre les résultats des thèmes pour les groupes protégés par rapport aux groupes majoritaires sont très faibles, généralement inférieures à 0,04 point, ce qui se traduit par une différence selon l'unité d-prime inférieure à 0,10. Ainsi, il n'y a pas de biais manifeste ni au niveau de la mesure dans les distributions des résultats entre ces groupes. Il y a un chevauchement de 98-100 % entre les distributions des résultats pour des groupes comparables.

Deuxièmement, les différences de résultats sont extrêmement faibles et ne sont que statistiquement significatives dans certains cas. Cela tient au fait que plus de 50000 personnes interrogées ont utilisé le StrengthsFinder, amplifiant ainsi la quasi-totalité des différences de résultats. Même lorsqu'il y a des différences importantes, le groupe protégé est généralement favorisé.

Troisièmement, aucun thème n'est meilleur qu'un autre. Les thèmes représentent simplement les talents susceptibles de se transformer en différents types de points forts. Le développement des points forts n'est pas un jeu à somme nulle.

En résumé, des différences insignifiantes au niveau de la base de données internationale ne se traduisent pas par des différences concrètes importantes au niveau de l'individu.

Comment le StrengthsFinder peut-il être utilisé par des individus incapables de se servir d'Internet en raison, soit d'une infirmité, soit de leur statut économique?

Sur le plan du statut économique (également appelé fossé numérique), il est possible d'avoir accès à Internet à partir d'une bibliothèque ou d'une école. Il faut noter que certaines organisations avec lesquelles Gallup travaille n'ont pas d'accès universel à Internet. Dans ces cas, comme dans ceux des milieux défavorisés, la solution consiste à accéder à Internet à partir de certains points d'accès.

Sur le plan de l'infirmité, de nombreuses solutions sont possibles. En général, la solution la plus efficace pour l'individu est de stopper le chronomètre qui commande la vitesse d'administration du StrengthsFinder. Sinon, Gallup peut apporter des solutions au cas par cas.

Quel niveau de lecture faut-il posséder pour comprendre le StrengthsFinder? Quelles sont les alternatives possibles pour ceux qui n'ont pas ce niveau?

Le StrengthsFinder est destiné aux individus âgés d'au moins quatorze ans. Les essais dans le cadre de nos études sur les jeunes sujets n'ont montré aucun problème particulier chez les adolescents. Des adaptations sont possibles, par exemple arrêter le chronomètre le temps d'aller consulter un dictionnaire ou demander la signification d'un mot.

Le StrengthsFinder convient-il aux individus non anglophones?

Il est établi que des traits de caractère tels que ceux mesurés par le StrengthsFinder sont identiques dans toutes les cultures. Ce qui change, c'est le niveau du résultat, pas la nature du thème. Le StrengthsFinder est actuellement disponible en sept langues et les traductions dans d'autres langues seront achevées en 2001. Des bases de données pour les résultats attendus selon la langue sont en cours de développement.

Que reçoit l'individu après avoir répondu au questionnaire?

Cela dépend de la raison pour laquelle il utilise le StrengthsFinder. Parfois il reçoit uniquement un rapport avec ses cinq thèmes distinctifs. Dans d'autres cas, il peut aussi faire le point sur ses vingt-neuf thèmes restants avec des suggestions pour chaque thème à l'occasion d'une séance de feed-back individuelle avec un consultant de chez Gallup ou d'une séance portant sur la création encadrée d'une équipe avec ses collègues.

Sources

Les sources suivantes sont destinées aux lecteurs intéressés par certains des points précis de ce rapport technique. Cette liste n'est pas exhaustive et, bien que certaines sources fassent appel à des techniques statistiques sophistiquées, le lecteur peut les consulter. Nous ne l'en dissuadons absolument pas.

American Educational Research Association, American Psychological Association, National Council on Measurement in Education (AERA/APA/NCME). 1999. *Standards for educational and psychological testing.* Washington, D.C. : American Educational Research Association.

American Psychologist. Positive Psychology (numéro spécial). 2000. Washington, D.C. : American Psychological Association.

Block, J. 1995. « A contrarian view of the five-factor approach to personality description ». *Psychological Bulletin* 117 : 187-215.

Hogan, R., J. Hogan et B. W. Roberts. 1996. « Personality measurement and employment decisions : Questions and answers ». *American Psychologist* 51 : 469-77.

Hunter, J. E. et F. L. Schmidt. 1990. *Methods of meta-analysis : Correcting error and bias in research findings*. Newbury Park, CA : Sage.

Judge, T. A., C. A. Higgins, C. J. Thoresen et M. R. Barrick. 1999. « The big five personality traits, general mental ability, and career success across the life span ». *Personnel Psychology* 52 : 621-52.

Lipsey, M. W. et D. B. Wilson. 1993. « The efficacy of psychological, educational, and behavorial treatment ». *American Psychologist* 48 : 1181-1209.

McCrae, R. R. et P. T. Costa. 1987. « Validation of the five factor model of personality across instruments and observers ». *Journal of Personality and Social Psychology* 52 : 81-90.

McCrae, R. R. et P. T. Costa, M. P. de Lima, et alia. 1999. « Age differences in personality across the adult life span : Parallels in five cultures ». *Developmental Psychology* 35 : 466-77.

McCrae, R. R., P. T. Costa, F. Ostendorf, et alia. 2000. « Nature over nurture : Temperament, personality, and life span development ». *Journal of Personality and Social Psychology* 78 : 173-86.

Plake, B. 1999. *An investigation of ipsativity and multicollinearity properties of the StrengthsFinder Instrument* (rapport technique). Lincoln, NE : The Gallup Organization.

Waller, N. G., J. S. Thompson et E. Wenk. 2000. « Using IRT to separate measurement bias from true group differences on homogeneous *and* heterogeneous scales : An illustration with the MMPI ». *Psychological Methods* 5 : 125-46.

Remerciements

Ce livre est le fruit de nombreuses années d'études sur les talents et les points forts. Nous devons remercier les nombreux associés de chez Gallup présents aux quatre coins du monde dont les idées révolutionnaires ont alimenté les recherches et ont fini par aboutir aux découvertes présentées ici.

Nous remercions en particulier Jim Clifton et Larry Emond qui ont mis au point cet ouvrage; les docteurs Connie Rath et James Sorensen qui ont mis en pratique leur foi profonde dans le talent; les docteurs Gale Muller, Dennison Bhola et Ted Hayes qui, avec leurs formidables recherches, ont fondé les concepts; le docteur Kathie Sorensen qui dirige nos efforts visant à aider les individus à développer leurs points forts; le docteur Rosemary Travis qui a réalisé la plupart des interviews sur les points forts figurant dans ce livre; Tom Rath et Jon Conradt qui sont à l'origine de la technologie rapide, solide et fiable sur laquelle repose le StrengthsFinder; Juria Anschutz qui a créé le site Web; Antoinette Southwick, Sharon Lutz et Penelope Baker qui ont établi les contacts nécessaires et contribué au fonctionnement parfait de tous les préparatifs; Bette Kurd qui a écouté si attentivement les personnes interrogées; et Alec Gallup qui a lu plusieurs fois en entier le manuscrit (davantage de fois que les deux auteurs associés).

Nous voulons également remercier de nombreuses personnes qui n'appartiennent pas à la grande famille de Gallup : Richard Hutton pour son talent de narrateur; nos amis chez William Morris, Joni Evans et Jennifer Sherwood, qui continuent de nous guider à travers le monde de l'édition; notre éditeur américain chez Free Press, Fred Hills, et sa collègue Veera Hiranandani, pour leur jugement et leur rigueur; Mitch et Linda Hart pour leur force et leur soutien; et, bien sûr, nos familles.

Pour nous aider à élaborer ce livre nous avons demandé à des centaines d'individus d'utiliser le StrengthsFinder et de décrire ensuite leurs thèmes distinctifs. Ils se sont beaucoup investis dans cette mission. Leur bonne volonté à s'investir autant, à accepter nos questions et à révéler leurs réussites et leurs difficultés a permis à ce livre de voir le jour. Merci à tous.

Cet ouvrage a été achevé d'imprimer
par l'Imprimerie Floch à Mayenne
en mars 2004.

D. L. : octobre 2001.
N° d'impression : 59775.
Imprimé en France